레전드 스페인어 필수단어

랭귀지북스

NEW 레전드 스페인어 필수단어

개정2판 1쇄 **발행** 2024년 2월 15일
개정2판 1쇄 **인쇄** 2024년 2월 5일

저자 문지영
감수 María Diaz Becerra
기획 김은경
편집 이지영 · Margarine
디자인 IndigoBlue
삽화 서정임
성우 Verónica López · 오은수

발행인 조경아
총괄 강신갑
발행처 랭귀지북스
등록번호 101-90-85278 **등록일자** 2008년 7월 10일
주소 서울시 마포구 포은로2나길 31 벨라비스타 208호
전화 02.406.0047 **팩스** 02.406.0042
이메일 languagebooks@hanmail.net
MP3 다운로드 blog.naver.com/languagebook

ISBN 979-11-5635-214-3 (13770)
값 18,000원

쉽고 재미있게 시작하는 **스페인어** 필수 **단어**

Hola, ¿cómo estáis? 안녕하세요!
올라, 꼬모 에스따이스?

스페인어를 공부하기 위해 이 책을 펼친 여러분, 반갑습니다.
여러분은 왜 스페인어를 공부하려고 하시나요? 세계에서 가장 많은 사람들이 쓰는 언어 중 하나라서? 영어 공부에 이어 제2외국어 하나쯤 더 익히기 위해? 이유는 저마다 다양하겠지만, 스페인어는 학습 접근성이 뛰어나며 꽤 비전 있는 외국어라는 사실에 모두 동의하실 거예요.

언어를 배울 때 흔히 단어를 '총알'에 비유하죠? 단단한 총알을 충분히 갖추고, 용도에 맞게 장전해 두며, 실전 훈련에 힘써 목표물을 맞히듯 본서에 수록된 스페인 현지 중심의 풍부한 어휘량을 바탕으로 명사의 성과 수, 동의어의 뉘앙스와 용례 구분 등 스페인어의 핵심 구조를 자연스럽게 익히며 실전 회화 코너에서 응용력까지 키운다면? 여러분의 스페인어 실력 업그레이드에 가장 든든한 총알이 되리라 확신합니다.

본서가 여러분의 스페인어 여정에 단단한 지팡이가 되길 바라며, 사랑하는 가족들과 딸 누리, 그리고 이 책을 펼친 독자분들께 감사한 마음을 전합니다.

스페인 마드리드에서

저자 문지영

스페인 현지에서 가장 많이 쓰는 필수 어휘를 엄선해 모았습니다. 일상생활에 꼭 필요한 어휘 학습을 통해 다양한 회화 구사를 위한 기본 바탕을 다져 보세요.

1. 스페인어 필수 어휘 약 2,700개!

왕초보부터 초·중급 수준의 스페인어 학습자를 위한 필수 어휘집으로, DELE A1~B2 수준의 필수 어휘를 기본으로 하여, 일상생활에서 꼭 필요한 대표 주제 24개를 선정하였고, 추가 주제 11개를 포함하여 2,700여 개의 어휘를 담았습니다.

24개 주제별 어휘 학습 후 '꼭 써먹는 실전 회화'의 짧고 재밌는 상황을 통해 실전 회화에서 어떻게 응용되는지 확인해 보세요.

그리고 6개 챕터의 마지막 부분에는 간단한 '연습 문제'가 있어 테스트도 할 수 있어요.

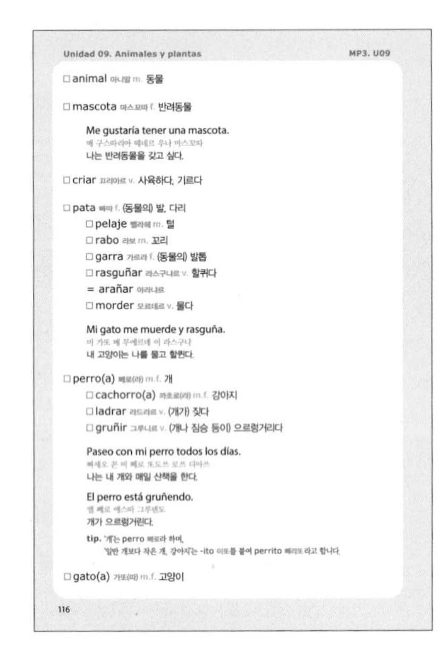

Unidad 09. Animales y plantas MP3. U09

□ animal 아니말 m. 동물

□ mascota 마스꼬따 f. 반려동물

Me gustaría tener una mascota.
메 구스따리아 떼네르 우나 마스꼬따
나는 반려동물을 갖고 싶다.

□ criar 끄리아르 v. 사육하다, 기르다

□ pata 빠따 f. (동물의) 발, 다리
□ pelaje 뻴라헤 m. 털
□ rabo 라보 m. 꼬리
□ garra 가르라 f. (동물의) 발톱
□ rasguñar 라스구냐르 v. 할퀴다
= arañar 아라냐르
□ morder 모르데르 v. 물다

Mi gato me muerde y rasguña.
미 가또 메 무에르데 이 라스구냐
내 고양이는 나를 물고 할퀸다.

□ perro(a) 뻬로(라) m.f. 개
□ cachorro(a) 까초로(라) m.f. 강아지
□ ladrar 라드라르 v. (개가) 짖다
□ gruñir 그루니르 v. (개나 짐승 등이) 으르렁거리다

Paseo con mi perro todos los días.
빠세오 꼰 미 뻬로 또도스 로스 디아스
나는 내 개와 매일 산책을 한다.

El perro está gruñendo.
엘 뻬로 에스따 그루녠도
개가 으르렁거린다.

tip. '개'는 perro 뻬로라 하며,
'일반 개보다 작은 개, 강아지'는 -ito 이또를 붙여 perrito 뻬리또라고 합니다.

□ gato(a) 가또(따) m.f. 고양이

116

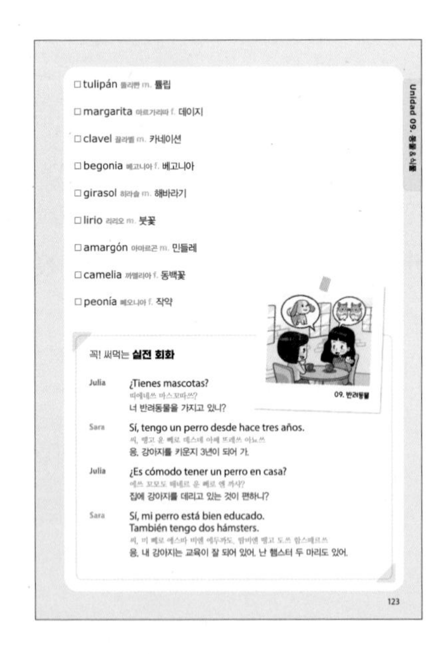

□ tulipán 뚤리빤 m. 튤립

□ margarita 마르가리따 f. 데이지

□ clavel 끌라벨 m. 카네이션

□ begonia 베고니아 f. 베고니아

□ girasol 히라솔 m. 해바라기

□ lirio 리리오 m. 붓꽃

□ amargón 아마르곤 m. 민들레

□ camelia 까멜리아 f. 동백꽃

□ peonía 뻬오니아 f. 작약

꼭! 써먹는 **실전 회화**

Julia ¿Tienes mascotas?
띠에네스 마스꼬따스?
너 반려동물을 가지고 있니?

Sara Sí, tengo un perro desde hace tres años.
씨, 뗑고 운 뻬로 데스데 아쎄 뜨레스 아뇨스
응, 강아지를 키운지 3년이 되어 가.

Julia ¿Es cómodo tener un perro en casa?
에스 꼬모도 떼네르 운 뻬로 엔 까사?
집에 강아지를 데리고 있는 것이 편하니?

Sara Sí, mi perro está bien educado.
También tengo dos hámsters.
씨, 미 뻬로 에스따 비엔 에두까도. 땀비엔 뗑고 도스 함스떼르스
응, 내 강아지는 교육이 잘 되어 있어. 난 햄스터 두 마리도 있어.

09. 반려동물

Unidad 09. 동물&식물

123

Capítulo 3. 자연

Ejercicio

다음 단어를 읽고 맞는 뜻과 연결하세요.

1. animal •	• 구름
2. árbol •	• 꽃
3. día •	• 나무
4. flor •	• 날, 하루, 낮
5. hoy •	• 동물
6. lluvia •	• 바람
7. noche •	• 밤
8. nube •	• 비
9. planta •	• 시간
10. sol •	• 식물
11. tiempo •	• 오늘
12. viento •	• 해, 태양

1. animal – 동물 2. árbol – 나무 3. día – 날, 하루, 낮 4. flor – 꽃
5. hoy – 오늘 6. lluvia – 비 7. noche – 밤 8. nube – 구름
9. planta – 식물 10. sol – 해, 태양 11. tiempo – 시간 12. viento – 바람

124

2. 눈에 쏙 들어오는 그림으로 기본 어휘 다지기!

1,000여 컷 이상의 일러스트와 함께 기본 어휘를 쉽게 익힐 수 있습니다. 기본 어휘를 재미있고 생생한 그림과 함께 담아 기억이 오래 갑니다.

Unidad 09.
동물&식물 Animales y plantas 아니말레쓰 이 쁠란따쓰

□ animal 아니말
m. 동물

□ mascota 마스꼬따
f. 반려동물

□ pata 빠따
f. (동물의) 발, 다리

□ pelaje 뻴라헤
m. 털

□ rabo 라보
m. 꼬리

□ rasguñar 라스구냐르
= arañar 아라냐르
v. 할퀴다

□ perro(a) 뻬로(라)
m.f. 개

□ gato(a) 가또(따)
m.f. 고양이

□ toro 또로
m. (숫)소

□ cerdo(a) 쎄르도(다)
m.f. 돼지

□ conejo(a) 꼬네호(하)
m.f. 토끼

□ oveja 오베하
f. 양

□ caballo 까바요
m. 말

□ cebra 쎄브라
f. 얼룩말

110

3. 바로 찾아 바로 말할 수 있는 한글 발음 표기!

기초가 부족한 초보 학습자가 스페인어를 읽을 수 있는 가장 쉬운 방법은 바로 한글 발음입니다. 스페인어 발음이 우리말과 일대일로 대응하진 않지만, 여러분의 학습에 편의를 드리고자 스페인에서 사용하는 표준 발음과 최대한 가깝게 한글로 표기하였습니다. 초보자도 자신감을 갖고 말할 수 있어요.

4. 말하기 집중 훈련 MP3!

이 책에는 스페인어 알파벳부터 기본 단어, 기타 추가 단어까지 스페인 원어민의 정확한 발음으로 녹음한 파일이 들어 있습니다.

스페인어만으로 구성된 **'스페인어' E버전**과 스페인어와 한국어를 이어서 들을 수 있는 **'스페인어+한국어' K버전**, 두 가지 버전의 파일을 제공합니다. 학습자 수준과 원하는 구성의 파일을 선택하여, 자주 듣고 큰 소리로 따라 말하며 학습 효과를 높여 보세요.

Índice 차례

기초 다지기

스페인어 알파벳 8
주격 인칭 대명사 15

Capítulo 1 인사

Unidad **01** 소개 18
Unidad **02** 감사&사과 30
Ejercicio 42

Capítulo 2 사람

Unidad **03** 신체 44
Unidad **04** 감정&성격 56
Unidad **05** 사랑 66
Unidad **06** 가족 78
Ejercicio 88

Capítulo 3 자연

Unidad **07** 시간&날짜 90
Unidad **08** 날씨&계절 100
Unidad **09** 동물&식물 110
Ejercicio 124

Capítulo 4 가정

Unidad **10** 집 126
Unidad **11** 옷 136
Unidad **12** 음식 146
Unidad **13** 취미 158
Unidad **14** 전화&인터넷 170
Ejercicio 180

Capítulo 5 장소

Unidad **15** 학교 182
Unidad **16** 직장 194
Unidad **17** 음식점&카페 206
Unidad **18** 상점 216
Unidad **19** 병원&은행 226
Ejercicio 236

Capítulo 6 여행

Unidad **20** 교통 238
Unidad **21** 운전 248
Unidad **22** 숙박 258
Unidad **23** 관광 268
Unidad **24** 사건&사고 278
Ejercicio 288

Capítulo 7 기타

Unidad **25** 숫자 290
Unidad **26** 유로화 293
Unidad **27** 형태 294
Unidad **28** 색깔 296
Unidad **29** 위치 298
Unidad **30** 방향 299
Unidad **31** 세계 지도 300
Unidad **32** 국가 302
Unidad **33** 접속사&전치사&부사 308
Unidad **34** 주요 동사 312
Unidad **35** 동사 변화 316

찾아보기

1. 알파벳순 348
2. 가나다순 386

스페인어 알파벳
주격 인칭 대명사

스페인에 관하여

- ✓ **국가명** 스페인(España 에스파냐, Spain 스페인(영문))
- ✓ **수도** 마드리드(Madrid 마드리드)
- ✓ **공용어** 스페인어(español 에스빠뇰, castellano 까스떼야노 라고도 불림, Castellano 지역을 중심으로 사용하는 표준어)
- ✓ **면적** 505,990㎢(세계 52위)
- ✓ **인구** 약 4,844만 명(세계 30위, 2023년 기준)
- ✓ **GDP** 1조 3,463억 $(세계 14위, 2022년 기준)
- ✓ **화폐 단위** 유로(Euro)

* 출처 : 주 스페인 대한민국 대사관, 사회과학연구센터(www.cis.es), 스페인 통계청(www.ine.es)

스페인어 알파벳

스페인어는 모음 5개와 자음 22개를 합쳐 총 27개의 알파벳으로 구성되어 있으며, 추가로 2개의 복합문자(ch, ll)가 있습니다. 스페인어의 가장 큰 특징은 알파벳을 '소리 나는 대로' 읽으면 된다는 것, 된소리가 가능한 발음들은 된소리를 강하게 살려 발음해야 한다는 것입니다.

1. 모음

A/a 아	E/e 에	I/i 이	O/o 오	U/u 우
el **a**mor 엘 아모르 사랑	la **e**stación 라 에스따씨온 역	la **i**dea 라 이데아 아이디어	el **o**rden 엘 오르덴 순서	la **u**va 라 우바 포도

이 5가지의 모음을 기본으로, 모음 2개가 만나 하나의 소리를 내는 이중 모음도 존재합니다.

- la p**au**sa 라 빠우사 잠깐 멈춤, suc**io/a** 수씨오/아 더러운, el p**ei**ne 엘 뻬이네 빗

2. 자음

A/a 아	B/b 베	C/c 쎄	D/d 데	E/e 에
	el **b**año 엘 바뇨 화장실	la **c**ereza 라 쎄레싸 체리	el **d**ado 엘 다도 주사위	
F/f **에페**	**G/g** **헤**	**H/h** **아체**	I/i 이	**J/j** **호따**
la **f**lor 라 플로르 꽃	la **g**ente 라 헨떼 사람들(집합명사)	la **h**oja 라 오하 잎사귀		la **j**oya 라 호야 보석
K/k **까**	**L/l** **엘레**	**M/m** **에메**	**N/n** **에네**	**Ñ/ñ** **에녜**
el **k**iwi 엘 끼위 키위	el **l**ibro 엘 리브로 책	la **m**ano 라 마노 손	la **n**ariz 라 나리쓰 코	el ni**ñ**o 엘 니뇨 남자아이

O/o 오	P/p 뻬	Q/q 꾸	R/r 에레	S/s 에세
	el **p**adre 엘 빠드레 아버지	la **q**ueja 라 께하 불평	el **r**atón 엘 라똔 쥐	el **s**alón 엘 쌀론 거실
T/t 떼	U/u 우	**V/v 우베**	**W/w 우베 도블레**	**X/x 에끼스**
la **t**elevisión 라 뗄레비시온 텔레비전		la **v**aca 라 바까 암소	el **w**hisky 엘 위스끼 위스키	el ta**x**i 엘 딱씨 택시
Y/y 예	**Z/z 쎄따**		**CH/ch 체**	**LL/ll 에예**
el **y**ate 엘 야떼 요트	el **z**apato 엘 싸빠또 신발		el **ch**ico 엘 치꼬 남자	la **ll**uvia 라 유비아 비

tip. 개정 철자법에 따라 복합 문자 **CH**와 **LL**는 알파벳에 포함시키지 않습니다.

3. 발음

(1) **A** 아는 '아'로 'ㅏ' 소리입니다.

(2) **B** 베는 '베'로 'ㅂ' 소리입니다.

(3) **C** 쎄는 '쎄'로 'ㅆ' 소리를 내지만, 만나는 모음에 따라 'ㅆ', 'ㄲ' 혹은 'ㄱ' 받침소리도 냅니다.

① **c**가 모음 'a 아, o 오, u 우'를 만나면 '**ca** 까, **co** 꼬, **cu** 꾸' 소리를, 모음 'e 에, i 이'를 만나면 '**ce** 쎄, **ci** 씨' 소리를 냅니다.

모음	a 아	e 에	i 이	o 오	u 우
c	**ca** 까	**ce** 쎄	**ci** 씨	**co** 꼬	**cu** 꾸

② **c**가 반복되는 경우 앞 **c**는 'ㄱ' 받침으로 발음됩니다.

- la dire**cc**ión 라 디렉씨온 방향, la a**cc**ión 라 악씨온 움직임

③ **c**가 음절의 첫소리일 때는 만나는 모음에 따라 'ㅆ', 'ㄲ' 소리로, 음절의 받침일 때는 'ㄱ' 받침으로 발음됩니다.

- el te**c**lado 엘 떼끌라도 키보드, la a**c**triz 라 악뜨리쓰 여배우

(4) **D** 데는 '데'로 'ㄷ' 소리입니다. 단어의 맨 끝에 오면 모음에 붙여 'ㄷ' 받침으로 읽습니다.

- Madri**d** 마드릳 마드리드, verda**d** 베르닫 진실

(5) **E** 에는 '에'로 'ㅔ' 소리입니다.

(6) **F** 에페는 'ㅍ'와 'ㅎ'의 중간 소리로, la **f**lor는 '라 플로르'지만 'ㅎ' 소리도 나게 발음해야 합니다. 앞 윗니로 아랫입술을 깨물고 이 사이의 틈으로 공기를 불어 내는 듯한 입모양이 됩니다. 발음을 한글로 정확하게 표기하기 어려워 이 책에선 'ㅍ'로 표기하되, 많이 듣고 따라 하여 정확한 발음을 익히길 바랍니다.

(7) **G** 헤는 '헤'로 'ㅎ' 소리를 가져야 하지만, 만나는 모음에 따라 'ㄱ' 혹은 'ㅎ' 소리를 냅니다.

① 다음과 같이 **g**가 모음 'a 아, o 오, u 우'를 만나면 '**ga** 가, **go** 고, **gu** 구' 소리를 내고, 모음 'e 에, i 이'를 만나면 '**ge** 헤, **gi** 히' 소리를 냅니다.

모음	a 아	e 에	i 이	o 오	u 우
g	**ga** 가	**ge** 헤	**gi** 히	**go** 고	**gu** 구

② '**게**'와 '**기**' 소리는 각각 '**gue**'와 '**gui**'를 사용합니다. 이는 ge와 gi의 발음과 구분하기 위해 중간에 u를 첨가한 것으로 u는 소리를 갖지 않습니다.

- la **gue**rra 라 게라 전쟁, el **gui**sante 엘 기산떼 완두콩

③ 하지만 ü는 발음을 생략하지 않고 güe, güi처럼 그대로 읽어 줍니다.

- la ver**güe**nza 라 베르구엔싸 수치, ar**güi**r 아르구이르 추론하다

④ 'ㅎ' 소리를 낼 때는 정확히 'ㅎ'라고 발음하면 안 되고, 목구멍 안쪽에서부터 소리를 내야 합니다. '헤'와 '케'의 중간 발음으로, 가슴 안쪽에서부터 공기를 밖으로 밀어낸다고 생각하고 발음합니다.

(8) **H** 아체는 알파벳 이름은 '아체'지만 실제로는 묵음으로 소리를 가지고 있지 않습니다.

(9) **I** 이는 '이'로 'ㅣ' 소리입니다.

(10) **J** 호따는 알파벳 이름이 '호따'이며 발음은 영어 알파벳 H처럼 'ㅎ' 소리를 냅니다.
'ja, je, ji, jo, ju'는 '하, 헤, 히, 호, 후' 발음입니다.

(11) **K** 까는 'ㄲ' 소리로 '**ki** 끼' 발음만 사용하며, 주로 외래어를 표기할 때 쓰입니다.
외래어가 아닌 'ㄲ' 발음은 'qui 끼'로 표기합니다.

- el **ki**wi 엘 끼위 키위, el **ki**lómetro 엘 낄로메뜨로 킬로미터

(12) **L** 엘레는 'ㄹ' 소리며, 단어의 중간에 오는 경우 연음법칙에 의해 두 번 발음해 줍니다.

- mo**l**esto/a 몰레스또/따 성가신, ma**l**o/a 말로/라 나쁜

(13) **M** 에메는 'ㅁ' 소리입니다.

(14) **N** 에네는 'ㄴ', 'ㅇ', 'ㅁ' 소리입니다.

① 기본적으로 'ㄴ' 소리입니다.

② 뒤에 자음 c, g, j, q가 오면 'ㅇ' 받침소리가 됩니다. 단, c가 'ㅆ' 발음일 때는 제외합니다. 숫자 15를 뜻하는 qui**nc**e의 경우 n과 c가 만났지만 바로 이어 c가 e를 만나 '쎄' 발음이 나기 때문에 '낑쎄'가 아닌 '낀쎄'로 읽습니다.

- nu**nc**a 눙까 결코, el i**ng**enio 엘 잉헤니오 독창성,
el extra**nj**ero 엘 엑쓰뜨랑헤로 외국인, i**nq**uieto/a 잉끼에또/따 불안한

③ n 뒤에 자음이 b, f, m, p, v이면 'ㅁ' 발음이 됩니다.

- u**n b**arco 움 바르꼬 배 한척, e**nf**ermo/a 엠페르모/마 아픈, i**nm**enso/a 임멘소/사 매우 큰,
u**n p**uente 움 뿌엔떼 다리 하나, i**nv**itar 임비따르 초대하다

tip. 스페인어에서 알파벳 n과 b, n과 p가 함께 나오는 단어들은 발음 그대로 mb 혹은 mp로 쓰입니다. 예를 들어 el ca**mb**io, e**mp**leado, 이렇게 말이죠. 즉, 고유명사나 외래어를 제외하고 n과 b, n과 p가 함께 나오는 단어는 없습니다. u**n b**arco나 u**n p**uente의 경우, 단어 앞에 개수를 뜻하는 '하나의'라는 관사가 붙어 nb, np 발음이 됩니다. 스페인어는 음절별로 정확히 발음하는 것이 아니라 여러 단어를 이어서 연음으로 발음하기 때문에 u**n b**arco는 '움-바르-꼬'로, u**n p**uente는 '움-뿌엔-떼' 이렇게 읽는 것이 맞습니다.
('puen 뿌엔'은 약모음 u와 강모음 e가 만난 이중모음으로 하나의 음절로 취급합니다.)

(15) **Ñ** 에녜는 뒤에 오는 모음을 '냐, 녜, 니, 뇨, 뉴'로 만들어 줍니다.

(16) **O** 오는 '오'로 'ㅗ' 소리입니다.

(17) **P** 뻬는 '뻬'로 'ㅃ' 소리입니다.

(18) **Q** 꾸는 'ㄲ' 소리로, '**que** 께'와 '**qui** 끼' 소리만 사용합니다. 표기상 'que 꾸에'와 'qui 꾸이'로 보이지만, u는 발음하지 않습니다.

- el **que**so 엘 께소 치즈, **qui**tar 끼따르 제거하다

(19) **R** 에레는 우리말에는 없는 발음으로 표기는 'ㄹ'이지만 'ㄹ-ㄹ' 발음으로 r는 혀를 둥글게 말아 목청 가까운 곳에서 '드르르르르르' 굴리는 소리로 '부릉부릉' 할 때 발음하는 'ㄹ' 소리와 비슷합니다. 이 책에는 **r**가 단어의 제일 처음에 오면 'ㄹ'로, 받침으로 오면 '르'로 단독 표기했습니다. **rr** 역시 혀를 여러 번 진동하여 발음하지만 'ㄹ'로 표기했습니다.

- **r**osa 로사 장미, c**r**isis 끄리시쓰 위기, á**r**bol 아르볼 나무, el pe**rr**o 엘 뻬로 강아지

(20) **S** 에세는 '에세'로 'ㅅ'과 'ㅆ' 중간 소리입니다. 이 책에는 s가 단어 중간에 위치할 때 된소리 발음을 하면 힘이 더 들어가기 때문에 'ㅅ'으로, 단어의 처음과 끝에 위치한 경우 'ㅆ'으로 표기했습니다.

- el **s**alón 엘 쌀론 거실, el va**s**o 엘 바소 컵, lo**s** debere**s** 로쓰 데베레쓰 숙제(항상 복수형)

(21) **T** 떼는 '떼'로 'ㄸ' 소리입니다.

(22) **U** 우는 '우'로 'ㅜ' 소리입니다.

(23) **V** 우베는 B와 마찬가지로 'ㅂ' 소리입니다.

(24) **W** 우베 도블레는 모음을 만나면 '와, 웨, 위, 워, 우' 소리를 내며 K와 마찬가지로 주로 외래어에 사용됩니다.

(25) **X** 에끼스는 'ㅆ', 'ㄱ' 받침+'ㅆ' 소리지만 고유명사를 제외하고 단어의 제일 처음에 쓰이는 경우가 거의 없으며, 대부분 단어 중간에 위치하여 앞 모음에 'ㄱ' 받침을 더한 후 'ㅆ' 소리를 냅니다.

- el e**x**amen 엘 엑싸멘 시험, la ta**x**ista 라 딱씨스타 택시 기사

tip. 'Mé**x**ico 메히꼬 멕시코', 'Te**x**as 떼하쓰 텍사스' 등은 고유 명사이기 때문에 X로 표기하지만 실제로는 J 발음입니다. 이는 과거에 J가 X 소리를 가졌기 때문인데, 발음 그대로 Méjico, Tejas로 표기해도 틀린 건 아니지만, RAE에서는 X로 표기하는 것을 권장합니다.

⒇ **Y** 예는 항상 모음과 같이 쓰이며, Y 뒤에 오는 모음을 '야, 예, 이, 요, 유' 발음으로 만들어 줍니다. 중남미에서는 Y 발음을 'ㅈ'처럼 '쟈, 졔, 죠, 쥬'라고 하는데(아르헨티나에서는 'ㅅ'에 가까운 발음) 스페인에서 이 발음은 올바른 발음이 아닙니다.

tip. Y의 본 명칭은 'i griega 이 그리에가'였으나, RAE에서 공식 명칭을 'ye 예'로 바꾸고 권장합니다. 변경 전 사용하던 발음 'i griega 이 그리에가' 역시 인정됩니다.

(27) **Z** 쎄따는 'ㅆ' 소리로 모음을 만나면 '싸, 쎄, 씨, 쏘, 쑤' 발음이 됩니다.

- el **z**apato 엘 싸빠또 신발(주로 복수형)

(28) **CH** 체는 'ㅊ' 소리로, 모음을 만나면 '차, 체, 치, 초, 추' 발음이 됩니다.

(29) **LL** 에예는 'ㅖ' 소리로, 모음을 만나면 '아, 에, 이, 오, 우'를 각각 '야, 예, 이(지), 요, 유' 발음으로 만들어 주나 '이'는 i와 lli 소리를 구분하기 위해 '이'와 '지'의 중간발음을 내야 합니다. 실제 소리가 '지'와 더 가깝기 때문에 이 책에는 'lli'의 경우 '지'로 표기했습니다.

4. 개정 철자법

RAE에서는 주기적으로 철자법을 개정하고 있습니다. 가장 최근 개정은 2010년으로, 이때 주로 개정된 철자법은 다음과 같습니다.

① CH 체와 LL 에예

오랫동안 개정 논의가 있었던 CH와 LL는 더 이상 알파벳에 속하지 않으며 복합문자로 구분됩니다. 사용에는 변함이 없습니다.

② 알파벳 이름은 한 가지만

B 베는 'be 베', 'be alta 베 알따', 'be larga 베 라르가', V 우베는 'uve 우베', 've baja 베 바하', 've corta 베 꼬르따', W 우베 도블레는 'uve doble 우베 도블레', 've doble 베 도블레', 'doble ve 도블레 베', Z 쎄따는 'ceta 쎄따', 'ceda 쎄다', 'zeta 쎄따', 'zeda 쎄다' 등 명칭이 여럿 있었으나, 한 가지만 쓰게 됩니다. RAE에서 권장하는 각각의 알파벳 이름은, B는 'be 베', V는 'uve 우베', W는 'uve doble 우베 도블레', Z는 'zeta 쎄따'입니다.

③ 알파벳 Y 예는 ye 예로

'i griega 이 그리에가'로 불리던 Y는 'ye 예'로 변경되었으며, RAE에서 권장하는 발음 역시 'ye 예'입니다. 하지만 기존에 쓰던 'i griega 이 그리에가'도 인정됩니다.

④ Tildes(강세 표시)

'오직, 유일한' 등의 뜻을 가진 단어 'solo 쏠로'는 강세 표시를 붙이지 않습니다.
또한 'guion 기온, huir 우이르, truhan 뜨루안' 이 세 단어는 단음절 맞춤법 법칙(monosílabas a efectos ortográficos)에 따라 강세 표시가 없어집니다.

⑤ Ó

그동안 '또는'이라는 뜻의 단어 'o 오'는 숫자 사이에서 강세를 붙여 썼으나 이 강세 역시 사라집니다.

- 4 ó 5 (×) → 4 o 5 꾸아뜨로 오 씽꼬 (○)

⑥ Cuórum와 Catar

몇몇 단어에서 'q'로 사용되던 알파벳이 'c' 혹은 'k'로 바뀝니다. 이는 q가 이중 모음 que와 qui로만 결합되기 때문입니다.

- Qatar 카타르 → Catar 까따르, quásar 퀘이사르 → cuásar 꾸아사르,
  quórum → cuórum 꾸오룸 (의결에 필요한) 정족수, Iraq 이라크 → Irak 이라끄

⑦ ex : 전(前)을 뜻하는 접두사 ex는 띄어서 표기하였으나 개정에 따라 붙여 써야 합니다. 하지만 두 개 이상의 단어가 결합한 복합어의 경우 여전히 띄어서 표기합니다.

- ex marido 엑쓰 마리도 → exmarido 엑쓰마리도 전 남편 (○),
  ex director general 엑쓰 디렉또르 헤네랄 전 총괄 담당자 (○)

주격 인칭 대명사

스페인어에서 주격 인칭 대명사는 주어 역할을 하며 '나, 너, 그, 그녀' 등의 사람을 나타냅니다.

인칭		주격 인칭 대명사	
		단수	복수
1인칭	**나**	yo	nosotros/nosotras
2인칭	**너**	tú	vosotros/vosotras
3인칭	**그/그녀/ 당신**	él/ella/ usted(Ud.)	ellos/ellas/ ustedes(Uds.)

1. 주어의 남녀 구분

나와 너를 제외한 모든 주어는 남녀를 구분해서 사용합니다. 여러 명 중에 남자만 있거나 남녀가 섞여 있다면 남성 취급하며, 여자만 있다면 여성 취급합니다.

2. 주어 생략 가능

대화 속에서 주어가 누구인지를 알 수 있다면 주어는 보통 생략합니다. 스페인어는 주어에 따라 동사가 변하기 때문에 동사만으로 주어를 알 수 있기 때문이죠.

3. tú와 usted의 차이

위 표에서 usted는 의미상 3인칭이 아닌 2인칭이지만, 동사 변화는 3인칭과 동일합니다. usted는 tú의 존칭 표현으로 tú는 '너', usted는 '당신' 정도의 의미로 우리나라의 존댓말 정도로 이해하면 됩니다. 하지만 tú가 반말을 의미하는 것은 아닙니다. tú 역시 나보다 나이가 많거나, 처음 만난 사이에서 무리 없이 사용하며, usted는 tú보다 상대를 높이는 표현으로 격식 있는 사이에 사용합니다.

표기법 :

스페인어의 모든 명사는 성별 구분이 있습니다. **'m.'**은 'masculino 마스꿀리노(남성형)'의 약자이며, **'f.'**는 'femenino 페메니노(여성형)'의 약자입니다.

본 책에서 사용된 품사 표기법을 참고하세요.

m.	남성 명사	f.	여성 명사	pl.	복수형	v.	동사
adj.	형용사	adv.	부사	prep.	전치사	conj.	접속사

Capítulo 1

Unidad 01 소개
Unidad 02 감사&사과

Unidad 01.

소개 Presentación y saludo 쁘레센따씨온 이 쌀루도

☐ nombre 놈브레
m. 이름, 성명

☐ llamar 야마르 v. 부르다, 명명하다

☐ llamarse 야마르세 v. ~라 불리다

☐ apellido 아뻬지도
m. 성

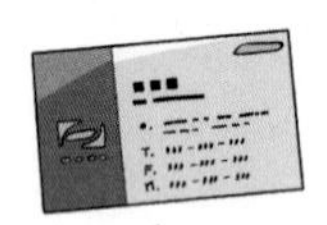

☐ apodo 아뽀도
m. 별명

☐ tarjeta de visita 따르헤따 데 비시따
명함

☐ sexo 쎅쏘
m. 성별

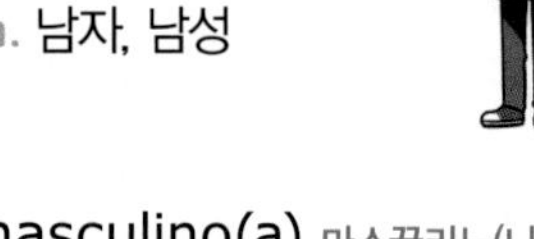

☐ hombre 옴브레
m. 남자, 남성

☐ mujer 무헤르
f. 여자, 여성

☐ masculino(a) 마스꿀리노(나)
adj. 남자의

☐ femenino(a) 페메니노(나)
adj. 여자의

☐ señor 쎄뇨르
m. ~씨, 님(남성에 대한 존칭)

☐ señora 쎄뇨라
f. ~씨, 부인(기혼 여성에 대한 존칭)

☐ señorita 쎄뇨리따
f. ~씨, 양(미혼 여성에 대한 존칭)

□ edad 에닫
f. 나이

□ cumpleaños 꿈쁠레아뇨쓰 m. 생일

□ fecha de nacimiento
페차 데 나씨미엔또 출생일

□ nacionalidad 나씨오날리닫
f. 국적

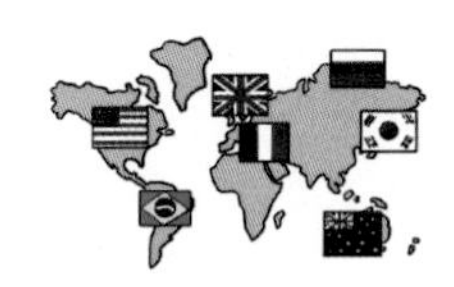

□ país 빠이쓰
m. 나라, 국가

□ idioma 이디오마
m. 언어

□ profesión 쁘로페시온
f. 직업

□ especializarse (en)
에스뻬씨알리싸르세 (엔)
v. (~을) 전공하다, 전문으로 하다

□ religión 렐리히온
f. 종교

□ dirección 디렉씨온
f. 주소

□ número de teléfono
누메로 데 뗄레포노 전화번호

□ vivir 비비르
v. 살다, 거주하다

□ presentación 쁘레센따씨온 f. 소개

□ presentar 쁘레센따르
v. (다른 사람을) 소개하다

□ presentarse 쁘레센따르세
v. (자기 자신을) 소개하다

□ conocer 꼬노쎄르
v. (사람을) 서로 알다

□ conocido(a) 꼬노씨도(다)
adj. 알고있는, 아는
m.f. 아는 사람

□ saludo 쌀루도 m. 인사

□ saludar 쌀루다르 v. 인사하다

□ bienvenido(a) 비엠베니도(다)
adj. 반가운, 환영받는
m. 환영

□ invitar 임비따르
v. 초대하다

□ invitación 임비따씨온
f. 초대

□ invitado(a) 임비따도(다)
m.f. 초대받은 사람, 손님

□ visitar 비시따르
v. 방문하다, 견학하다

□ visitante 비시딴떼
adj. 방문하는
m.f. 방문객

□ amigo(a) 아미고(가)
adj. 친한
m.f. 친구

□ amistoso(a) 아미스또소(사)
adj. 의좋은, 친선의

□ ¡Hola! 올라!
안녕하세요!

□ ¿Qué tal? 께 딸?
잘 지내세요?

□ ¿Cómo estás? 꼬모 에스따쓰?
어떻게 지내세요?

□ familiar 파밀리아르
adj. 가족의, 친근한
m. 친척, 가까운 사람

□ extraño(a) 엑쓰뜨라뇨(냐)
adj. 기묘한, 이상한
m.f. 낯선 사람

□ ¡Encantado(a)! 엥깐따도(다)!
반갑습니다!

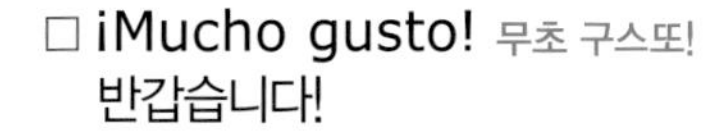

□ ¡Mucho gusto! 무초 구스또!
반갑습니다!

□ ¡Adiós! 아디오쓰! 잘 가!

□ ¡Chao! 차오! 잘 가!

□ ¡Hasta pronto! 아스따 쁘론또!
또 만나자!

□ nombre 놈브레 m. 이름, 성명

¿Cuál es tu nombre?
꾸알 에쓰 뚜 놈브레?
네 이름이 뭐니?

tip. 스페인어에서 '무엇'을 뜻하는 대명사 cuál은 '여러 개 있는 것 중 무엇'을 물어보는 '선택'의 의미입니다. 스페인에서는 사람의 이름을 지을 때 새롭게 창작하지 않고 가톨릭 성인, 왕 혹은 본받고 싶은 사람의 이름 중 '선택'하여 그대로 사용하기 때문에, 이름을 물어볼 때 의문 대명사 cuál을 사용합니다.

□ apellido 아뻬지도 m. 성

□ primer apellido 쁘리메르 아뻬지도 첫 번째 성(아버지 성)

□ segundo apellido 쎄군도 아뻬지도 두 번째 성(어머니 성)

En Corea no se usa el segundo apellido.
엔 꼬레아 노 쎄 우사 엘 쎄군도 아뻬지도
한국에서는 두 번째 성을 사용하지 않는다.

□ apodo 아뽀도 m. 별명

□ sexo 쎅쏘 m. 성별

□ hombre 옴브레 m. 남자, 남성

□ mujer 무헤르 f. 여자, 여성

□ masculino(a) 마스꿀리노(나) adj. 남자의

□ femenino(a) 페메니노(나) adj. 여자의

□ llamar 야마르 v. 부르다, 명명하다

¿Cómo te llamas?
꼬모 떼 야마쓰
네 이름이 뭐니? (= 너는 뭐라고 불리니?)

□ llamarse 야마르세 v. ~라 불리다

□ señor 쎄뇨르 m. ~씨, 님(남성에 대한 존칭)

□ señora 쎄뇨라 f. ~씨, 부인(기혼 여성에 대한 존칭)

□ señorita 쎄뇨리따 f. ~씨, 양(미혼 여성에 대한 존칭)

□ caballero 까바예로 m. 신사, 귀족

¡Caballero!
까바예로!
사장님!

tip. caballero는 구어로, 존경과 존칭의 의미를 담아 상대를 부를 때 주로 사용합니다.

□ don 돈 m. ~씨, ~영감님(나이 많은 남성에 대한 존칭)

□ doña 도냐 f. ~씨, ~여사(나이 많은 여성에 대한 존칭)

□ edad 에닫 f. 나이; 시대

¿Qué edad tiene?
께 에닫 띠에네
나이가 어떻게 되세요?

tip. edad은 año보다 격식 있는 표현으로, 상대방이 tu일 때는 쓸 수 없으며 usted 문장에서만 가능합니다. edad으로 상대 나이를 물어보려면 상대를 '너'가 아닌 '당신'이라고 존중해야 합니다.

□ año 아뇨 m. 년, 1년

□ años 아뇨쓰 m.pl. 나이, ~살

¿Cuántos años tienes?
꾸안또쓰 아뇨쓰 띠에네쓰?
너 몇 살이니? (= 몇 년을 가지고 있니?)

tip. 상대의 나이를 물어볼 때 ¿Qué edad tiene?와 ¿Cuántos años tiene(s)? 중 ¿Cuántos años tiene(s)?를 훨씬 많이 사용하며 tiene에 s를 붙여 말하면 존칭입니다.

□ cumpleaños 꿈쁠레아뇨쓰 m. 생일

¡Feliz cumpleaños!
펠리쓰 꿈쁠레아뇨쓰!
생일 축하해!

□ fecha de nacimiento 페차 데 나씨미엔또 출생일

□ profesión 쁘로페시온 f. 직업

□ nacionalidad 나씨오날리닫 f. 국적

- □ adquisición de nacionalidad 앋끼시씨온 데 나씨오날리닫 국적 취득
- □ adquirir la nacionalidad 앋끼리르 라 나씨오날리닫 국적을 취득하다
- □ pérdida de nacionalidad 뻬르디다 데 나씨오날리닫 국적 상실
- □ perder la nacionalidad 뻬르데르 라 나씨오날리닫 국적을 상실하다
- □ doble nacionalidad 도블레 나씨오날리닫 복수 국적

Nuri tiene doble nacionalidad.
누리 띠에네 도블레 나씨오날리닫
누리는 복수 국적을 가지고 있다.

□ país 빠이쓰 m. 나라, 국가

□ idioma 이디오마 m. 언어, 국어

¿Cuántos idiomas hablas?
꾸안또쓰 이디오마쓰 아블라쓰?
몇 개 국어 하시나요?

□ lengua materna 렝구아 마떼르나 모국어

- □ lengua extranjera 렝구아 엑쓰뜨랑헤라 외국어
- □ segunda lengua 쎄군다 렝구아 제2외국어

□ bilingüe 빌링구에 adj. 두 언어를 구사하는

□ número de teléfono 누메로 데 뗄레포노 전화번호

□ dirección 디렉씨온 f. 주소

□ patria 빠뜨리아 f. 조국, 출생지

□ nacido(a) 나씨도(다) adj. 태어난

□ nacer 나쎄르 v. 태어나다

□ vivir 비비르 v. 살다, 거주하다

Vivo solo(a).
비보 쏠로(라)
저는 혼자 살아요.

□ domicilio 도미씰리오 m. 거주지, 소재지

□ presentación 쁘레센따씨온 f. 소개

□ presentar 쁘레센따르 v. (다른 사람을) 소개하다

Te presento a mi novio.
떼 쁘레센또 아 미 노비오
너에게 내 남자 친구를 소개할게.

□ presentarse 쁘레센따르세 v. (자기 자신을) 소개하다

Quiero presentarme.
끼에로 쁘레센따르메
내 소개를 하고 싶어.

□ tarjeta de visita 따르헤따 데 비시따 명함

¿Podría darme su tarjeta de visita?
뽀드리아 다르메 쑤 따르헤따 데 비시따?
명함 한 장 주시겠어요?

□ especializarse (en) 에스뻬씨알리싸르세 (엔) v. (~을) 전공하다, 전문으로 하다

□ religión 렐리히온 f. 종교

□ saludar 쌀루다르 v. 인사하다

Saluda a tu familia (de mi parte).
쌀루다 아 뚜 파밀리아 (데 미 빠르떼)
네 가족에게 (나로부터의) 안부 전해 줘.

☐ saludo 쌀루도 m. 인사

¡Hola!
올라!
안녕! (= 안녕하세요!)

Buenos días.
부에노쓰 디아쓰
안녕하세요. (아침에 만났을 때)

Buenas tardes.
부에나쓰 따르데쓰
안녕하세요. (낮에 만났을 때)

Buenas noches.
부에나쓰 노체쓰
안녕하세요. (저녁에 만났을 때)

¡Encantado(a)!
엥깐따도(다)!
반갑습니다!

¡Mucho gusto!
무초 구스또!
반갑습니다!

¿Qué tal?
께 딸?
잘 지내세요?

¿Cómo estás?
꼬모 에스따쓰?
어떻게 지내세요?

¡Adiós!
아디오쓰!
잘 가!

¡Chao!
차오!
잘 가!

¡Hasta pronto!
아스따 쁘론또!
또 만나자!

¡Hasta mañana!
아스따 마냐나!
내일 만나!

¡Hasta luego!
아스따 루에고!
나중에 만나!

□ conocer 꼬노쎄르 v. (사람을) 서로 알다

Me alegro de conocerle.
메 알레그로 데 꼬노쎄를레
만나뵙게 되어 영광입니다. (= 당신을 알게 되어 기쁩니다.)

□ conocido(a) 꼬노씨도(다) adj. 알고있는, 아는 m.f. 아는 사람

Él es un conocido.
엘 에쓰 운 꼬노씨도
그는 그냥 아는 사람이다.

□ largo tiempo 라르고 띠엠뽀 오래, 오랫동안
= mucho tiempo 무초 띠엠뽀

□ últimamente 울띠마멘떼 adv. 최근에

¿Qué estás haciendo últimamente?
께 에스따쓰 아씨엔도 울띠마멘떼?
요즘 뭐 하는 중이야?

□ bienvenido(a) 비엠베니도(다) adj. 반가운, 환영받는 m. 환영
□ fiesta de bienvenida 피에스따 데 비엠베니다 환영 파티

¡Bienvenidos!
비엠베니도쓰!
환영합니다!

□ primera impresión 쁘리메라 임쁘레시온 첫인상

La primera impresión en una entrevista de trabajo es decisiva.
라 쁘리메라 임쁘레시온 엔 우나 엔뜨레비스따 데 뜨라바호 에쓰 데씨시바
면접에서의 첫인상은 결정적 역할을 한다.

□ invitar 임비따르 v. 초대하다

□ invitación 임비따씨온 f. 초대

□ invitado(a) 임비따도(다) m.f. 초대받은 사람, 손님

□ vecino(a) 베씨노(나) adj. 이웃의 m.f. 이웃

Tenemos buena relación con los vecinos.
떼네모쓰 부에나 렐라씨온 꼰 로쓰 베씨노쓰
우리는 이웃들과 좋은 관계에 있다.

□ amigo(a) 아미고(가) adj. 친한 m.f. 친구

□ amistoso(a) 아미스또소(사) adj. 의좋은, 친선의

El partido amistoso.
엘 빠르띠도 아미스또소
친선 경기

tip. 해당 표현은 관사 El이 붙어 단어(palabra)가 아닌 '주어와 술어' 형식을 갖춘 절(oración)로 취급합니다. 스페인어에서 절(oración)은 문장(frase) 형식처럼 첫 단어의 첫 글자를 대문자로 하고 마지막 부분에 마침표를 붙입니다.

□ visitar 비시따르 v. 방문하다, 견학하다

Voy a visitar a mi abuela.
보이 아 비시따르 아 미 아부엘라
나는 할머니를 방문할 예정이다.

□ visitante 비시딴떼 adj. 방문하는 m.f. 방문객

El equipo visitante perdió el partido.
엘 에끼뽀 비시딴떼 뻬르디오 엘 빠르띠도
원정 팀은 게임에서 졌다.

Los visitantes deben pagar la entrada.
로쓰 비시딴떼쓰 데벤 빠가르 라 엔뜨라다
방문객들도 입장료를 내야 한다.

□ en 엔 prep. (장소) ~안에, ~에

□ familiar 파밀리아르 adj. 가족의, 친근한 m. 친척, 가까운 사람

Para mí, este restaurante es muy familiar.
빠라 미, 에스떼 레스따우란떼 에쓰 무이 파밀리아르
나에게 이 레스토랑은 무척 친근하다. (집처럼 느껴진다)

□ extranjero(a) 엑쓰뜨랑헤로(라) adj. 외국의 m.f. 외국인

□ extrañar 엑쓰뜨라냐르 v. 이상하다, 놀랍다

No me extraña.
노 메 엑스뜨라냐
나는 (그것이) 별로 놀랍지 않다.

□ extraño(a) 엑쓰뜨라뇨(냐) adj. 기묘한, 이상한 m.f. 낯선 사람

Me siento muy extraño(a).
메 씨엔또 무이 엑스뜨라뇨(냐)
나는 기분이 매우 이상하다.

01. 인사

꼭! 써먹는 **실전 회화**

Javier Hola, Julia.
Te presento a mi amigo, Juan.
올라, 훌리아. 떼 쁘레센또 아 미 아미고, 후안
안녕, 훌리아. 내 친구 후안을 소개할게.

Julia Hola, Juan. Encantada. Me llamo Julia.
Soy su compañera de trabajo.
올라, 후안. 엥깐따다. 메 야모 훌리아. 쏘이 쑤 꼼빠녜라 데 뜨라바호
안녕 후안. 만나서 반가워. 내 이름은 훌리아야. 나는 그의 직장 동료야.

Juan Mucho gusto, Julia.
Soy amigo de Javier.
무초 구스또, 훌리아. 쏘이 아미고 데 하비에르.
만나서 반가워. 나는 하비에르의 친구야.

Julia ¿Vamos a sentarnos?
바모쓰 아 쎈따르노쓰?
우리 앉을까?

Unidad 02.

감사&사과 Agradecimiento y disculpa 아그라데씨미엔또 이 디스꿀빠

☐ Gracias. 그라씨아쓰
expre. 감사합니다. 고맙습니다.

☐ mucho(a) 무초(차),
pl. muchos(as) 무초쓰(차쓰)
adj. 많은, 대단히 adv. 많이, 매우

☐ considerado(a) 꼰시데라도(다)
adj. 사려 깊은, 신중한

☐ consideración 꼰시데라씨온
f. 배려

☐ ayudar 아유다르 v. 돕다

☐ ayuda 아유다 f. 도움, 지원

☐ esperar 에스뻬라르
v. 기다리다; 기대하다, 바라다

☐ favor 파보르 m. 부탁

☐ por favor 뽀르 파보르
expre. 제발, 부디(정중하게 부탁할 때);
부탁합니다; 여보세요(부를 때)

☐ amable 아마블레
= simpático(a) 씸빠띠꼬(까)
= majo(a) 마호(하) (구어)
adj. 친절한

☐ amabilidad 아마빌리닫 f. 친절, 호의

☐ favorable 파보라블레
adj. 호의적인, 찬성하는

☐ aceptar 악쎕따르 v. 받다, 수락하다

☐ pensar 뻰사르
v. 생각하다

□ orar 오라르
= rezar 레싸르 v. 기도하다

□ pedir 뻬디르
v. 부탁하다, 주문하다

□ importante 임뽀르딴떼
adj. 중요한

□ grave 그라베
adj. 중대한, 심각한

□ consejo 꼰세호 m. 충고

□ aconsejar 아꼰세하르
= dar un consejo 다르 운 꼰세호
v. 충고하다

□ ánimo 아니모 m. 용기, 힘

□ animar 아니마르
v. 격려하다, 응원하다

□ elogio 엘로히오 m. 칭찬, 찬사

□ elogiar 엘로히아르 v. 칭찬하다

□ felicitar 펠리씨따르
v. 축하하다

□ entender 엔뗀데르
v. 이해하다, 알아듣다

□ guiar 기아르
v. 안내하다, 인도하다

□ perdonar 뻬르도나르
= disculpar 디스꿀빠르
= excusar 엑쓰꾸사르
v. 변명하다, 용서하다

□ disculparse 디스꿀빠르세
= excusarse 엑쓰꾸사르세
= pedir perdón 뻬디르 뻬르돈
v. 용서를 구하다

□ perdón 뻬르돈 m.
= disculpa 디스꿀빠 f. 용서

□ equivocar 에끼보까르
v. 잘못하다, 실수하다, 착각하다

□ culpa 꿀빠 f. 잘못, 탓

□ error 에로르 m. 잘못, 오류

□ fracaso 프라까소 m. 실패, 좌절

□ fracasar 프라까사르 v. 실패하다

□ éxito 엑씨또 m. 성공

□ tener éxito 떼네르 엑씨또 성공하다

□ reconocer 레꼬노쎄르
v. 깨닫다, 알아차리다

□ reflexionar 레플렉씨오나르
v. 숙고하다

□ reproche 레쁘로체 m. 비난

□ reprochar 레쁘로차르
v. 비난하다, 나무라다

□ criticar 끄리띠까르
v. 비판하다, 비난하다

□ interrumpir 인떼룸삐르
v. 방해하다, (남의 말을) 가로채다

□ molestar 몰레스따르
v. 귀찮게 하다, 방해하다

□ retraso 레뜨라소 m.
= tardanza 따르단싸 f.
늦음, 지각

□ reprocharse 레쁘로차르세
v. 자책하다

□ lamentable 라멘따블레
adj. 애석한, 유감스러운

□ desafortunado(a) 데사뽀르뚜나도(다)
adj. 불운한, 운이 없는

□ oportunidad 오뽀르뚜니닫
f. 기회

□ suerte 쑤에르떼
f. 운, 행운

□ difícil 디피씰
adj. 어려운

□ opinión 오삐니온 f. 의견, 견해

□ idea 이데아 f. 생각, 아이디어

□ reconsiderar 레꼰씨데라르
v. 재고하다, 다시 생각하다

□ Gracias. 그라씨아쓰 expre. 감사합니다, 고맙습니다.

Muchas gracias.
무차쓰 그라씨아쓰
정말 감사합니다.

□ agradecer 아그라데쎄르 v. 감사하다, 고맙다
= dar las gracias 다르 라쓰 그라씨아쓰

Te lo agradezco.
떼 로 아그라데쓰꼬
너에게 (그것에 대해) 고마워.

□ mucho(a) 무초(차), pl. muchos(as) 무초쓰(차쓰)
adj. 많은, 대단히 adv. 많이, 매우

□ muchísimo(a) 무치시모(마), pl. muchísimos(as) 무치시모쓰(마쓰)
adj. 정말로, 매우 많은 adv. 대단히

tip. muchísimo는 형용사 mucho의 최상급 표현으로 뒤에 -ísimo를 추가한 것입니다.

□ favor 파보르 m. 부탁, 청

¿Me haces un favor?
메 아쎄쓰 운 파보르?
부탁 하나만 들어 줄래?

□ por favor 뽀르 파보르 expre. 제발, 부디(정중하게 부탁할 때)

tip. 구어로 porfi, por fa로 줄여서 말하기도 합니다.

□ favorable 파보라블레 adj. 호의적인, 찬성하는

tip. 스페인에서 비자 연장을 신청한 후 인터넷으로 결과를 확인했을 때,
비자 연장이 승인되었다면 favorable라고 나옵니다.

□ sobre 쏘브레 prep. ~에 대해서; ~의 위에

□ generoso(a) 헤네로소(사) adj. 관대한, 너그러운
□ generosidad 헤네로시닫 f. 관대함, 너그러움

□ considerado(a) 꼰시데라도(다) adj. 사려 깊은, 신중한

□ consideración 꼰시데라씨온 f. 배려

Juan es muy considerado.
후안 에쓰 무이 꼰씨데라도
후안은 매우 신중하다.

□ amable 아마블레 adj. 친절한

= simpático(a) 씸빠띠꼬(까)

= majo(a) 마호(하) (구어)

□ amabilidad 아마빌리닫 f. 친절, 호의

□ comprensivo(a) 꼼쁘렌시보(바) adj. 이해력이 있는; 인내심이 있는

□ comprensión 꼼쁘렌시온 f. 이해력

tip. comprensivo(a)는 '이해력이 좋은(entender bien)'과 '인내심이 있는, 참을성 있는(tener paciencia)'의 두 가지 뜻이 있습니다.

□ intención 인뗀씨온 f. 의도, 의향

= voluntad 볼룬딷

□ buena intención 부에나 인뗀씨온 좋은 의도, 호의

= buena voluntad 부에나 볼룬딷

□ mala intención 말라 인뗀씨온 나쁜 의도, 악의

= mala voluntad 말라 볼룬딷

No era mi intención.
노 에라 미 인뗀씨온
그건 내 의도가 아니었어.

tip. 명사 intención은 '의도, 의향'이라는 의미로 '좋은'이라는 뜻의 형용사인 buena와 결합하여 '좋은 의도' 즉, '친절, 호의'를 의미합니다.

□ ayudar 아유다르 v. 돕다

□ ayuda 아유다 f. 도움, 지원

¡Ayúdame!
아유다메!
(저를) 도와주세요!

□ felicitar 펠리씨따르 v. 축하하다

□ suerte 쑤에르떼 f. 운, 행운

¡Suerte!
쑤에르떼!
행운을 빌어!

□ esperar 에스뻬라르 v. 기다리다; 기대하다, 바라다

¡Espera!
에스뻬라!
기다려!

Espero que tengas un buen fin de semana.
에스뻬로 께 뗑가쓰 운 부엔 핀 데 쎄마나
네가 좋은 주말을 보내길 바란다.

□ pensar 뻰사르 v. 생각하다

Gracias por pensar en mí.
그라씨아쓰 뽀르 뻰사르 엔 미
제 생각을 해 줘서 고마워요.

□ importante 임뽀르딴떼 adj. 중요한

□ grave 그라베 adj. 중대한, 심각한

□ orar 오라르 v. 기도하다
= rezar 레싸르

□ pedir 뻬디르 v. 부탁하다, 주문하다

No voy a pedir perdón.
노 보이 아 뻬디르 뻬르돈
나는 사과하지 않을 거야. (= 나는 용서를 구하지 않을 거야.)

□ consejo 꼰세호 m. 충고

□ aconsejar 아꼰세하르 v. 충고하다
= dar un consejo 다르 운 꼰세호

□ ánimo 아니모 m. 용기, 힘

□ animar 아니마르 v. 격려하다, 응원하다

□ animarse 아니마르세 v. 힘을 내다

¡Anímate!
아니마떼
힘 내!

□ elogio 엘로히오 m. 칭찬, 찬사

□ elogiar 엘로히아르 v. 칭찬하다

Me gustaría elogiar al señor Torres.
메 구스따리아 엘로히아르 알 쎄뇨르 또레쓰
또레쓰 씨를 칭찬하고 싶습니다.

□ a 아 prep. ~을, ~에게

tip. 전치사 a는 주로 '목적, 방향'등을 나타내며 '~의, ~에, ~으로' 등 여러 가지 뜻이 있습니다.

□ expresar 엑쓰쁘레사르 v. 생각을 표현하다

□ entender 엔뗀데르 v. 이해하다, 알아듣다

□ guiar 기아르 v. 안내하다, 인도하다

□ oportunidad 오뽀르뚜니닫 f. 기회

Por favor, dame otra oportunidad.
뽀르 파보르, 다메 오뜨라 오뽀르뚜니닫
제발 한 번 더 기회를 주세요.

□ Lo siento. 로 씨엔또 expre. 죄송합니다, 미안합니다.

□ sentir 쎈띠르 v. 느끼다, 애석하게 생각하다

Lo sentimos mucho.
로 쎈띠모쓰 무초
우리는 무척 유감스럽게 생각합니다.

□ perdonar 뻬르도나르 v. 변명하다, 용서하다

= disculpar 디스꿀빠르

= excusar 엑쓰꾸사르

¿Me perdonas?
메 뻬르도나쓰?
나를 용서해 주겠니?

¡Disculpe!
디스꿀뻬!
실례합니다!

tip. 명령형 ¡Disculpe!으로 하면 '실례합니다'의 의미가 됩니다.

¡Perdón!
뻬르돈!
실례합니다!

tip. 동사 excusar는 perdonar, disculpar보다 좀 더 예의 바른 표현이지만 실제 사용 빈도는 두 동사에 비해 낮습니다.

□ disculparse 디스꿀빠르세 v. 용서를 구하다

= excusarse 엑쓰꾸사르세

= pedir perdón 뻬디르 뻬르돈

No voy a disculparme.
노 보이 아 디스꿀빠르메
나는 사과하지 않겠다. (= 나는 용서를 구하지 않을 거야.)

Te pido perdón.
떼 삐도 뻬르돈
너에게 용서를 구한다.

□ perdón 뻬르돈 m. 용서

= disculpa 디스꿀빠 f.

□ excusa 엑쓰꾸사 f. 변명, 핑계

□ admitir 앋미띠르 v. 받아들이다, 수락하다, 허락하다

= aceptar 아셉따르

□ equivocar 에끼보까르 v. 잘못하다, 실수하다; 착각하다

Me he equivocado, no volverá a ocurrir.
메 에 에끼보까도, 노 볼베라 아 오꾸리르
제가 착각했습니다. 다시 그럴 일은 없을 겁니다.

□ culpa 꿀빠 f. 잘못, 탓
□ culpable 꿀빠블레 adj. 죄가 있는 m.f. (과실의) 책임자

No es mi culpa.
노 에쓰 미 꿀빠
그건 내 잘못이 아냐.

¿Quién es el culpable?
끼엔 에쓰 엘 꿀빠블레?
누가 책임자입니까?

□ error 에로르 m. 잘못, 오류

□ reproche 레쁘로체 m. 비난
□ reprochar 레쁘로차르 v. 비난하다, 나무라다
□ reprocharse 레쁘로차르세 v. 자책하다

Me reproché muchas cosas.
메 레쁘로체 무차쓰 꼬사쓰
나는 많은 것들을 자책했다.

□ reconocer 레꼬노쎄르 v. 깨닫다, 알아차리다

Reconocí mis errores.
레꼬노씨 미쓰 에로레쓰
나는 내 실수들을 깨달았다.

□ reflexionar 레플렉씨오나르 v. 숙고하다

□ arrepentirse 아레뻰띠르쎄 v. 후회하다

□ criticar 끄리띠까르 v. 비판하다, 비난하다

□ lamentable 라멘따블레 adj. 애석한, 유감스러운

□ fracaso 프라까소 m. 실패, 좌절

  □ fracasar 프라까사르 v. 실패하다

□ éxito 엑씨또 m. 성공

  □ tener éxito 떼네르 엑씨또 성공하다

□ intencionalmente 인뗀씨오날멘떼 adv. 고의로, 일부러

  = intencionadamente 인뗀씨오나다멘떼

□ interrumpir 인떼룸삐르 v. 방해하다, (남의 말을) 가로채다

□ molestar 몰레스따르 v. 귀찮게 하다, 방해하다

□ molestarse (por) 몰레스따르세 (뽀르) ~에 마음이 쓰이다, ~에 화가 나다

¡Me molesto por todo!
메 몰레스또 뽀르 또도!
모두 다 짜증 나! (= 모두 다 신경 쓰여!)

□ retraso 레뜨라소 m. 늦음, 지각

  = tardanza 따르단싸 f.

□ daño 다뇨 m. 손해, 상처

□ desafortunado(a) 데사뽀르뚜나도(다) adj. 불운한, 운이 없는

□ miserable 미세라블레 adj. 비참한 m.f. 궁핍한 사람

□ pobre 뽀브레 adj. 가난한, 빈곤한 m.f. 가난한 사람

□ difícil 디피씰 adj. 어려운

□ aviso 아비소 m. 통지, 알림

□ opinión 오삐니온 f. 의견, 견해

□ idea 이데아 f. 생각, 아이디어

☐ reconsiderar 레꼰씨데라르 v. 재고하다, 다시 생각하다

☐ repetir 레뻬띠르 v. 되풀이하다, 반복하다

☐ repetición 레뻬띠씨온 f. 되풀이, 반복

¿Puede repetirlo, por favor?
뿌에데 레뻬띠를로, 뽀르 파보르?
다시 반복해 주시겠어요?

☐ volver 볼베르 v. 돌아오다

Disculpe, volveré enseguida.
디스꿀뻬, 볼베레 엔세기다
잠시 실례하겠습니다. 곧 돌아올게요.

☐ enseguida 엔세기다 adv. 곧, 바로

02. 감사 인사

꼭! 써먹는 **실전 회화**

Cliente	Gracias por su propuesta. 그라씨아쓰 뽀르 쑤 쁘로뿌에스따 좋은 제안 감사합니다.
Comercial	A usted por su interés. 아 우스뗃 뽀르 쑤 인떼레쓰 관심 주셔서 제가 더 감사합니다.
Cliente	Le contactaré en breve. 레 꼰딱따레 엔 브레베 조만간 연락 드리겠습니다.
Comercial	Perfecto. Hasta otro día. 뻬르펙또. 아스따 오뜨로 디아 알겠습니다.(좋습니다.) 다음에 뵙겠습니다.

Cliente 끌리엔떼 m.f. 고객
Comercial 꼬메르씨알 m.f. 사장

Ejercicio

다음 단어를 읽고 맞는 뜻과 연결하세요.

1. amigo(a) •	• 국적
2. ánimo •	• 나이
3. culpa •	• 남자
4. dirección •	• 성공
5. edad •	• 여자
6. éxito •	• 용기
7. hombre •	• 이름
8. mujer •	• 인사
9. nacionalidad •	• 잘못
10. nombre •	• 주소
11. profesión •	• 직업
12. saludo •	• 친구

1. amigo(a) – 친구 2. ánimo – 용기 3. culpa – 잘못 4. dirección – 주소
5. edad – 나이 6. éxito – 성공 7. hombre – 남자 8. mujer – 여자
9. nacionalidad – 국적 10. nombre – 이름 11. profesión – 직업 12. saludo – 인사

Capítulo 2

Unidad 03 신체
Unidad 04 감정&성격
Unidad 05 사랑
Unidad 06 가족

Unidad 03.
신체 Cuerpo 꾸에르뽀

□ cuerpo 꾸에르뽀
m. 몸, 신체

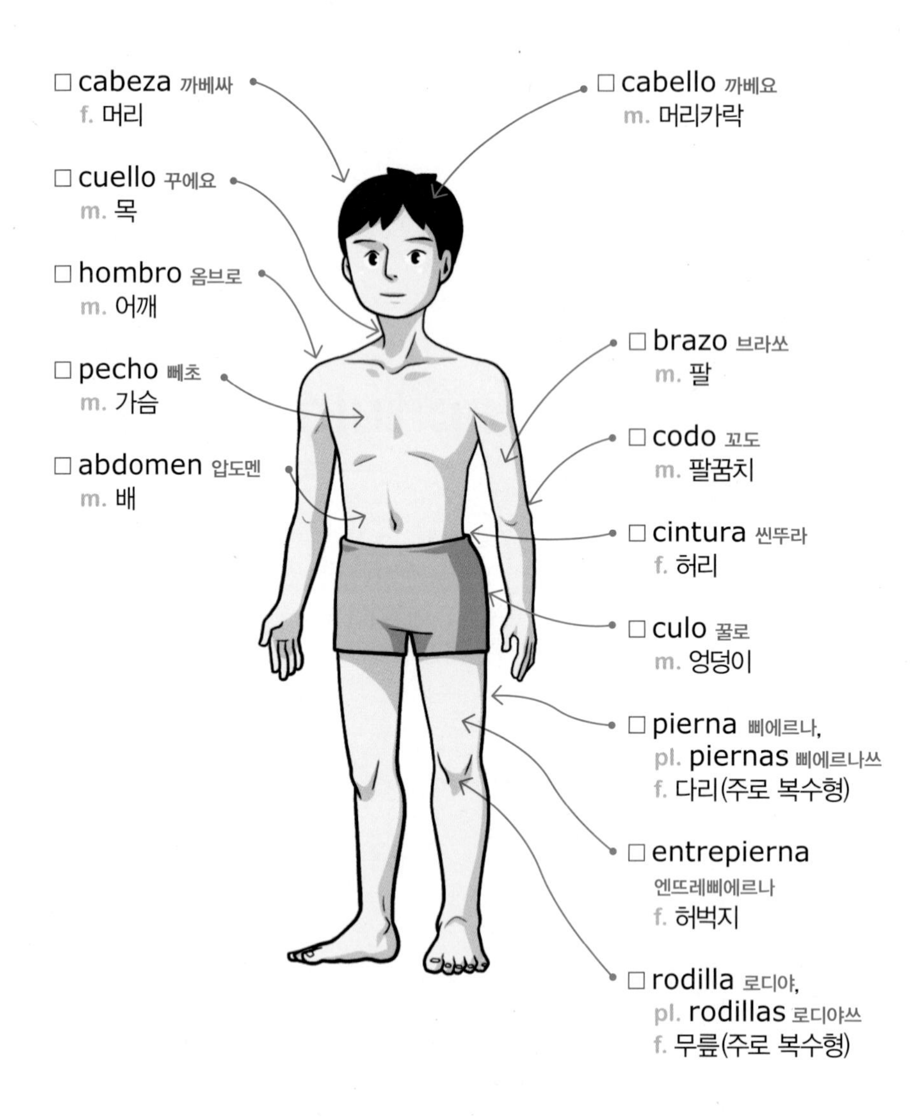

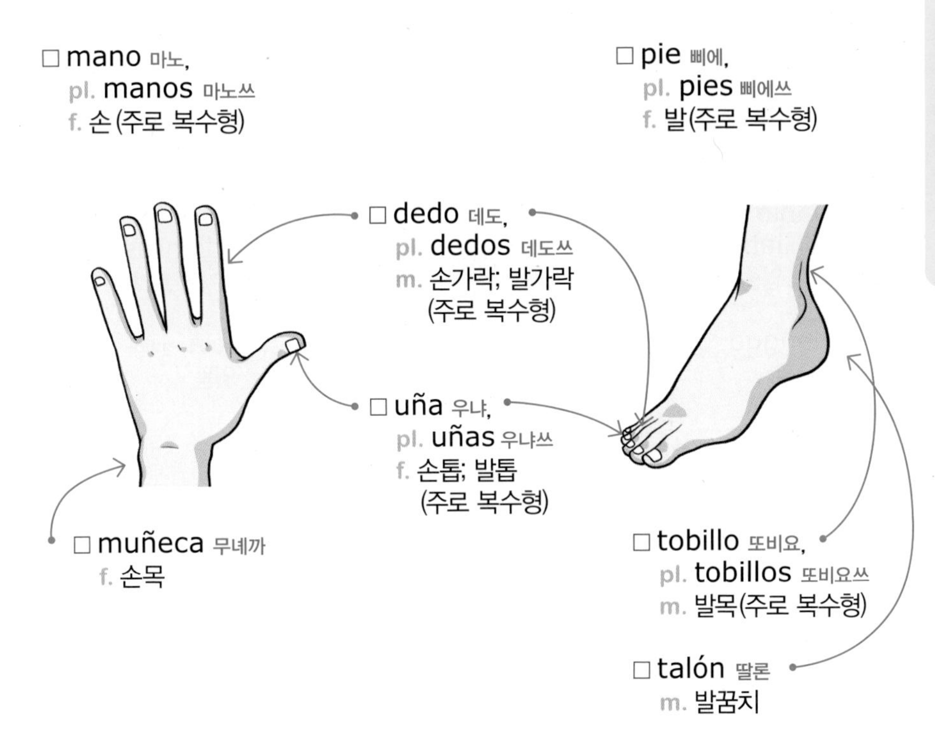
□ mano 마노,
pl. manos 마노쓰
f. 손(주로 복수형)
□ pie 삐에,
pl. pies 삐에쓰
f. 발(주로 복수형)
□ dedo 데도,
pl. dedos 데도쓰
m. 손가락; 발가락
(주로 복수형)
□ uña 우냐,
pl. uñas 우냐쓰
f. 손톱; 발톱
(주로 복수형)
□ muñeca 무녜까
f. 손목
□ tobillo 또비요,
pl. tobillos 또비요쓰
m. 발목(주로 복수형)
□ talón 딸론
m. 발꿈치

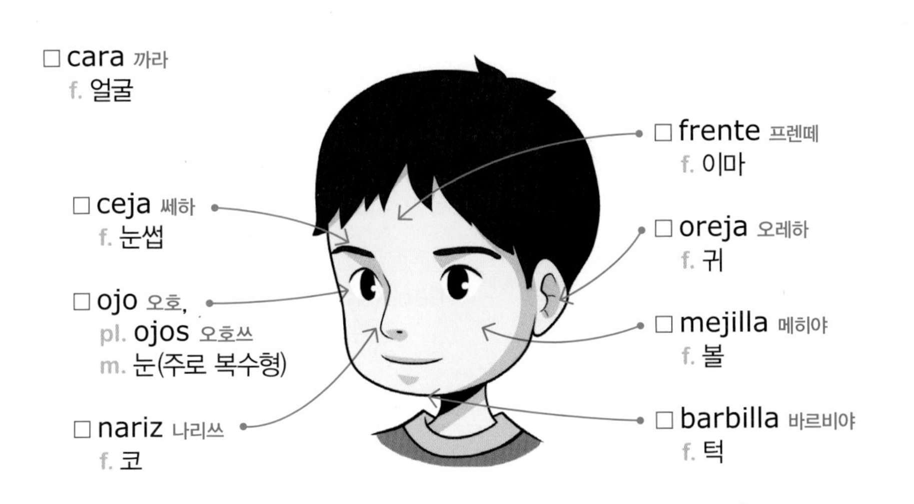
□ cara 까라
f. 얼굴
□ frente 프렌떼
f. 이마
□ ceja 쎄하
f. 눈썹
□ oreja 오레하
f. 귀
□ ojo 오호,
pl. ojos 오호쓰
m. 눈(주로 복수형)
□ mejilla 메히야
f. 볼
□ nariz 나리쓰
f. 코
□ barbilla 바르비야
f. 턱

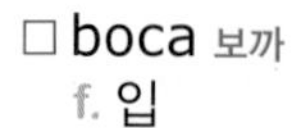

□ boca 보까
f. 입

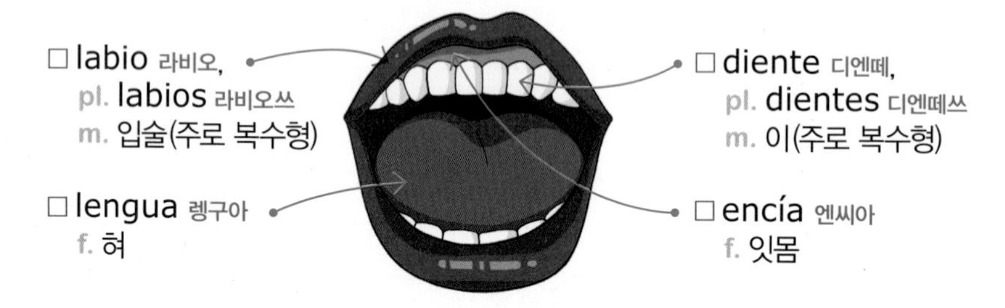

□ labio 라비오,
pl. labios 라비오쓰
m. 입술(주로 복수형)

□ diente 디엔떼,
pl. dientes 디엔떼쓰
m. 이(주로 복수형)

□ lengua 렝구아
f. 혀

□ encía 엔씨아
f. 잇몸

□ peso 뻬소
m. 체중

□ gordo(a) 고르도(다)
adj. 뚱뚱한

□ delgado(a) 델가도(다)
adj. 날씬한

□ obeso(a) 오베소(사)
adj. 비만의

□ flaco(a) 플라꼬(까)
adj. 마른

□ piel 삐엘
f. 피부

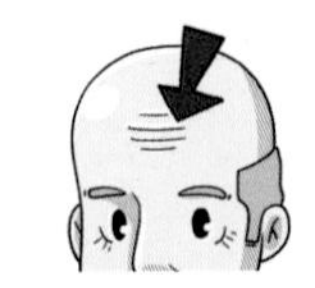

□ arruga 아루가
f. 주름

□ hoyuelo 오유엘로
m. 보조개

□ bigote 비고떼
m. 콧수염

□ afeitarse 아페이따르세
v. 면도하다

□ apariencia 아빠리엔씨아
f. 외모, 겉모습

□ guapo(a) 구아뽀(빠)
adj. 잘생긴, 예쁜
m.f. 미남, 미녀

□ lindo(a) 린도(다)
adj. 귀여운

□ feo(a) 페오(아)
adj. 못생긴

□ bonito(a) 보니또(따)
adj. 예쁜

□ altura 알뚜라
f. 키

□ alto(a) 알또(따)
adj. 키가 큰

□ bajo(a) 바호(하)
adj. 키가 작은

□ cuerpo 꾸에르뽀 m. 몸, 신체

Tengo un cuerpo atlético.
뗑고 운 꾸에르뽀 아뜰레띠꼬
전 건장한 체격을 가지고 있습니다.

□ cabeza 까베싸 f. 머리

□ cuello 꾸에요 m. 목

Tengo el cuello largo.
뗑고 엘 꾸에요 라르고
나는 목이 길다.

□ hombro 옴브로 m. 어깨

□ pecho 뻬초 m. 가슴

□ pezón 뻬쏜 m. 젖꼭지

□ abdomen 압도멘 m. 배
□ abdomen plano 압도멘 쁠라노 납작한 배

□ ombligo 옴블리고 m. 배꼽
□ ombligo de botón 옴블리고 데 보똔 참외 배꼽

□ cordón umbilical 꼬르돈 움빌리깔 m. 탯줄

□ brazo 브라쏘 m. 팔

□ abrazo 아브라쏘 m. 포옹

□ codo 꼬도 m. 팔꿈치

Me dí un golpe en el codo.
메 디 운 골뻬 엔 엘 꼬도
나는 팔꿈치를 부딪혔다.

tip. 보통 말을 하기 시작하면 손짓 혹은 몸짓이 자연스럽게 따라오는데, 이러한 의미로 심지어 팔꿈치까지 말하는 것처럼 느껴질 정도로 '엄청나게 말이 많은 것'을 비유한 'Hablar por los codos. 아블라르 뽀르 로쓰 꼬도쓰 (팔꿈치로 말을 하다)'라는 속담이 있습니다.
- Marta habla por los codos.
  마르따 아블라 뽀르 로쓰 꼬도쓰
  마르타는 말이 많다. (마르타는 팔꿈치로 말을 한다.)

□ mano 마노, pl. manos 마노쓰 f. 손(주로 복수형)

□ mano derecha 마노 데레차 오른손

□ mano izquierda 마노 이쓰끼에르다 왼손

□ diestro(a) 디에스뜨로(라) adj. 오른손잡이의

□ zurdo(a) 쑤르도(다) adj. 왼손잡이의

¡Lávate las manos!
라바떼 라쓰 마노쓰!
손 닦아라!

□ muñeca 무녜까 f. 손목

□ dedo 데도, pl. dedos 데도쓰 m. 손가락; 발가락(주로 복수형)

□ dedo del pie 데도 델 삐에 발가락

□ uña 우냐, pl. uñas 우냐쓰 f. 손톱; 발톱(주로 복수형)

□ cintura 씬뚜라 f. 허리

□ pelvis 뻴비쓰 f. 골반

□ culo 꿀로 m. 엉덩이

tip. '엉덩이'를 뜻하는 말로는 culo, trasero 뜨라세로, pompis 뽐삐쓰, nalgas 날가쓰, glúteos 글루떼오쓰 등이 있습니다. 스페인에서 culo는 이들 중 가장 구어적이면서 흔히 사용하는 단어입니다. nalgas, glúteos는 의학적 의미를 담고 있으며 trasero, pompis는 완곡하면서 격식을 차린 어감입니다.

□ entrepierna 엔뜨레삐에르나 f. 허벅지

□ pierna 삐에르나, pl. piernas 삐에르나쓰 f. 다리(주로 복수형)

Mi hermana pequeña tiene las piernas largas y delgadas.
미 에르마나 뻬께냐 띠에네 라쓰 삐에르나쓰 라르가쓰 이 델가다쓰
내 여동생은 길고 가느다란 다리를 가졌다.

□ rodilla 로디야, pl. rodillas 로디야쓰 f. 무릎(주로 복수형)

□ pie 삐에, pl. pies 삐에쓰 f. 발(주로 복수형)

□ tobillo 또비요, pl. tobillos 또비요쓰 m. 발목(주로 복수형)

□ talón 딸론 m. 발꿈치

□ cara 까라 f. 얼굴

□ cara ovalada 까라 오발라다 계란형 얼굴
□ cara cuadrada 까라 꾸아드라다 사각형 얼굴
□ cara redonda 까라 레돈다 둥근 얼굴
□ cara hinchada 까라 인차다 부은 얼굴

Mi cara siempre está hinchada por las mañanas.
미 까라 씨엠쁘레 에스따 인차다 뽀르 라 마냐나
내 얼굴은 아침에 항상 부어 있다.

□ ceja 쎄하 f. 눈썹

□ pestaña 뻬스따냐 f. 속눈썹

□ párpado 빠르빠도 m. 눈꺼풀

□ párpado marcado 빠르빠도 마르까도,
pl. párpados marcados 빠르빠도쓰 마르까도쓰 쌍꺼풀(주로 복수형)

tip. 스페인어에는 '쌍꺼풀'이라는 단어가 없습니다.
'뚜렷한 눈꺼풀'이라는 뜻의 párpado marcado로 대체할 수 있습니다.
'외꺼풀 눈'은 '찢어진 눈'이라는 ojo rasgado 오호 라스가도, ojos rasgados 오호쓰 라스가도쓰(주로 복수형), 혹은 비속어로 '중국인 같은 눈'이라는 ojo achinado 오호 아치나도, ojos achinados 오호쓰 아치나도쓰(주로 복수형)이라고도 표현합니다.

□ ojo 오호, pl. ojos 오호쓰 m. 눈(주로 복수형)

Sara tiene los ojos azules.
싸라 띠에네 로쓰 오호쓰 아쑬레쓰
사라는 파란색 눈을 가지고 있다.

□ nariz 나리쓰 f. 코

□ nariz aguileña 나리쓰 아길레냐 매부리코

□ nariz respingona 나리쓰 레스삥고나 들창코

□ nariz puntiaguda 나리쓰 뿐띠아구다 끝이 뾰족한 코

□ nariz hinchada 나리쓰 인차다 펑퍼짐한 코

tip. 'tocar las narices a alguien 또까르 라쓰 나리쎄쓰 아 알기엔' 구문은 직역하면 '~의 코를 만지다'이며, '~를 화나게 하다, ~를 성가시게 하다'의 의미로 쓰입니다.

- ¡No me toques las narices! 노 메 또께쓰 라쓰 나리쎄쓰!
  내 코 만지지 마! (= 나 화나게 하지 마!)

□ respirar 레스삐라르 v. 숨쉬다

□ oreja 오레하 f. 귀

□ boca 보까 f. 입

José duerme con la boca abierta.
호세 두에르메 꼰 라 보까 아비에르따
호세는 입을 벌린 채 잠을 잔다.

□ labio 라비오, pl. labios 라비오쓰 m. 입술(주로 복수형)

□ lengua 렝구아 f. 혀

□ diente 디엔떼, pl. dientes 디엔떼쓰 m. 이(주로 복수형)

□ encía 엔씨아 f. 잇몸

Cuando sonrío se me ven mucho las encías.
꾸안도 쏜리오 쎄 메 벤 무초 라쓰 엔씨아쓰
저는 웃을 때 잇몸이 많이 보여요.

□ frente 프렌떼 f. 이마

□ frente ancha 프렌떼 안차 넓은 이마

□ frente estrecha 프렌떼 에스뜨레차 좁은 이마

□ mejilla 메히야 f. 볼

□ barbilla 바르비야 f. 턱

□ peso 뻬소 m. 체중

□ gordo(a) 고르도(다) adj. 뚱뚱한

□ gordito(a) 고르디또(따) adj. 통통한

Es gordito.
에쓰 고르디또
그는 통통하다.

□ obeso(a) 오베소(사) adj. 비만의

□ delgado(a) 델가도(다) adj. 날씬한

tip. delgado는 매력적이고 균형잡힌 날씬함을 의미하며, flaco는 볼품없이 말랐다는 의미로 영양 부족 상태 등 부정적인 어감의 단어입니다.

□ flaco(a) 플라꼬(까) adj. 마른

María no es delgada sino flaca.
마리아 노 에쓰 델가다 씨노 플라까
마리아는 날씬한 게 아니라 마른 것이다.

□ piel 삐엘 f. 피부

□ piel grasa 삐엘 그라사 지성 피부
□ piel seca 삐엘 쎄까 건성 피부
□ piel sensible 삐엘 쎈시블레 민감성 피부
□ piel atópica 삐엘 아또삐까 아토피 피부

Tengo la piel sensible.
뗑고 라 삐엘 쎈시블레
피부가 너무 예민해.

□ tono de piel 또노 데 삐엘 피부톤

□ tono de piel frío 또노 데 삐엘 프리오 쿨톤
□ tono de piel cálido 또노 데 삐엘 깔리도 웜톤

¿Qué tono de piel tiene, frío o cálido?
께 또노 데 삐엘 띠에네, 프리오 오 깔리도?
어떤 피부톤을 가지고 계신가요, 쿨톤? 웜톤?

□ arruga 아루가 f. 주름

□ hoyuelo 오유엘로 m. 보조개

□ acné 악(크)네 m. 여드름

Cuando era adolescente, tenía mucho acné.
꾸안도 에라 아돌레스쎈떼, 떼니아 무초 악(크)네
내가 십대일 때 여드름이 많았다.

□ poro de la piel 뽀로 데 라 삐엘 모공

□ cabello 까베요 m. 머리카락

□ pelo 뻴로 m. 머리카락, 털, 체모

tip. cabello와 pelo는 모두 머리카락을 의미하지만 cabello는 머리에만 나는 머리카락을, pelo는 몸에 난 털을 지칭할 수도 있습니다. cabello는 좀 더 격식 있는 말로, 일상생활에서 더 자주 쓰이는 표현은 pelo입니다.

□ pelo rizado 뻴로 리싸도 곱슬머리
= pelo ondulado 뻴로 온둘라도

tip. pelo rizado는 머리카락이 가늘고 부드러운 곱슬머리를, pelo ondulado는 굵고 구불거림이 심한 곱슬머리를 말합니다.

□ pelo liso 뻴로 리소 생머리
□ media melena 메디아 멜레나 단발머리
□ pelo largo 뻴로 라르고 긴 머리
□ pelo corto 뻴로 꼬르또 짧은 머리

□ calvo(a) 깔보(바) adj. 대머리의
□ calva 깔바 f. 털이 빠진 부분

Jorge no tiene pelo. Es calvo.
호르헤 노 띠에네 뻴로. 에쓰 깔보
호르헤는 머리카락이 없다. 그는 대머리다.

□ cortar 꼬르따르 v. 자르다

□ corto 꼬르또 adj. 짧은

□ bigote 비고떼 m. 콧수염

□ afeitarse 아페이따르세 v. 면도하다

Mario siempre se afeita por las noches.
마리오 씨엠쁘레 쎄 아페이따 뽀르 라쓰 노체쓰
마리오는 항상 밤에 면도를 한다.

□ afeitar 아페이따르 v. 면도해 주다

Ayer, Sara afeitó a su marido.
아예르, 싸라 아페이또 아 쑤 마리도
어제 사라는 그녀의 남편을 면도해 주었다.

□ apariencia 아빠리엔씨아 f. 외모, 겉모습

No juzgues por la apariencia.
노 후쓰게쓰 뽀르 라 아파리엔씨아
겉모습으로 판단하지 마라.

□ guapo(a) 구아뽀(빠) adj. 잘생긴, 예쁜 m.f. 미남, 미녀

Tengo una sobrina muy guapa.
뗑고 우나 쏘브리나 무이 구아빠
나는 아주 예쁜 사촌이 한 명 있다.

□ bonito(a) 보니또(따) adj. 예쁜

□ lindo(a) 린도(다) adj. 귀여운

Es muy linda.
에쓰 무이 린다
그녀는 귀여워.

□ feo(a) 페오(아) adj. 못생긴

Es feo con avaricia.
에쓰 페오 꼰 아바리씨아
그는 엄청 못생겼다.

□ altura 알뚜라 f. 키

□ alto(a) 알또(따) adj. 키가 큰

□ bajo(a) 바호(하) adj. 키가 작은

Tiene sobrepeso para su altura.
띠에네 쏘브레뻬소 빠라 쑤 알뚜라
그는 키에 비해 몸무게가 많이 나가요.

Es bajito.
에쓰 바히또
그는 키가 좀 작다.

□ medir 메디르 v. 재다, 측량하다

□ grande 그란데 adj. 큰

□ pequeño(a) 뻬께뇨(냐) adj. 작은

03. 외모

꼭! 써먹는 실전 회화

Javier Andrea se parece mucho a su madre.
안드레아 쎄 빠레쎄 무초 아 쑤 마드레
안드레아는 어머니를 무척 닮았어.

Julia Sí, tiene los ojos azules y el pelo rubio como ella.
씨, 띠에네 로쓰 오호쓰 아쑬레쓰 이 엘 뻴로 루비오 꼬모 에야
맞아, 그녀처럼 파란 눈에 금발이잖아.

Javier Pero se ha tiñido el pelo de color negro hace días.
뻬로 쎄 아 띠니도 엘 뻴로 데 꼴로르 네그로 아세 디아쓰
하지만 며칠 전에 머리를 검은색으로 염색했어.

Julia ¿De verdad? No la he visto desde la semana pasada.
데 베르닫? 노 라 에 비스또 데스데 라 쎄마나 빠사다
정말? 난 그애를 지난주 이후로 보지 못했어.

Unidad 04.

감정 & 성격 Sentimientos y carácter 쎈띠미엔또쓰 이 까락떼르

□ feliz 펠리쓰
adj. 행복한

□ felicidad 펠리씨닫
f. 행복

□ satisfecho(a) 싸띠스페초(차)
adj. 만족한, 기뻐하는

□ suficiente 쑤피씨엔떼
adj. 충분한

□ agradable 아그라다블레
adj. 즐거운, 기분 좋은

□ divertido(a) 디베르띠도(다)
adj. 즐거운, 재미있는

□ interesante 인떼레산떼
adj. 재미있는, 흥미로운

□ cómodo(a) 꼬모도(다)
adj. 편리한, 편안한

□ contento(a) 꼰뗀또(따)
adj. 기쁜

□ placer 쁠라쎄르
m. 기쁨, 즐거움

□ encantado(a) 엥깐따도(다)
adj. 매우 좋은

□ alegría 알레그리아
f. 환희, 기쁨

□ contentar 꼰뗀따르
v. 만족시키다, 기쁘게 하다

□ contentarse 꼰뗀따르세
v. 만족하다

□ querer 께레르 v. 원하다

□ desear 데세아르 v. 바라다

□ triste 뜨리스떼
adj. 슬픈

□ desconsolado(a) 데스꼰솔라도(다)
adj. 위로할 길 없는, 달랠 길 없는

□ decepcionado(a) 데쎕씨오나도(다)
adj. 실망한

□ tranquilo(a) 뜨랑낄로(라)
adj. 조용한, 침착한

□ mala suerte 말라 쑤에르떼
= desventura 데스벤뚜라
f. 불운, 불행

□ horrible 오리블레
adj. 무서운, 끔찍한

□ doloroso(a) 돌로로소(사)
adj. 아픈, 고통스러운

□ afligido(a) 아플리히도(다)
adj. 괴로워하는

□ enfadado(a) 엠파다도(다)
adj. 화난, 성난

□ desesperado(a) 데세스뻬라도(다)
adj. 절망한

□ nervioso(a) 네르비오소(사)
adj. 불안한, 안절부절못하는

□ inquietud 잉끼에뚣
f. 불안, 초조

□ odiar 오디아르
v. 싫어하다, 미워하다

☐ bueno(a) 부에노(나)
adj. 착한, 좋은
m.f. 착한 사람

☐ amable 아마블레
adj. 친절한

☐ honesto(a) 오네스또(따)
adj. 정직한

☐ diligente 딜리헨떼
adj. 근면한, 성실한

☐ activo(a) 악띠보(바)
adj. 활발한

☐ sociable 쏘씨아블레
adj. 붙임성 있는, 사교적인

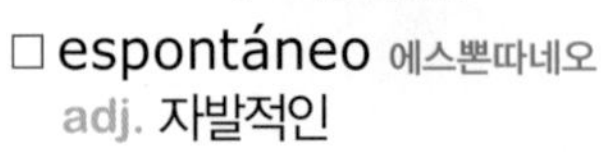

☐ espontáneo 에스뽄따네오
adj. 자발적인

☐ extrovertido(a) 엑쓰뜨로베르띠도(다)
adj. 외향적인

☐ introvertido(a) 인뜨로베르띠도(다)
adj. 내성적인

□ malo(a) 말로(라)
adj. 나쁜
m.f. 나쁜 사람

□ arrogante 아로간떼
adj. 거만한

□ tímido(a) 띠미도(다)
adj. 겁을 먹은, 소심한

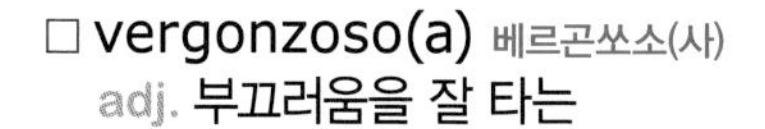

□ vergonzoso(a) 베르곤쏘소(사)
adj. 부끄러움을 잘 타는

□ discreto(a) 디스끄레또(따)
adj. 입이 무거운

□ silencioso(a) 씰렌씨오소(사)
adj. 침묵의, 과묵한

□ perezoso(a) 뻬레쏘소(사)
= vago(a) 바고(가)
adj. 게으른, 나태한
m.f. 게으른 사람

□ codicioso(a) 꼬디씨오소(사)
adj. 탐욕스러운

□ pijo(a) 삐호(하)
adj. 잘난 척하는

□ egoísta 에고이스따
adj. 이기적인
m.f. 이기주의자

□ pesimista 뻬시미스따
adj. 비관적인
m.f. 비관주의자

□ agradable 아그라다블레 adj. 즐거운, 기분 좋은

□ feliz 펠리쓰 adj. 행복한

Soy una persona muy feliz.
쏘이 우나 뻬르소나 무이 펠리쓰
나는 너무 행복한 사람이다.

□ felicidad 펠리씨닫 f. 행복

□ contento(a) 꼰뗀또(따) adj. 기쁜

Estoy contento(a) por estar contigo.
에스또이 꼰뗀또(따) 뽀르 에스따르 꼰띠고
나는 너와 함께라서 기뻐.

□ satisfecho(a) 싸띠스페초(차) adj. 만족한, 기뻐하는

□ suficiente 쑤피씨엔떼 adj. 충분한

□ suficientemente 쑤피씨엔떼멘떼 adv. 충분히

□ encantado(a) 엥깐따도(다) adj. 매우 좋은

tip. 'Encantado(a)'는 상대를 처음 만났을 때 '만나서 반갑습니다'라는 뜻의 인사로도 사용합니다.

□ divertido(a) 디베르띠도(다) adj. 즐거운, 재미있는

□ interesante 인떼레산떼 adj. 재미있는, 흥미로운

□ cómodo(a) 꼬모도(다) adj. 편리한, 편안한

□ placer 뻘라쎄르 m. 기쁨, 즐거움

Es un placer.
에쓰 운 쁠라쎄르
제 기쁨입니다.

tip. 'Es un placer'는 줄여서 'un placer'라고도 쓸 수 있는데, 상대가 나에게 청한 부탁을 들어준 뒤 상대가 감사를 표할 때, 오히려 '그것은 나의 기쁨이었다'고 답하는 표현으로 다소 격식을 갖춰야 하는 상황에서 쓸 수 있습니다.

□ alegría 알레그리아 f. 환희, 기쁨

□ contentar 꼰뗀따르 v. 만족시키다, 기쁘게 하다

□ contentarse 꼰뗀따르세 v. 만족하다

□ querer 께레르 v. 원하다

Quiero ganar mucho dinero.
끼에로 가나르 무초 디네로
나는 돈을 많이 벌고 싶다.

□ desear 데세아르 v. 바라다

Te deseo lo mejor.
떼 데세오 로 메호르
(네게) 좋은 일만 가득하길 바란다.

□ adorar 아도라르 v. 몹시 좋아하다, 경배하다

□ tranquilizar 뜨랑낄리싸르 v. 조용하게 하다, 진정시키다

□ tranquilizarse 뜨랑낄리싸르세 v. 진정되다, 조용해지다

¡Tranquilízate!
뜨랑낄리싸떼!
진정해!

□ tranquilo(a) 뜨랑낄로(라) adj. 조용한, 침착한

□ triste 뜨리스떼 adj. 슬픈

¿Por qué estás triste?
뽀르 께 에스따쓰 뜨리스떼?
너는 왜 슬픈 거니?

□ doloroso(a) 돌로로소(사) adj. 아픈, 고통스러운

□ dolor 돌로르 m. 아픔, 고통

□ decepcionado(a) 데셉씨오나도(다) adj. 실망한

□ desesperado(a) 데세스뻬라도(다) adj. 절망한

□ mala suerte 말라 쑤에르떼 f. 불운, 불행
= desventura 데스벤뚜라 f.

□ miserable 미세라블레 adj. 몹시 가난한, 비참한

□ desconsolado(a) 데스꼰솔라도(다) adj. 위로할 길 없는, 달랠 길 없는

□ desconsoladamente 데스꼰솔라다멘떼 adv. 위로할 길 없이, 구슬프게

□ enfadado(a) 엠파다도(다) adj. 화난, 성난

Él está enfadado conmigo.
엘 에스따 엠파다도 꼰미고
그는 나에게 화가 나 있다.

tip. 중남미에서는 enfadado(a)보다 enojado(a)를 많이 씁니다.

□ nervioso(a) 네르비오소(사) adj. 불안한, 안절부절못하는

□ afligido(a) 아플리히도(다) adj. 괴로워하는

□ horrible 오리블레 adj. 무서운, 끔찍한

□ preocupado(a) 쁘레오꾸빠도(다) adj. 걱정하는

□ preocupar 쁘레오꾸빠르 v. 걱정시키다

No te preocupes.
노 떼 쁘레오꾸뻬쓰
걱정하지 마.

□ inquietud 잉끼에뚣 f. 불안, 초조

□ miedoso(a) 미에도소(사) adj. 두려워하는
□ tener miedo 떼네르 미에도 두려워하다

□ ansioso(a) 안시오소(사) adj. 안달이 난, 욕심이 많은

□ incómodo(a) 잉꼬모도(다) adj. 불편한

□ odiar 오디아르 v. 싫어하다, 미워하다

Silvia me odia sin razón.
씰비아 메 오디아 씬 라쏜
실비아는 나를 이유 없이 싫어한다.

□ asustado(a) 아수스따도(다) adj. 놀라는

□ desanimado(a) 데사니마도(다) adj. 낙담한, 풀이 죽은

Juan está muy desanimado por el resultado.
후안 에스따 무이 데사니마도 뽀르 엘 레술따도
후안은 그 결과에 매우 낙담해 있다.

□ desanimar 데사니마르 v. 실망시키다, 낙담시키다

□ desanimarse 데사니마르세 v. 실망하다, 낙담하다

□ bueno(a) 부에노(나) adj. 착한, 좋은 m.f. 착한 사람

tip. 남성 단순 명사 앞에서는 bueno의 o가 탈락되어 buen으로 쓰입니다.
- ¡Buen camino! 부엔 까미노! 좋은 까미노 길 되세요! (순례자의 길을 걸으면서 나누는 인사)

□ amable 아마블레 adj. 친절한

□ humilde 우밀데 adj. 겸손한

□ honesto(a) 오네스또(따) adj. 정직한

□ diligente 딜리헨떼 adj. 근면한, 성실한

Luis es muy diligente con su trabajo.
루이쓰 에쓰 무이 딜리헨떼 꼰 쑤 뜨라바호
루이스는 그가 하는 일에 참 성실하다.

□ laborioso(a) 라보리오소(사) adj. 수고스러운

□ activo(a) 악띠보(바) adj. 활발한

□ sociable 쏘씨아블레 adj. 붙임성 있는, 사교적인

Me gustaría ser más sociable.
메 구스따리아 쎄르 마쓰 쏘씨아블레
나는 내가 좀 더 붙임성 있었으면 좋겠어.

□ espontáneo 에스뽄따네오 adj. 자발적인

□ extrovertido(a) 엑쓰뜨로베르띠도(다) adj. 외향적인

□ introvertido(a) 인뜨로베르띠도(다) adj. 내성적인

□ optimista 옵띠미스따 adj. 낙천적인 m.f. 낙천주의자

□ positivo(a) 뽀시띠보(바) adj. 긍정적인

□ negativo(a) 네가띠보(바) adj. 부정적인

□ malo(a) 말로(라) adj. 나쁜 m.f. 나쁜 사람

Anoche tuve un mal sueño.
아노체 뚜베 운 말 쑤에뇨
간밤에 나는 나쁜 꿈을 꾸었다.

tip. 남성 단순 명사 앞에서는 malo의 o가 탈락되어 mal으로 쓰입니다.
- el mal pensamiento 엘 말 뻰사미엔또 나쁜 생각

□ arrogante 아로간떼 adj. 거만한

□ rudo(a) 루도(다) adj. 교양이 없는

□ tímido(a) 띠미도(다) adj. 겁을 먹은, 소심한

□ vergonzoso(a) 베르곤쏘소(사) adj. 부끄러움을 잘 타는

□ discreto(a) 디스끄레또(따) adj. 입이 무거운

□ silencioso(a) 씰렌씨오소(사) adj. 침묵의, 과묵한

Pedro es un chico muy silencioso.
뻬드로 에쓰 운 치꼬 무이 씰렌씨오소
페드로는 무척 과묵한 사람이다.

□ perezoso(a) 뻬레쏘소(사) adj. 게으른, 나태한 m.f. 게으른 사람
= vago(a) 바고(가)

□ codicioso(a) 꼬디씨오소(사) adj. 탐욕스러운

□ pijo(a) 삐호(하) adj. 잘난 척하는

□ egoísta 에고이스따 adj. 이기적인 m.f. 이기주의자

□ pesimista 뻬시미스따
adj. 비관적인 m.f. 비관주의자

04. 교통체증

꼭! 써먹는 **실전 회화**

Julia Estoy harta de Madrid.
에스또이 아르따 데 마드릳
나는 마드리드가 지겨워.

Javier ¿Por qué?, ayer me dijiste que Madrid es una ciudad maravillosa.
뽀르 께? 아예르 메 디히스떼 께 마드릳 에쓰 우나 씨우닫 마라비요사
왜? 어제 나한테 마드리드는 멋진 도시라고 말했잖아.

Julia Sí, pero esta mañana, llegué tarde al trabajo debido a los atascos de tráfico.
씨, 뻬로 에스따 마냐나, 예게 따르데 알 뜨라바호 데비도 아 로쓰 아따스꼬쓰 데 뜨라피꼬
그래 그래, 하지만 오늘 아침 교통체증 때문에 직장에 늦게 도착했거든.

Javier Te entiendo. No te enfades.
떼 엔띠엔도. 노 떼 엠파데쓰
널 이해해. 짜증 내지 마.

사랑 Amor 아모르

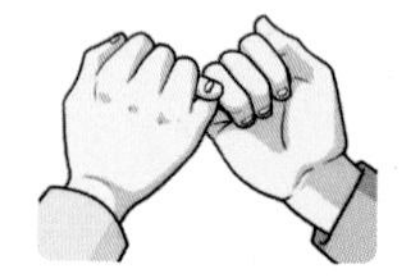

□ compromiso 꼼쁘로미소
m. 약속, 서약

□ cita 씨따
f. 약속

□ quedar con~ 께다르 꼰~
~와 만나다

□ encontrar 엥꼰뜨라르
v. (우연히) 만나다

□ novio 노비오
= mi chico 미 치꼬 (구어)
m. 남자 친구(이성)

□ amigo 아미고 m. 남자 친구

□ novia 노비아
= mi chica 미 치까 (구어)
f. 여자 친구(이성)

□ amiga 아미가 f. 여자 친구

□ hombre ideal 옴브레 이데알
= chico ideal 치꼬 이데알
(남성) 이상형

□ mujer ideal 무헤르 이데알
= chica ideal 치까 이데알
(여성) 이상형

□ salir con~ 쌀리르 꼰~
~와 데이트하다

□ pedir salir 뻬디르 쌀리르
데이트 신청을 하다

□ enamorado(a) 에나모라도(다)
adj. 반한, 사랑에 빠진

□ enamorarse de~ 에나모라르세 데~
~에 반하다, ~에 사랑에 빠지다

□ flechazo 플레차쏘 m. 첫눈에 반함

□ gustar 구스따르
v. 좋아하다

□ beso 베소 m. 입맞춤, 키스

□ besar 베사르
v. 입맞추다, 키스하다

□ besarse 베사르세
v. 서로 입맞추다

□ echar de menos 에차르 데 메노쓰
v. 그립다, 보고 싶다

□ amor 아모르 m. 사랑

□ amar 아마르
v. 사랑하다, 좋아하다

□ querer 께레르
v. 원하다, 사랑하다

□ confesar 꼼페사르
v. 고백하다

□ abrazo 아브라쏘
m. 포옹

□ abrazar 아브라싸르
v. 포옹하다

□ junto(a) 훈또(따)
adj. 함께

□ celos 쎌로쓰 m. 질투

□ celoso(a) 쎌로소(사)
adj. 질투하는, 질투심이 강한

□ envidia 엠비디아 f. 부러움

□ envidioso(a) 엠비디오소(사)
adj. 부러워하는

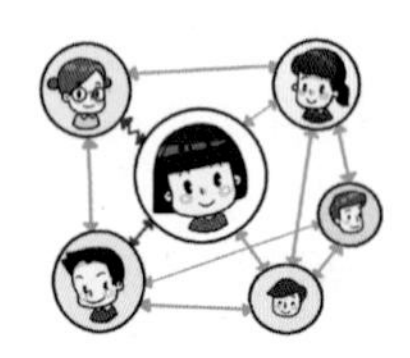

□ relación 렐라씨온
f. 관계

□ discutir 디스꾸띠르
v. 다투다

□ desavenencia 데사베넨씨아
f. 불화

□ mentira 멘띠라
f. 거짓말

□ mentir 멘띠르
v. 거짓말하다

□ separación 쎄빠라씨온
f. 이별

□ separarse 쎄빠라르세
v. 헤어지다

□ dejar 데하르
v. 남겨 두다

□ olvidar 올비다르
v. 잊다

□ casarse con~ 까사르세 꼰~
~와 결혼하다

□ matrimonio 마뜨리모니오
m. 결혼

□ propuesta de matrimonio
쁘로뿌에스따 데 마뜨리모니오
= pedida de mano 뻬디다 데 마노
청혼, 프러포즈

□ anillo de matrimonio
아니요 데 마뜨리모니오
= alianza 알리안싸 f.
결혼반지

□ esposo 에스뽀소
= marido 마리도
m. 배우자, 남편

□ suegro 쑤에그로
m. 장인, 시아버지

□ boda 보다
f. 결혼식

□ invitación de boda
임비따씨온 데 보다
청첩장

□ vestido de novia
베스띠도 데 노비아 웨딩드레스

□ traje de novio 뜨라헤 데 노비오
남성 예복

□ esposa 에스뽀사
= mujer 무헤르
f. 배우자, 아내

□ suegra 쑤에그라
f. 장모, 시어머니

□ compromiso 꼼쁘로미소 m. 약속, 서약

□ cita 씨따 f. 약속

tip. compromiso는 일반적이고 포괄적인 의미의 약속이며, cita는 만나기 위해 시간과 장소를 정하는 약속을 말합니다.

□ quedar con~ 께다르 꼰~ ~와 만나다

Voy a quedar con María esta tarde.
보이 아 께다르 꼰 마리아 에스따 따르데
나는 오늘 오후에 마리아를 만날 예정이다.

□ encontrar 엥꼰뜨라르 v. (우연히) 만나다

Ayer me encontré con Laura en la calle.
아예르 메 엥꼰뜨레 꼰 라우라 엔 라 까예
어제 나는 길에서 라우라를 우연히 만났다.

□ conocer 꼬노쎄르 v. (사람을) 알다

Conocí a mi esposo por internet.
꼬노씨 아 미 에스뽀소 뽀르 인떼르넷
나는 내 남편을 인터넷에서 알았다.

□ novio 노비오 m. 남자 친구(이성)
= mi chico 미 치꼬 (구어)

Mi chico es de Valencia.
미 치꼬 에쓰 데 발렌씨아
내 남자 친구는 발렌시아 출신이다.

□ novia 노비아 f. 여자 친구(이성)
= mi chica 미 치까 (구어)

□ amigo 아미고 m. 남자 친구

□ amiga 아미가 f. 여자 친구

□ cariño 까리뇨 interj. 자기야!, 여보!

¡Cariño!
까리뇨!
자기야! (여보!)

□ media naranja 메디오 나랑하 인생의 반쪽, 반려자

tip. naranja는 '오렌지'를 말합니다.

□ hombre ideal 옴브레 이데알 (남성) 이상형
= chico ideal 치꼬 이데알

Eres mi chico ideal.
에레쓰 미 치꼬 이데알
너는 내 이상형이다.

□ mujer ideal 무헤르 이데알 (여성) 이상형
= chica ideal 치까 이데알

□ encanto 엥깐또 m. 매력
= atractivo 아뜨락띠보 m.

□ atractivo(a) 아뜨락띠보(바) adj. 매력적인

□ atraer 아뜨라에르 v. (매력으로) 끌어당기다

□ hacer tilín 아쎄르 띨린 마음에 들게 하다

Alex me hace tilín.
알렉스 메 아쎄 띨린
나는 알렉스가 마음에 든다.

□ seducir 쎄두씨르 v. 유혹하다

□ salir con~ 쌀리르 꼰~ ~와 데이트하다

□ pedir salir 뻬디르 쌀리르 데이트 신청을 하다

Él me pidió salir.
엘 메 삐디오 쌀리르
그는 나에게 데이트 신청을 했다.

□ buena impresión 부에나 임쁘레시온 좋은 인상

□ enamorado(a) 에나모라도(다) adj. 반한, 사랑에 빠진

Estoy enamorado(a) de él.
에스또이 에나모라도(다) 데 엘
나는 그에게 반했다.

tip. enamorado(a) hasta las patas 에나모라도(다) 아스따 라스 빠따쓰라는 표현은 직역하면 '발까지 사랑에 빠졌다'로, 사랑에 깊이 빠졌다는 의미입니다.

□ enamorarse de~ 에나모라르세 데~ ~에 반하다, ~에 사랑에 빠지다

¿Es posible enamorarse de alguien a primera vista?
에쓰 뽀시블레 에나모라르세 데 알기엔 아 쁘리메라 비스따?
어떤 사람과 첫눈에 사랑에 빠지는 게 가능할까?

□ flechazo 플레차쏘 m. 첫눈에 반함

□ amor 아모르 m. 사랑

□ primer amor 쁘리메르 아모르 첫사랑

□ amar 아마르 v. 사랑하다, 좋아하다

□ querer 께레르 v. 원하다, 사랑하다

Te quiero.
떼 끼에로
널 사랑해.

tip. amar는 조건 없는 사랑, 무조건적인 사랑과 같은 어감이며, querer는 상대를 원한다는 어감입니다.

□ gustar 구스따르 v. 좋아하다

Me gustas (tú).
메 구스따쓰 (뚜)
나는 너를 좋아해.

tip. gustar는 '~(주어)가 ~(목적어)에게 기쁨을 준다'는 의미로, 'Me gustas tu.'를 직역하면 '너는 나에게 기쁨을 준다' 즉, '나는 너를 좋아한다'가 됩니다. 스페인어에서 주어는 보통 생략하기 때문에 tú는 잘 말하지 않습니다.

□ beso 베소 m. 입맞춤, 키스

□ besar 베사르 v. 입맞추다, 키스하다

□ besarse 베사르세 v. 서로 입맞추다

Él me dio un beso en la mejilla.
엘 메 디오 운 베소 엔 라 메히야
그는 내 빰에 키스를 했다.

□ abrazo 아브라쏘 m. 포옹

□ abrazar 아브라싸르 v. 포옹하다

□ confesar 꼼페사르 v. 고백하다

□ junto(a) 훈또(따) adj. 함께

□ echar de menos 에차르 데 메노쓰 v. 그립다, 보고 싶다

Echo de menos a mi familia.
에초 데 메노쓰 아 미 파밀리아
나는 가족들이 보고 싶다.

□ celos 쎌로쓰 m. 질투

□ celoso(a) 쎌로소(사) adj. 질투하는, 질투심이 강한

□ envidia 엠비디아 f. 부러움

□ envidioso(a) 엠비디오소(사) adj. 부러워하는

□ envidiar 엠비디아르 v. 부러워하다

□ soltero(a) 쏠떼로(라) adj. 독신의, 미혼의 m.f. 독신자, 총각, 처녀

□ casado(a) 까사도(다) adj. 결혼한, 기혼의 m.f. 기혼자

□ divorciado(a) 디보르씨아도(다) adj. 이혼한 m.f. 이혼남, 이혼녀

□ separado(a) 쎄빠라도(다) adj. 헤어진 m.f. 별거 중인 남편(아내)

□ viudo(a) 비우도(다) adj. 사별한 m.f. 홀아비, 과부

□ relación 렐라씨온 f. 관계

□ relación a distancia 렐라씨온 아 디스딴씨아 장거리 연애

□ discutir 디스꾸띠르 v. 다투다

□ desavenencia 데사베넨씨아 f. 불화

□ desavenencia matrimonial 데사베넨씨아 마뜨리모니알 가정 불화

□ fiel 피엘 adj. 충실한, 변함없는

□ infiel 임피엘 adj. 충실하지 못한, 부정한

□ engañar 엥가냐르 v. 속이다; 바람을 피우다

No me engañes.
노 메 엥가녜쓰
나를 속이지 말아라.

Mi esposo me engañó con mi mejor amiga.
미 에스포소 메 엥가뇨 꼰 미 메호르 아미가
내 남편은 내 가장 친한 친구와 바람을 피웠다.

□ mentira 멘띠라 f. 거짓말

□ mentir 멘띠르 v. 거짓말하다

□ separación 쎄빠라씨온 f. 이별

□ separarse 쎄빠라르세 v. 헤어지다

Nos quisimos mucho pero nos hemos separado.
노쓰 끼시모쓰 무초 뻬로 노쓰 에모쓰 쎄빠라도
우리는 무척 사랑했지만 헤어졌다.

□ romper 롬뻬르 v. 관계를 끊다
= cortar 꼬르따르
= ternimar la relación 떼르미나르 라 렐라씨온

□ dejar 데하르 v. 남겨 두다

No me dejes solo.
노 메 데헤쓰 쏠로
나를 혼자 남겨 두지 말아라.

□ olvidar 올비다르 v. 잊다

□ casarse con~ 까사르세 꼰~ ~와 결혼하다

¿Te quieres casar conmigo?
떼 끼에레쓰 까사르 꼰미고?
나와 결혼해 줄래?

□ propuesta de matrimonio 쁘로뿌에스따 데 마뜨리모니오 청혼, 프러포즈
= pedida de mano 뻬디다 데 마노

□ matrimonio 마뜨리모니오 m. 결혼

No es un matrimonio feliz.
노 에쓰 운 마뜨리모니오 펠리쓰
이 결혼은 행복하지 못하다.

□ matrimonio entre personas del mismo sexo
마뜨리모니오 엔뜨레 뻬르소나쓰 델 미스모 쎅소 동성 결혼
= matrimonio homosexual 마뜨리모니오 오모쎅쑤알
= matrimonio igualitario 마뜨리모니오 이구알리따리오
= matrimonio gay 마뜨리모니오 게이
□ matrimonio concertado 마뜨리모니오 꼰쎄르따도 정략결혼

□ boda 보다 f. 결혼식

□ boda civil 보다 씨빌 시청 결혼식

□ boda religiosa 보다 렐리히오사 종교 결혼식

Felicidades por su reciente boda.
펠리씨다데쓰 뽀르 쑤 레씨엔떼 보다
두 분의 결혼을 진심으로 축하합니다.

□ invitación de boda 임비따씨온 데 보다 청첩장

□ anillo de compromiso 아니요 데 꼼쁘로미소 약혼반지(청혼반지)

□ anillo de matrimonio 아니요 데 마뜨리모니오 결혼반지

= alianza 알리안싸 f.

□ votos matrimoniales 보또쓰 마뜨리모니알레쓰 성혼 선언문

□ vestido de novia 베스띠도 데 노비아 웨딩드레스

□ traje de novio 뜨라헤 데 노비오 남성 예복

tip. 스페인에서는 대부분 신랑이 연미복을 입는 편입니다. 상의 뒷부분이 갈라진 모습을 제비꼬리에 빗대는 우리나라와 달리 스페인에서는 펭귄처럼 생겼다고 해서 traje de pingüino 뜨라헤 데 삥귀노 라고도 부릅니다.

□ ramo 라모 m. 부케

¿Quién recibirá el ramo de novia?
끼엔 레씨비라 엘 라모 데 노비아?
부케는 누가 받아요?

□ luna de miel 루나 데 미엘 신혼여행

= viaje de novios 비아헤 데 노비오쓰

□ ir de luna de miel 이르 데 루나 데 미엘 신혼여행을 가다

= ir de viaje de novios 이르 데 비아헤 데 노비오쓰

Iremos de luna de miel a Hawái.
이레모쓰 데 루나 데 미엘 아 하와이
신혼여행은 하와이로 가요.

□ aniversario de boda 아니베르사리오 데 보다 결혼기념일

□ pareja 파레하 f. 한 쌍, 커플

□ esposo 에스뽀소 m. 배우자, 남편
= marido 마리도 m.

□ esposa 에스뽀사 f. 배우자, 아내
= mujer 무헤르 f.

□ suegros 쑤에그로쓰 m.pl. 장인·장모, 시부모
□ suegro 쑤에그로 m. 장인, 시아버지
□ suegra 쑤에그라 f. 장모, 시어머니

□ yerno 예르노 m. 사위

□ nuera 누에라 f. 며느리

05. 데이트

꼭! 써먹는 **실전 회화**

Juan Ayer quedé con Vanessa.
Me gustaría salir con ella, pero no sé como decírselo.
아예르 께데 꼰 바네사.
메 구스따리아 쌀리르 꼰 에야, 뻬로 노 쎄 꼬모 데씨르셀로
어제 바네사와 만났어.
그녀한테 만나자고 하고 싶은데 어떻게 말해야 할지 모르겠어.

Javier ¿Le has pedido salir alguna vez?
레 아쓰 뻬디도 쌀리르 알구나 베쓰?
걔한테 데이트 신청은 해 봤어?

Juan No, todavía no.
노, 또다비아 노
아니, 아직 안 했어.

Javier Entonces llévala a un lugar romántico y confiésale tus sentimientos.
엔똔쎄쓰 예발라 아 운 루가르 로만띠꼬 이 꼼피에살레 뚜쓰 쏀띠미엔또쓰
그러면 그녀를 로맨틱한 곳에 데려가서 네 마음을 고백해 봐.

Unidad 06.

가족 La familia 라 파밀리아

□ familia 파밀리아
f. 가족

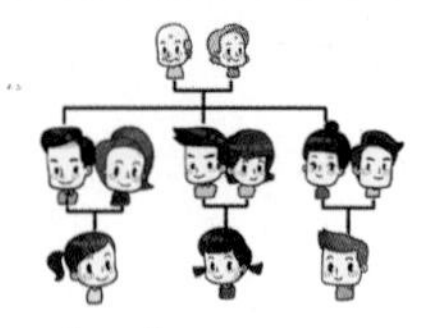

□ pariente 빠리엔떼
m.f. 친척

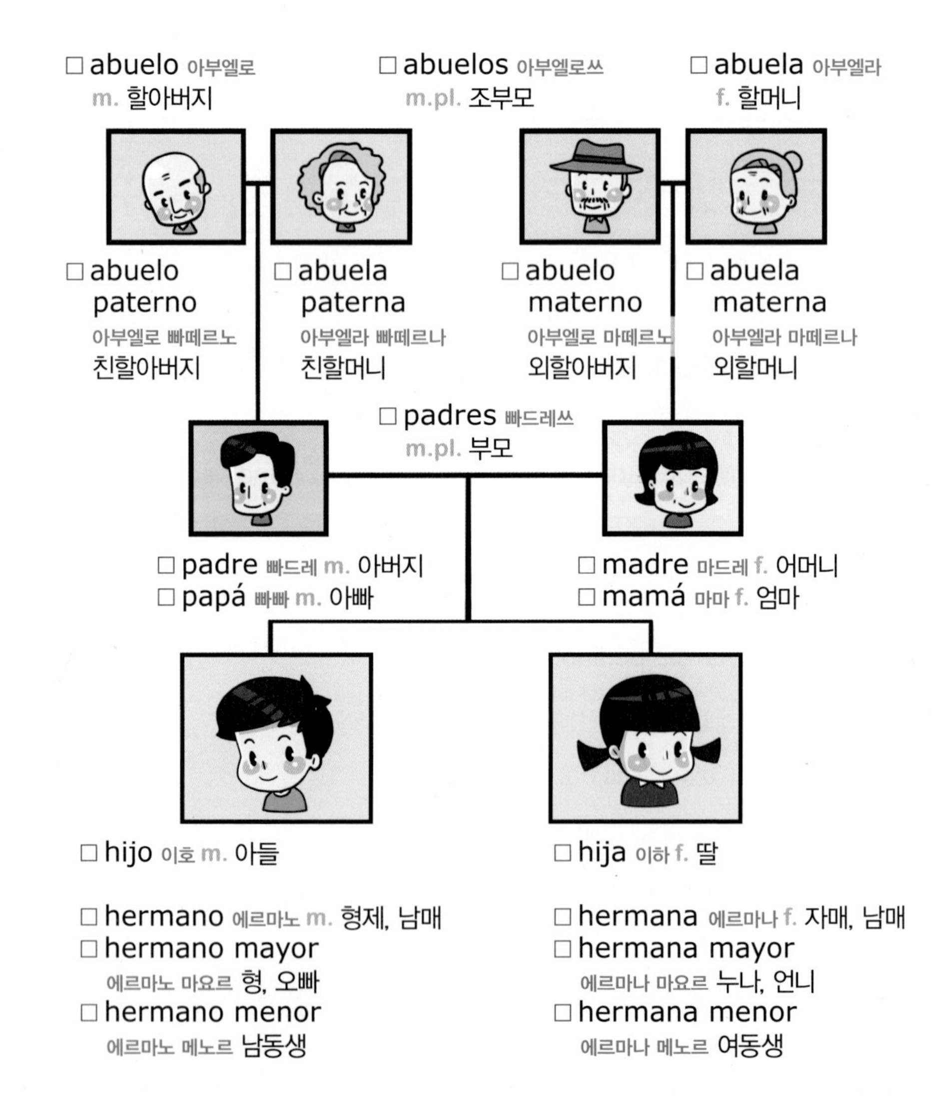

□ abuelo 아부엘로
m. 할아버지

□ abuelos 아부엘로쓰
m.pl. 조부모

□ abuela 아부엘라
f. 할머니

□ abuelo paterno
아부엘로 빠떼르노
친할아버지

□ abuela paterna
아부엘라 빠떼르나
친할머니

□ abuelo materno
아부엘로 마떼르노
외할아버지

□ abuela materna
아부엘라 마떼르나
외할머니

□ padres 빠드레쓰
m.pl. 부모

□ padre 빠드레 m. 아버지
□ papá 빠빠 m. 아빠

□ madre 마드레 f. 어머니
□ mamá 마마 f. 엄마

□ hijo 이호 m. 아들

□ hija 이하 f. 딸

□ hermano 에르마노 m. 형제, 남매
□ hermano mayor
에르마노 마요르 형, 오빠
□ hermano menor
에르마노 메노르 남동생

□ hermana 에르마나 f. 자매, 남매
□ hermana mayor
에르마나 마요르 누나, 언니
□ hermana menor
에르마나 메노르 여동생

□ esposo 에스뽀소
= marido 마리도
m. 남편, 배우자

□ esposa 에스뽀사
= mujer 무헤르
f. 아내, 배우자

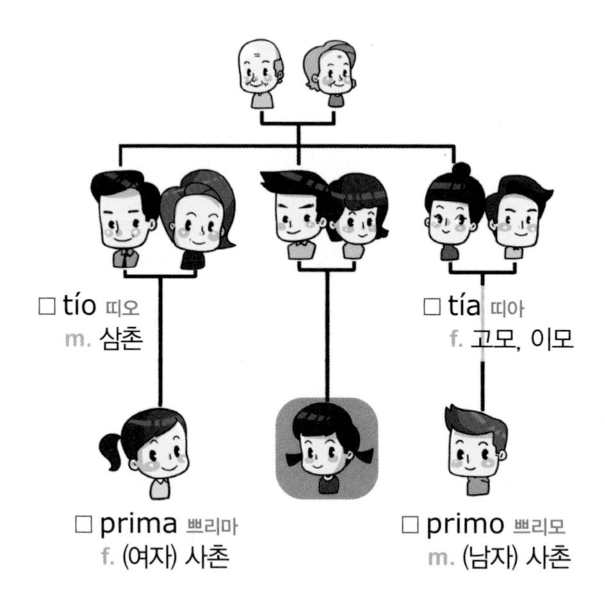

□ tío 띠오
m. 삼촌

□ tía 띠아
f. 고모, 이모

□ prima 쁘리마
f. (여자) 사촌

□ primo 쁘리모
m. (남자) 사촌

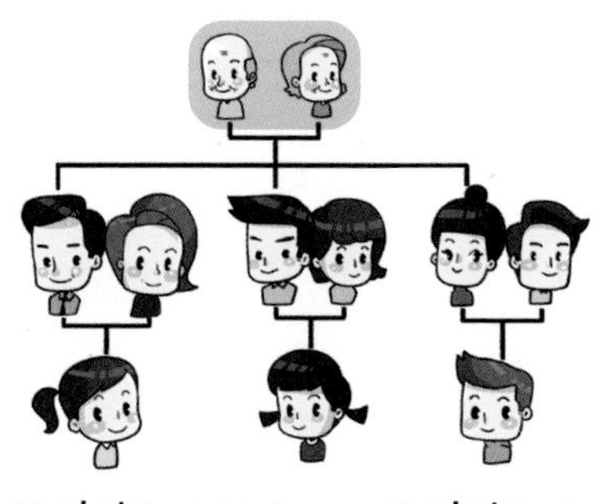

□ nieta 니에따
f. 손녀

□ nieto 니에또
m. 손자

□ sobrina 쏘브리나
f. (여자) 조카

□ sobrino 쏘브리노
m. (남자) 조카

□ adulto 아둘또
m. 어른, 성인

□ adolescente 아돌레스쎈떼
m.f. 십대, 청소년
adj. 청소년기의

□ bebé 베베
m. 아기

□ joven 호벤
m.f. 젊은이
adj. 젊은, 어린

□ niño(a) 니뇨(냐)
m.f. 어린이

□ viejo(a) 비에호(하)
m.f. 노인, 늙은이
adj. 나이 든, 늙은

□ embarazo 엠바라쏘
m. 임신

□ embarazada 엠바라싸다
adj. 임신한 f. 임산부

□ nacimiento 나씨미엔또
m. 탄생

□ nacer 나쎄르
v. 태어나다

□ amamantar 아마만따르
= dar el pecho 다르 엘 뻬초
v. 수유하다

□ leche materna 레체 마떼르나
모유

□ leche en polvo 레체 엔 뽈보
분유

□ biberón 비베론
m. 젖병

□ pañal 빠냘
m. 기저귀

□ cuidar 꾸이다르
v. 보살피다, 돌보다

□ criar 끄리아르
v. 기르다

□ cuna 꾸나
f. 요람

□ carricoche 까리꼬체
= cochecito 꼬체씨또
= carrito 까리또
m. 유모차

□ convivir 꼼비비르
= vivir junto(a) 비비르 훈또(따)
v. 함께 생활하다, 동거하다

□ parecerse a~ 빠레쎄르세 아~
~와 닮다

□ independizarse 인데뻰디싸르세
v. 독립하다

□ discusión 디스꾸시온
f. 다툼, 언쟁

□ divorcio 디보르씨오
m. 이혼

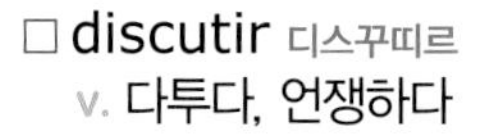

□ discutir 디스꾸띠르
v. 다투다, 언쟁하다

□ divorciarse de~ 디보르씨아르세 데~
~와 이혼하다

□ familia 파밀리아 f. 가족

Mi familia se mudó a Burgos.
미 파밀리아 쎄 무도 아 브루고쓰
우리 가족은 브루고스로 이사했다.

□ padres 빠드레쓰 m.pl. 부모

□ padre 빠드레 m. 아버지

□ papá 빠빠 m. 아빠

□ madre 마드레 f. 어머니

□ mamá 마마 f. 엄마

Quiero mucho a mi mamá.
끼에로 무초 아 미 마마
나는 우리 엄마를 무척 사랑한다.

tip. papá와 mamá는 본인의 부모에게만 사용하며,
타인의 아버지, 어머니를 지칭할 때는 padre, madre라고 합니다.

□ hermano 에르마노 m. 형제, 남매

□ hermano mayor 에르마노 마요르 형, 오빠

□ hermano menor 에르마노 메노르 남동생

□ hermana 에르마나 f. 자매, 남매

□ hermana mayor 에르마나 마요르 누나, 언니

□ hermana menor 에르마나 메노르 여동생

Andrea es la hermana pequeña de Micaela y la hermana mayor de Víctor.
안드레아 에쓰 라 에르마나 뻬께냐 데 미까엘라 이 라 에르마나 마요르 데 빅또르
안드레아는 미카엘라의 여동생이고 빅토르의 누나이다.

□ hijo 이호 m. 아들

□ hijo único 이호 우니꼬 외아들

□ hija 이하 f. 딸

□ hija única 이하 우니까 외동딸

Tengo un hijo y una hija.
뗑고 운 이호 이 우나 이하
나는 아들 하나와 딸 하나가 있다.

Jorge es hijo único.
호르헤 에쓰 이호 우니꼬
호르헤는 외아들이다.

□ gemelo(a) 헤멜로(라), pl. gemelos(as) 헤멜로쓰(라쓰)
m.f. (일란성) 쌍둥이(주로 복수형)

□ mellizo(a) 메지쏘(싸), pl. mellizos(as) 메지쏘쓰(싸쓰)
m.f. 이란성 쌍둥이(주로 복수형)

□ trillizo(a) 뜨리지쏘(싸), pl. trillizos(as) 뜨리지쏘쓰(싸쓰)
m.f. 세 쌍둥이(주로 복수형)

□ abuelos 아부엘로쓰 m.pl. 조부모

□ abuelo 아부엘로 m. 할아버지
□ abuelo paterno 아부엘로 빠떼르노 친할아버지
□ abuelo materno 아부엘로 마떼르노 외할아버지

□ abuela 아부엘라 f. 할머니
□ abuela paterna 아부엘라 빠떼르나 친할머니
□ abuela materna 아부엘라 마떼르나 외할머니

□ paterno(a) 빠떼르노(나) adj. 아버지의, 친가의
□ amor paterno 아모르 빠떼르노 부성애
□ familia paterna 파밀리아 빠떼르나 친가

Para los niños, el amor paterno es tan importante como el amor materno.
빠라 로쓰 니뇨쓰, 엘 아모르 빠떼르노 에쓰 딴 임뽀르딴떼 꼬모 엘 아모르 마떼르노
아이들에게 부성애도 모성애만큼 중요해요.

□ materno(a) 마떼르노(나) adj. 어머니의, 외가의

□ amor materno 아모르 마떼르노 모성애

□ familia materna 파밀리아 마떼르나 외가

□ nieto(a) 니에또(따) m.f. 손자, 손녀

□ pariente 빠리엔떼 m.f. 친척

□ primo(a) 쁘리모(마) m.f. 사촌

□ sobrino(a) 쏘브리노(나) m.f. 조카

Mi sobrino es como mi hijo.
미 쏘브리노 에쓰 꼬모 미 이호
내 조카는 내 아들과 같다.

□ tío(a) 띠오(아) m.f. 삼촌, 고모, 이모

□ cuñado(a) 꾸냐도(다) m.f. 처남, 매부, 시누이, 올케

□ adulto 아둘또 m. 어른, 성인

□ adulto(a) 아둘또(따) adj. 성장한

□ joven 호벤 m.f. 젊은이 adj. 젊은, 어린

□ adolescente 아돌레스쎈떼 m.f. 십대, 청소년 adj. 청소년기의

□ bebé 베베 m. 아기

□ nene(a) 네네(나) m.f. 어린아이

tip. 주로 아이(기)들이 다른 아이(기)들을 지칭할 때 사용합니다.

□ niño(a) 니뇨(냐) m.f. 어린이

□ viejo(a) 비에호(하) m.f. 노인, 늙은이 adj. 나이 든, 늙은

□ maduro(a) 마두로(라) adj. 성숙한; 잘 익은

□ inmaduro(a) 임마두로(라) adj. 미성숙한

□ embarazo 엠바라쏘 m. 임신

□ embarazada 엠바라싸다 adj. 임신한 f. 임산부

Llevo cuatro meses de embarazo.
예보 꾸아뜨로 메세쓰 데 엠바라쏘
나는 임신 4개월째다.

□ parto 빠르또 m. 출산, 분만

□ dar a luz 다르 아 루쓰 출산하다

□ nacimiento 나씨미엔또 m. 탄생

□ nacer 나쎄르 v. 태어나다

Nací el 22 de marzo de 1986 en Madrid.
나씨 엘 베인띠도쓰 데 마르쏘 데 밀 노베씨엔또 오첸따 이 쎄이쓰 엔 마드릳
나는 1986년 3월 22일에 마드리드에서 태어났다.

□ amamantar 아마만따르 v. 수유하다

= dar el pecho 다르 엘 뻬초

□ leche materna 레체 마떼르나 모유

□ leche en polvo 레체 엔 뽈보 분유

¿Le das el pecho o leche en polvo?
레 다쓰 엘 뻬초 오 레체 엔 뽈보?
모유 수유하니 아니면 분유를 먹이니?

□ biberón 비베론 m. 젖병

□ pañal 빠냘 m. 기저귀

□ niñero(a) 니녜로(라) m.f. 유모

□ canguro 깡구로 m.f. 보모, 베이비 시터 m. 캥거루

□ cuna 꾸나 f. 요람

□ carricoche 까리꼬체 m. 유모차

= cochecito 꼬체씨또 m.

= carrito 까리또 m.

□ autosilla 아우또시야 f. 카시트

= silla de coche 씨야 데 꼬체

□ mochila portabebés 모칠라 뽀르따베베쓰 아기띠

□ cuidar 꾸이다르 v. 보살피다, 돌보다

□ criar 끄리아르 v. 기르다

□ crecer 끄레쎄르 v. 자라다

Los niños crecen muy rápido.
로쓰 니뇨쓰 끄레쎈 무이 라삐도
아이들은 빨리 자란다.

□ familiar 파밀리아르 adj. 가족의, 가정의

□ convivir 꼼비비르 v. 함께 생활하다, 동거하다

= vivir junto(a) 비비르 훈또(따)

□ independizarse 인데뻰디싸르세 v. 독립하다

□ parecerse a~ 빠레쎄르세 아~ ~와 닮다

Julia se parece mucho a su madre.
훌리아 쎄 빠레쎄 무초 아 쑤 마드레
훌리아는 그녀의 엄마를 무척 닮았다.

□ adoptar 아돕따르 v. 입양하다

□ adopción 아돕씨온 f. 입양

□ niño adoptado/niña adoptada 니뇨 아돕따도/니뇨냐 아돕따다 입양아

□ discusión 디스꾸시온 f. 다툼, 언쟁

□ discutir 디스꾸띠르 v. 다투다, 언쟁하다

Seguimos discutiendo.
쎄기모쓰 디스꾸띠엔도
우리는 계속 싸워요.

□ divorcio 디보르씨오 m. 이혼

□ divorciarse de~ 디보르씨아르세 데~ ~와 이혼하다

Sandra se divorció de Alejandro.
싼드라 쎄 디보르씨오 데 알레한드로
산드라는 알레한드로와 이혼했다.

□ segundo matrimonio 쎄군도 마뜨리모니오 재혼

□ volver a casarse 볼베르 아 까사르세
재혼하다

06. 가족 소개

꼭! 써먹는 **실전 회화**

Julia Juan, ¿tienes hermanos?
후안, 띠에네쓰 에르마노쓰?
후안, 너는 형제가 있니?

Juan Sí, tengo un hermano pequeño.
Es tres años más joven que yo.
씨, 뗑고 운 에르마노 뻬께뇨. 에쓰 뜨레쓰 아뇨쓰 마쓰 호벤 께 요
응, 남동생이 하나 있어. 나보다 3살 어려.

Julia ¿Te llevas bien con él?
떼 예바쓰 비엔 꼰 엘?
그와 사이가 좋니?

Juan Bueno, es un poco travieso.
부에노, 에쓰 운 뽀꼬 뜨라비에소
글쎄, 걘 좀 짓궂어.

Ejercicio

다음 단어를 읽고 맞는 뜻과 연결하세요.

1. amor •	• 가족
2. bonito(a) •	• 결혼
3. bueno(a) •	• 귀여운
4. cara •	• 나쁜
5. familia •	• 눈
6. felicidad •	• 사랑
7. lindo(a) •	• 아버지
8. madre •	• 어머니
9. malo(a) •	• 얼굴
10. matrimonio •	• 예쁜
11. ojo •	• 착한, 좋은
12. padre •	• 행복

1. amor – 사랑 2. bonito(a) – 예쁜 3. bueno(a) – 착한, 좋은 4. cara – 얼굴
5. familia – 가족 6. felicidad – 행복 7. lindo(a) – 귀여운 8. madre – 어머니
9. malo(a) – 나쁜 10. matrimonio – 결혼 11. ojo – 눈 12. padre – 아버지

Capítulo 3

Unidad 07 시간&날짜
Unidad 08 날씨&계절
Unidad 09 동물&식물

Unidad 07.

시간 & 날짜 Hora y fecha 오라 이 페차

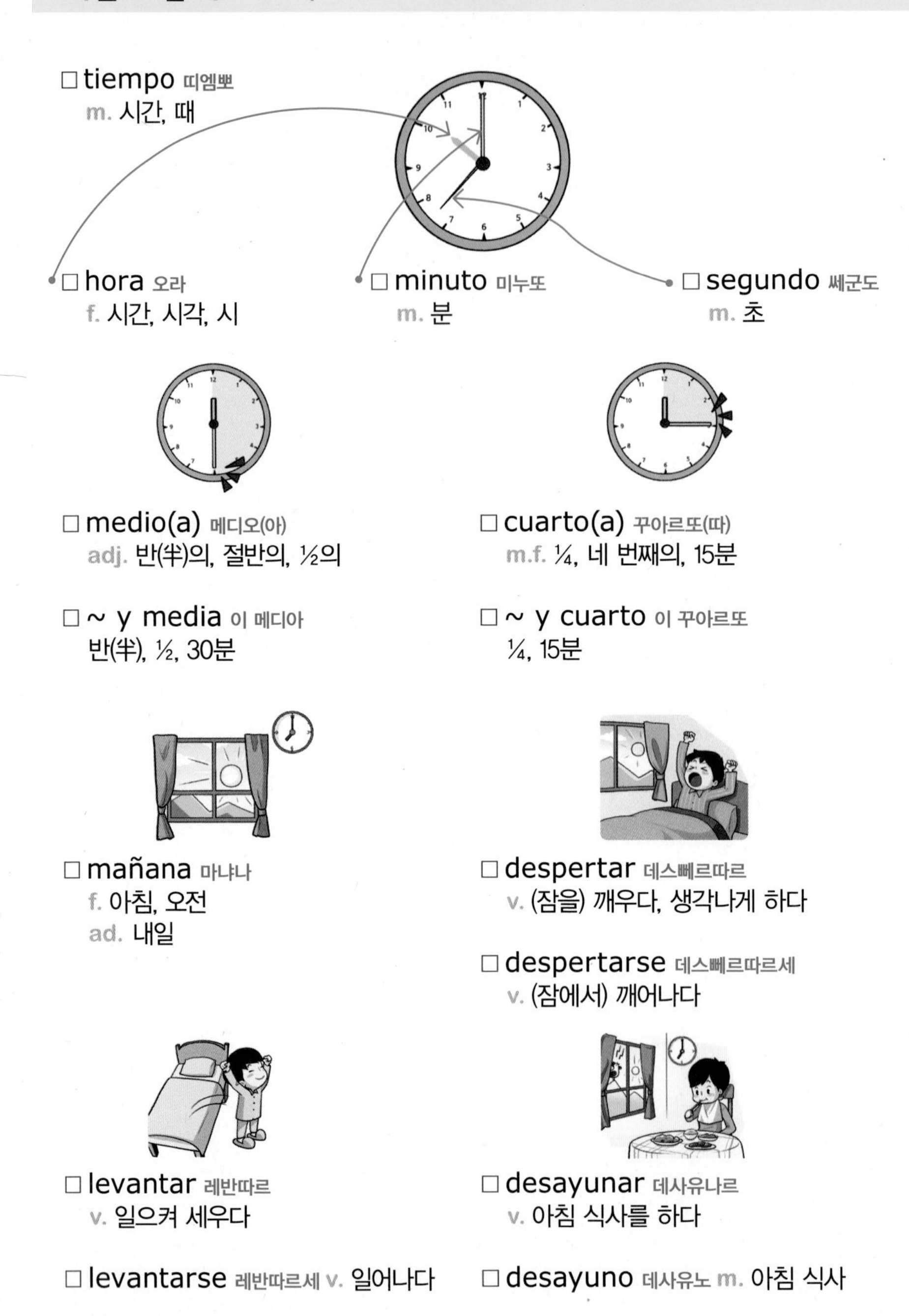

□ tiempo 띠엠뽀
m. 시간, 때

□ hora 오라
f. 시간, 시각, 시

□ minuto 미누또
m. 분

□ segundo 쎄군도
m. 초

□ medio(a) 메디오(아)
adj. 반(半)의, 절반의, ½의

□ ~ y media 이 메디아
반(半), ½, 30분

□ cuarto(a) 꾸아르또(따)
m.f. ¼, 네 번째의, 15분

□ ~ y cuarto 이 꾸아르또
¼, 15분

□ mañana 마냐나
f. 아침, 오전
ad. 내일

□ despertar 데스뻬르따르
v. (잠을) 깨우다, 생각나게 하다

□ despertarse 데스뻬르따르세
v. (잠에서) 깨어나다

□ levantar 레반따르
v. 일으켜 세우다

□ levantarse 레반따르세 v. 일어나다

□ desayunar 데사유나르
v. 아침 식사를 하다

□ desayuno 데사유노 m. 아침 식사

□ mediodía 메디오디아
m. 정오, 낮 12시

□ almuerzo 알무에르쏘
m. (오전) 간식

□ tarde 따르데
f. 오후 adv. 늦게

□ siesta 씨에스따
f. 낮잠, 씨에스타

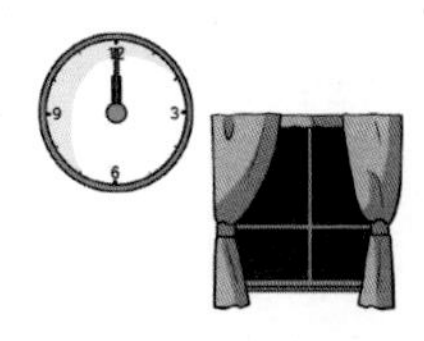

□ noche 노체
f. 밤

□ sueño 쑤에뇨
m. 잠; 졸음; 꿈

□ comer 꼬메르 v. 점심 식사를 하다

□ comida 꼬미다 f. 점심 식사; 음식

□ merendar 메렌다르 v. 간식을 먹다

□ merienda 메리엔다 f. (오후) 간식

□ cenar 쎄나르 v. 저녁 식사를 하다

□ cena 쎄나 f. 저녁 식사

□ acostarse 아꼬스따르세
v. 잠자리에 들다

□ ir a la cama 이르 아 라 까마
잠자리에 들다, 침대로 가다

□ dormir 도르미르 v. 자다

□ insomnio 인솜니오
m. 불면증

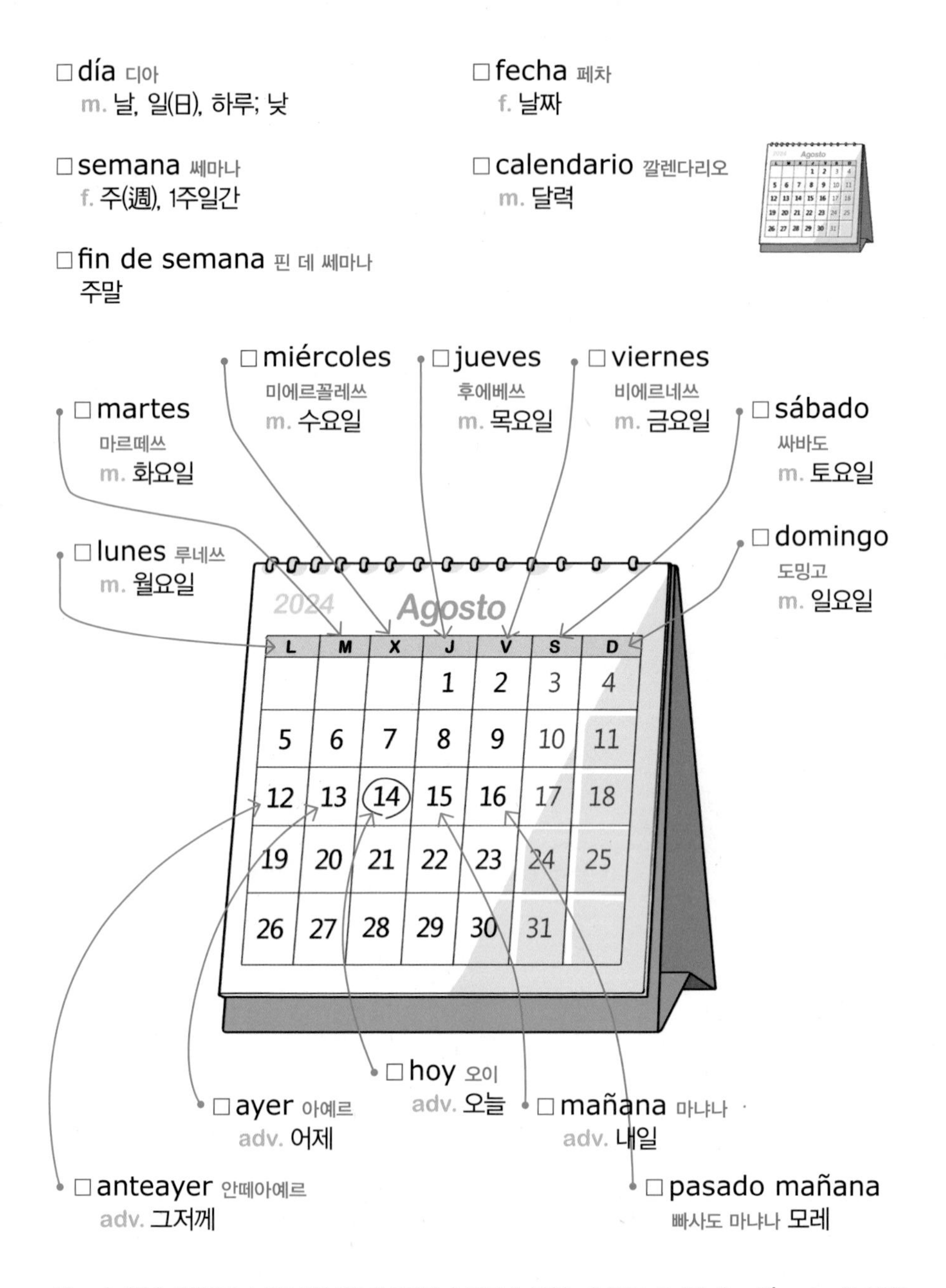

tip. 스페인은 일주일의 순서를 월요일부터 시작하며, 달력에 요일을 이니셜로 표기할 때, miércoles(수요일)는 martes(화요일)와 이니셜이 겹쳐서 x로 합니다. 그 이유로 여러 가지가 있으나 스페인어(castellano 까스떼야노)를 재정립했던 스페인 국왕 'Alfonso X(알폰소 10세)'의 X에서 따왔다는 설이 유력합니다.

☐ mes 메쓰 m. 달, 월(月), 1개월

☐ a principios de mes 아 쁘린씨삐오쓰 데 메쓰 월초(즈음)

☐ a finales de mes 아 피날레쓰 데 메쓰 월말(즈음)

☐ enero 에네로 m. 1월

☐ febrero 페브레로 m. 2월

☐ marzo 마르쏘 m. 3월

☐ abril 아브릴 m. 4월

☐ mayo 마요 m. 5월

☐ junio 후니오 m. 6월

☐ julio 훌리오 m. 7월

☐ agosto 아고스또 m. 8월

☐ septiembre 쎕띠엠브레 m. 9월

☐ octubre 옥뚜브레 m. 10월

☐ noviembre 노비엠브레 m. 11월

☐ diciembre 디씨엠브레 m. 12월

☐ año 아뇨 m. 연(年), 1년간

☐ anual 아누알 adj. 1년 동안의, 한 해의; 매년의

☐ a principios de año 아 쁘린씨삐오쓰 데 아뇨 연초(즈음)

☐ a finales de año 아 피날레쓰 데 아뇨 연말(즈음)

☐ festivo 페스띠보 m. 공휴일

☐ fiesta nacional 피에스따 나씨오날 국경일

☐ fiesta 피에스따 f. 명절, 축제일

☐ Navidad 나비닫 f. 성탄절

☐ día de Reyes Magos 디아 데 레예쓰 마고쓰 주현절

☐ Semana Santa 쎄마나 싼따 f. 부활절

☐ pasado 빠사도 m. 과거

☐ presente 쁘레센떼 m. 현재, 지금

☐ futuro 푸뚜로 m. 미래

□ tiempo 띠엠뽀 m. 시간, 때

Tenemos tiempo de sobra para tomar un café.
떼네모쓰 띠엠뽀 데 쏘브라 빠라 또마르 운 까페
우리는 커피를 마실 여유 시간이 있다.

tip. tiempo는 추상적인 '때'를 의미한다면,
hora는 그 tiempo를 정확히 잴 수 있는 '기간, 동안'을 의미합니다.

□ hora 오라 f. 시간, 시각, 시

¿Qué hora es?
께 오라 에쓰?
몇 시입니까?

□ minuto 미누또 m. 분

□ segundo 쎄군도 m. 초

□ medio(a) 메디오(아) adj. 반(半)의, 절반의, ½의
□ ~ y media 이 메디아 반(半), ½, 30분

□ cuarto(a) 꾸아르또(따) m.f. ¼, 네 번째의, 15분
□ ~ y cuarto 이 꾸아르또 ¼, 15분
□ ~ menos cuarto 메노쓰 꾸아르또 15분 전

Empiezo a trabajar a las ocho menos cuarto.
엠삐에쏘 아 뜨라바하르 아 라쓰 오초 메노쓰 꾸아르또
나는 8시가 되기 15분 전에 일을 시작한다.

□ reloj 렐로흐 m. 시계
□ reloj de pulsera 렐로흐 데 뿔세라 손목시계

□ tarde 따르데 f. 오후 adv. 늦게

□ pronto 쁘론또 adv. 곧, 금방

□ temprano 뗌쁘라노 adv. (평상시보다) 일찍, 빨리; (특정 시간보다) 이른 시간에

tip. pronto는 지금을 기준으로 '곧, 금방'을,
temprano는 어떤 특정 시간을 기준으로 '일찍, 빨리'를 의미합니다.

□ madrugada 마드루가다 f. 새벽(자정부터 동트기 전)

□ mañana 마냐나 f. 아침, 오전 ad. 내일

□ despertar 데스뻬르따르 v. (잠을) 깨우다, 생각나게 하다
　□ despertarse 데스뻬르따르세 v. (잠에서) 깨어나다

Despierto a mi marido temprano.
데스삐에르또 아 미 마리도 뗌쁘라노
나는 남편을 일찍 깨운다.

Me despierto temprano.
메 데스삐에르또 뗌쁘라노
나는 일찍 일어난다.

□ levantar 레반따르 v. 일으켜 세우다
　□ levantarse 레반따르세 v. 일어나다
　□ levantarse tarde 레반따르세 따르데 늦게 일어나다

□ alarma 알라르마 f. 알람, 경보

□ lavarse 라바르세 v. 씻다; 세탁하다
　□ lavarse la cara 라바르세 라 까라 세수하다

Me lavo el pelo todas las mañanas.
메 라보 엘 뻴로 또다쓰 라쓰 마냐나쓰
나는 매일 아침 머리를 감는다.

□ desayunar 데사유나르 v. 아침 식사를 하다
　□ desayuno 데사유노 m. 아침 식사

□ almuerzo 알무에르쏘 m. (오전) 간식

□ mediodía 메디오디아 m. 정오, 낮 12시

□ comer 꼬메르 v. 점심 식사를 하다
　□ comida 꼬미다 f. 점심 식사; 음식

□ merendar 메렌다르 v. 간식을 먹다

□ merienda 메리엔다 f. (오후) 간식

□ siesta 씨에스따 f. 낮잠, 씨에스타

La siesta es una costumbre antigua.
라 씨에스따 에쓰 우나 꼬스뚬브레 안띠구아
씨에스타는 옛날 관습이다.

□ cenar 쎄나르 v. 저녁 식사를 하다

□ cena 쎄나 f. 저녁 식사

□ noche 노체 f. 밤

□ tumbarse 뚬바르세 v. 눕다

□ acostarse 아꼬스따르세 v. 잠자리에 들다

□ ir a la cama 이르 아 라 까마 잠자리에 들다, 침대로 가다

□ dormir 도르미르 v. 자다

□ dormir tarde 도르미르 따르데 늦게 잠자리에 들다

Siempre me voy a la cama demasiado tarde.
씨엠쁘레 메 보이 아 라 까마 데마시아도 따르데
나는 항상 늦게 잠을 자러 간다.

□ medianoche 메디아노체 f. 자정, 심야, 밤 12시

□ sueño 쑤에뇨 m. 잠; 졸음; 꿈

Tengo sueño.
뗑고 쑤에뇨
나는 졸립다.

□ insomnio 인솜니오 m. 불면증

□ día 디아 m. 날, 일(日), 하루; 낮

□ día laborable 디아 라보라블레 평일

□ semana 쎄마나 f. 주(週), 1주일간

□ fin de semana 핀 데 쎄마나 주말

¿Qué has hecho el fin de semana?
께 아쓰 에초 엘 핀 데 쎄마나?
너 주말에 뭐 했니?

□ lunes 루네쓰 m. 월요일

□ martes 마르떼쓰 m. 화요일

□ miércoles 미에르꼴레쓰 m. 수요일

□ jueves 후에베쓰 m. 목요일

□ viernes 비에르네쓰 m. 금요일

□ sábado 싸바도 m. 토요일

□ domingo 도밍고 m. 일요일

Mi madre va a la iglesia los domingos.
미 마드레 바 아 라 이글레시아 로쓰 도밍고쓰
우리 어머니는 일요일마다 교회에 가신다.

□ mes 메쓰 m. 달, 월(月), 1개월

□ a principios de mes 아 쁘린씨삐오쓰 데 메쓰 월초(즈음)

□ al principio del mes 알 쁘린씨삐오 델 메쓰 해당 월의 1일

□ a finales de mes 아 피날레쓰 데 메쓰 월말(즈음)

□ al final del mes 알 피날 델 메쓰 해당 월 말일

□ año 아뇨 m. 연(年), 1년간

□ a principios de año 아 쁘린씨삐오쓰 데 아뇨 연초(즈음)

□ al principio del año 알 쁘린씨삐오 델 아뇨 해당 년의 1월 1일

□ a finales de año 아 피날레쓰 데 아뇨 연말(즈음)

□ al final del año 알 피날 델 아뇨 해당 년의 12월 31일

□ anual 아누알 adj. 1년 동안의, 한 해의; 매년의

□ fecha 페차 f. 날짜

□ calendario 깔렌다리오 m. 달력

□ ayer 아예르 adv. 어제

□ anteayer 안떼아예르 adv. 그저께

El tiempo es mejor que ayer, ¿verdad?
엘 띠엠뽀 에쓰 메호르 께 아예르, 베르닫?
날씨가 어제보다 낫지, 그렇지?

□ hoy 오이 adv. 오늘

□ mañana 마냐나 adv. 내일

□ pasado mañana 빠사도 마냐나 모레

□ día siguiente 디아 씨기엔떼 다음날

□ festivo 페스띠보 m. 공휴일

□ fiesta nacional 피에스따 나씨오날 국경일

□ puente 뿌엔떼 m. 징검다리 휴일

□ aniversario 아니베르사리오 m. 기념일

□ fiesta 피에스따 명절, 축제일

□ Navidad 나비닫 f. 성탄절

□ día de Reyes Magos 디아 데 레예쓰 마고쓰 주현절

□ Semana Santa 쎄마나 싼따 f. 부활절

□ época 에뽀까 f. 시절

□ período 뻬리오도 m. 기간

□ era 에라 f. 시대

□ siglo 씨글로 m. 세기(世紀), 100년

□ duración 두라씨온 f. 지속, 기간

□ pasado 빠사도 m. 과거

□ presente 쁘레센떼 m. 현재, 지금

□ futuro 푸뚜로 m. 미래

□ estos días 에스또쓰 디아쓰 요즈음

□ últimamente 울띠마멘떼 adv. 최근에
= recientemente 레씨엔떼멘떼

□ hace 아쎄+시간 : ~ (시간) 전에
□ hace dos días 아쎄 도쓰 디아쓰
이틀 전에

07. 주현절

꼭! 써먹는 **실전 회화**

Javier ¿Qué vas a hacer en Reyes Magos?
께 바쓰 아 아쎄르 엔 레예쓰 마고쓰?
너 주현절에 뭐 할거니?

Julia Voy a ir a casa de mis padres. ¿Y tu?
보이 아 이르 아 까사 데 미쓰 빠드레쓰. 이 뚜?
나는 부모님 집에 가려고. 너는?

Javier Yo voy a comer roscón de Reyes con mis amigos en mi casa. ¿Vienes?
요 보이 아 꼬메르 로스꼰 데 레예쓰 꼰 미쓰 아미고쓰 엔 미 까사. 비에네쓰?
나는 집에서 친구들이랑 로스콘을 먹으려고. 올래?

Julia Me gustaría ir pero mis padres también me están esperando.
메 구스따리아 이르 뻬로 미쓰 빠드레쓰 땀비엔 메 에스딴 에스뻬란도
나도 가고 싶지만 우리 부모님들 역시 나를 기다리고 계셔.

Unidad 08.

날씨 & 계절 Tiempo y estaciones 띠엠뽀 이 에스따씨오네쓰

□ tiempo 띠엠뽀
m. 날씨; 시간

□ buen tiempo 부엔 띠엠뽀
좋은 날씨

□ mal tiempo 말 띠엠뽀
나쁜 날씨

□ despejado(a) 데스뻬하도(다)
adj. 맑은, 쾌청한

□ calor 깔로르
m. 더위, 따뜻함, 열

□ fresco(a) 프레스꼬(까)
m.f. 시원함, 서늘함
adj. 시원한, 서늘한

□ frío 프리오
m. 추위

□ frío(a) 프리오(아)
adj. 추운

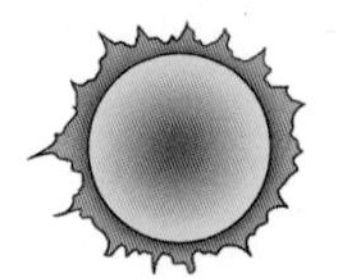

□ sol 쏠
m. 태양, 해

□ nube 누베 f. 구름

□ nublado(a) 누블라도(다)
adj. 구름이 낀

□ gris 그리쓰
adj. 구름이 낀, 회색의, 잿빛의

□ viento 비엔또
m. 바람

□ niebla 니에블라
f. 안개

□ llover 요베르 v. 비가 오다

□ lluvia 유비아 f. 비

□ aguacero 아구아쎄로
= chaparrón 차빠론
m. 소나기

□ paraguas 빠라구아쓰
m. 우산

□ tormenta 또르멘따
f. 태풍

□ rayo 라요
m. 천둥, 우레

□ relámpago 렐람빠고
m. 번개

□ seco(a) 쎄꼬(까)
adj. 건조한

□ sequía 쎄끼아
f. 가뭄

□ congelar 꽁헬라르
v. 냉동시키다, 얼다

□ hielo 이엘로
m. 얼음

☐ estación 에스따씨온
f. 계절

☐ primavera 쁘리마베라
f. 봄

☐ primaveral 쁘리마베랄
adj. 봄의

☐ semilla 쎄미야
f. 씨, 씨앗

☐ germinar 헤르미나르
v. 싹트다, 움트다

☐ verano 베라노
m. 여름

☐ veraniego 베라니에고
= estival 에스띠발
adj. 여름의

☐ arco iris 아르꼬 이리쓰
무지개

☐ húmedo(a) 우메도(다)
adj. 습한, 축축한

☐ golpe de calor 골뻬 데 깔로르
더위 먹음

☐ insolación 인쏠라씨온
f. 열사병

□ otoño 오또뇨
m. 가을

□ otoñal 오또냘
adj. 가을의

□ hoja colorada 오하 꼴로라다
단풍

□ caída de la hoja 까이다 데 라 오하
낙엽

□ invierno 임비에르노
m. 겨울

□ invernal 임베르날
adj. 겨울의

□ nevar 네발
v. 눈이 오다

□ nieve 니에베
f. 눈

□ bajar 바하르
v. (온도가) 내려가다

□ subir 쑤비르
v. (온도가) 올라가다

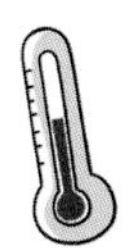

□ temperatura 뗌뻬라뚜라
f. 온도

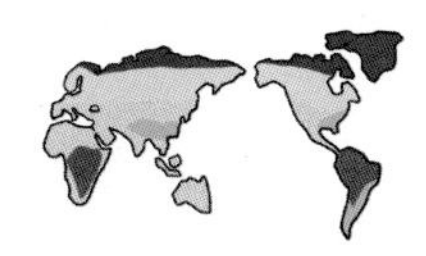

□ clima 끌리마
m. 기후

□ pronóstico del tiempo
뻐로노스띠꼬 델 띠엠뽀 일기 예보

□ tiempo 띠엠뽀 m. 날씨; 시간

¿Qué tiempo hace hoy?
께 띠엠뽀 아쎄 오이?
오늘 날씨가 어때?

tip. 스페인어에서 날씨를 표현할 때는 주로 hacer 동사와 함께 쓰지만 estar, haber 동사와만 쓰이는 경우도 있습니다.

□ despejado(a) 데스뻬하도(다) adj. 맑은, 쾌청한

Está despejado.
에스따 데스뻬하도
(날씨가) 맑다.

□ buen tiempo 부엔 띠엠뽀 좋은 날씨

Hace buen tiempo.
아쎄 부엔 띠엠뽀
날씨가 좋다.

□ mal tiempo 말 띠엠뽀 나쁜 날씨

Hace mal tiempo.
아쎄 말 띠엠뽀
날씨가 나쁘다.

□ calor 깔로르 m. 더위, 따뜻함, 열

Hace calor.
아쎄 깔로르
(날씨가) 덥다.

□ fresco(a) 프레스꼬(까) m.f. 시원함, 서늘함 adj. 시원한, 서늘한

Hace fresco.
아쎄 프레스꼬
(날씨가) 시원하다.

□ frío 프리오 m. 추위

□ frío(a) 프리오(아) adj. 추운

□ ola de frío 올라 데 프리오 한파

Hace frío.
아쎄 프리오
(날씨가) 춥다.

□ sol 쏠 m. 태양, 해

Hace sol.
아쎄 쏠
태양이 내리쬔다.

□ nublado(a) 누블라도(다) adj. 구름이 낀

□ gris 그리쓰 adj. 구름이 낀, 회색의, 잿빛의

Está nublado.
에스따 누블라도
구름이 끼었다.

□ nube 누베 f. 구름

No hay ni una nube en el cielo.
노 아이 니 우나 누베 엔 엘 씨엘로
하늘에 구름 한 점 없다.

□ viento 비엔또 m. 바람

Hace viento.
아쎄 비엔또
바람이 분다.

□ niebla 니에블라 f. 안개

Hay niebla.
아이 니에블라
안개가 끼었다.

□ llover 요베르 v. 비가 오다

□ lluvia 유비아 f. 비

Está lloviendo.
에스따 요비엔도
비가 오고 있다.

□ gota de agua 고따 데 아구아 물방울

□ aguacero 아구아쎄로 m. 소나기
= chaparrón 차빠론 m.

□ chubasco 추바스꼬 m. 집중 호우, 스콜

□ inundación 이눈다씨온 f. 홍수

□ paraguas 빠라구아쓰 m. 우산

□ precipitación 쁘레씨삐따씨온, pl. precipitaciones 쁘레씨삐따씨오네쓰
f. 강수량(주로 복수형)

□ granizo 그라니쏘 m. 우박

Está granizando.
에스따 그라니싼도
우박이 내리고 있다.

□ tormenta 또르멘따 f. 태풍

Hay tormenta.
아이 또르멘따
태풍이 분다.

□ huracán 우라깐 m. 허리케인, 폭풍

□ tifón 띠폰 m. 태풍, 폭풍

□ ciclón 씨끌론 m. 사이클론, 폭풍

tip. huracán, tifón, ciclón은 모두 폭풍을 의미합니다. huracán은 열대성 폭풍으로 주로 대서양, 북태평양에서 발생하는 폭풍입니다. tifón은 남태평양과 인도양에서 발생하는 폭풍을, ciclón은 북서부 태평양에서 발생하는 폭풍을 말합니다.

□ rayo 라요 m. 천둥, 우레
□ relámpago 렐람빠고 m. 번개

□ congelar 꽁헬라르 v. 냉동시키다, 얼다
  □ congelado(a) 꽁헬라도(다) adj. 얼린, 냉동의
  □ congelación 꽁헬라씨온 f. 동상

□ hielo 이엘로 m. 얼음

□ aire 아이레 m. 공기, 대기

□ seco(a) 쎄꼬(까) adj. 건조한

□ sequía 쎄끼아 f. 가뭄

□ tromba 뜨롬바 f. 물기둥

□ monzón 몬쏜 m. 몬순(계절풍)

□ estación 에스따씨온 f. 계절

□ primavera 쁘리마베라 f. 봄
  □ primaveral 쁘리마베랄 adj. 봄의

  La primavera está en el aire.
  라 쁘리마베라 에스따 엔 엘 아이레
  봄 기운이 완연하다.

□ semilla 쎄미야 f. 씨, 씨앗

□ germinar 헤르미나르 v. 싹트다, 움트다

□ arco iris 아르꼬 이리스 무지개

□ verano 베라노 m. 여름
  □ veraniego 베라니에고 adj. 여름의
  = estival 에스띠발
  □ horario de verano 오라리오 데 베라노 썸머 타임

□ húmedo(a) 우메도(다) adj. 습한, 축축한

□ golpe de calor 골뻬 데 깔로르 더위 먹음

□ insolación 인쏠라씨온 f. 열사병

□ otoño 오또뇨 m. 가을

  □ otoñal 오또냘 adj. 가을의

  El otoño es la mejor época para viajar.
  엘 오또뇨 에쓰 라 메호르 에뽀까 빠라 비아하르
  가을은 여행하기 제일 좋은 시기이다.

□ hoja colorada 오하 꼴로라다 단풍

□ enrojecer 엔로헤쎄르 v. 붉게 물들이다

□ caída de la hoja 까이다 데 라 오하 낙엽

□ caerse 까에르쎄 v. 떨어지다

□ cosechar 꼬세차르 v. 수확하다

□ invierno 임비에르노 m. 겨울

  □ invernal 임베르날 adj. 겨울의

□ nevar 네발 v. 눈이 오다

  □ nieve 니에베 f. 눈

  □ muñeco de nieve 무녜꼬 데 니에베 눈사람

  □ copo de nieve 꼬뽀 데 니에베 눈송이

  □ fuerte nevada 푸에르떼 네바다 폭설

  □ escarcha 에스까르차 f. 서리

  Está nevando.
  에스따 네반도
  눈이 오고 있다.

□ temperatura 뗌뻬라뚜라 f. 온도

□ subir 쑤비르 v. 올라가다

□ bajar 바하르 v. 내려가다

□ clima 끌리마 m. 기후

□ pronosticar 쁘로노스띠까르 v. 예상하다, 예보하다
  □ pronóstico del tiempo 쁘로노스띠꼬 델 띠엠뽀 일기 예보

□ cambio climático 깜비오 끌리마띠꼬 기후 변화

□ calentamiento global 깔렌따미엔또 글로발 지구 온난화

□ rayos ultravioleta 라요쓰 울뜨라비올레따 자외선
  = rayos UVA 라요쓰 우바

08. 열대야

꼭! 써먹는 **실전 회화**

Juan No pude dormir en toda la noche por el calor.
노 뿌데 도르미르 엔 또다 라 노체 뽀르 엘 깔로르
더위 때문에 밤에 한숨도 못 잤어.

Javier Yo tampoco. Me estoy muriendo de calor.
요 땀뽀꼬. 메 에스또이 무리엔도 데 깔로르
나도 그래. 더워서 죽을 것 같아.

Juan ¿Hasta cuándo va a durar este calor?
아스따 꾸안도 바 아 두라르 에스떼 깔로르?
언제까지 이 더위가 계속될까?

Javier Es lo que quiero saber.
에쓰 로 께 끼에로 싸베르
그게 바로 내가 알고 싶은 거야.

동물&식물 Animales y plantas 아니말레쓰 이 쁠란따쓰

□ animal 아니말
m. 동물

□ mascota 마스꼬따
f. 반려동물

□ pata 빠따
f. (동물의) 발, 다리

□ pelaje 뻴라헤
m. 털

□ rabo 라보
m. 꼬리

□ rasguñar 라스구냐르
= arañar 아라냐르
v. 할퀴다

□ perro(a) 뻬로(라)
m.f. 개

□ gato(a) 가또(따)
m.f. 고양이

□ toro 또로
m. (숫)소

□ cerdo(a) 쎄르도(다)
m.f. 돼지

□ conejo(a) 꼬네호(하)
m.f. 토끼

□ oveja 오베하
f. 양

□ caballo 까바요
m. 말

□ cebra 쎄브라
f. 얼룩말

□ león/leona 레온/레오나
m.f. 사자

□ tigre/tigresa
띠그레/띠그레사
m.f. 호랑이

□ oso(a) 오소(사)
m.f. 곰

□ zorro(a) 쏘로(라)
m.f. 여우

□ lobo(a) 로보(바)
m.f. 늑대, 이리

□ mono(a) 모노(나)
m.f. 원숭이

□ elefante 엘레판떼
m. 코끼리

□ jirafa 히라파
f. 기린

□ venado 베나도 m.
= ciervo(a) 씨에르보(바)
m.f. 사슴

□ rinoceronte 리노쎄론떼
m. 코뿔소

□ topo 또뽀
m. 두더지

□ ratón(a) 라똔(라또나)
m.f. 쥐

□ ardilla 아르디야
f. 다람쥐

□ murciélago
무르씨엘라고
m. 박쥐

□ ballena 바예나
f. 고래

□ pájaro(a) 빠하로(라)
m.f. 새

□ ala 알라
f. 날개

□ pico 삐꼬
m. 부리

□ gallo 가요
m. 닭, 수탉

□ pollito(a) 뽀지또(따)
m.f. 병아리

□ pato(a) 빠또(따)
m.f. 오리

□ gorrión 고리온
m. 참새

□ paloma 빨로마
f. 비둘기

□ águila 아길라
f. 독수리

□ gaviota 가비오따
f. 갈매기

□ pavo(a) 빠보(바)
m.f. 칠면조

□ pavo real 빠보 레알
m. 공작

□ avestruz 아베스뜨루쓰
m. 타조

□ búho 부오
m. 부엉이

□ pingüino(a) 삥귀노(나)
m.f. 펭귄

□ pez 뻬쓰
m. 물고기

□ branquia 브랑끼아
f. 아가미

□ aleta 알레따
f. 지느러미

□ pez tropical
뻬쓰 뜨로삐깔
열대어

□ pecera 뻬쎄라
f. 어항

□ tiburón 띠부론
m. 상어

□ pulpo 뿔뽀
m. 문어

□ raya 라야
f. 가오리

□ tortuga 또르뚜가
f. 거북

□ cocodrilo 꼬꼬드릴로
m. 악어

□ serpiente 쎄르삐엔떼
f. 뱀

□ lagarto(a) 라가르또(따)
m.f. 도마뱀

□ rana 라나
f. 개구리

□ renacuajo 레나꾸아호
m. 올챙이

□ insecto 인쎅또
m. 곤충

□ abeja 아베하
f. 꿀벌

□ mariposa 마리뽀사
f. 나비

□ libélula 리벨룰라
f. 잠자리

□ hormiga 오르미가
f. 개미

□ mosca 모스까
f. 파리

□ mosquito 모스끼또
m. 모기

□ cucaracha 꾸까라차
f. 바퀴벌레

□ araña 아라냐
f. 거미

□ planta 쁠란따
f. 식물

□ plantar 쁠란따르
v. 심다

□ regar 레가르
v. 물을 주다

□ marchitarse
마르치따르세
v. 시들다

□ extirpar 엑쓰띠르빠르
v. 뿌리째 뽑다

□ árbol 아르볼
m. 나무

□ rama 라마
f. 나뭇가지

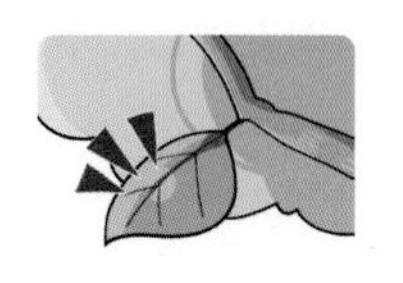

□ hoja 오하
f. 잎, 나뭇잎

□ raíz 라이쓰
f. 뿌리

□ hierba 이에르바
f. 풀

□ flor 플로르
f. 꽃

□ florar 플로라르
v. 꽃이 피다

□ pétalo 뻬딸로
m. 꽃잎

□ fruta 프루따
f. 과일, 열매

□ rosa 로사
f. 장미

□ liliácea 릴리아쎄아
f. 백합

□ tulipán 뚤리빤
m. 튤립

□ girasol 히라솔
m. 해바라기

□ amargón 아마르곤
m. 민들레

□ animal 아니말 m. 동물

□ mascota 마스꼬따 f. 반려동물

Me gustaría tener una mascota.
메 구스따리아 떼네르 우나 마스꼬따
나는 반려동물을 갖고 싶다.

□ criar 끄리아르 v. 사육하다, 기르다

□ pata 빠따 f. (동물의) 발, 다리
□ pelaje 뻴라헤 m. 털
□ rabo 라보 m. 꼬리
□ garra 가르라 f. (동물의) 발톱
□ rasguñar 라스구냐르 v. 할퀴다
= arañar 아라냐르
□ morder 모르데르 v. 물다

Mi gato me muerde y rasguña.
미 가또 메 무에르데 이 라스구냐
내 고양이는 나를 물고 할퀸다.

□ perro(a) 뻬로(라) m.f. 개
□ cachorro(a) 까초로(라) m.f. 강아지
□ ladrar 라드라르 v. (개가) 짖다
□ gruñir 그루니르 v. (개나 짐승 등이) 으르렁거리다

Paseo con mi perro todos los días.
빠세오 꼰 미 뻬로 또도쓰 로쓰 디아쓰
나는 내 개와 매일 산책을 한다.

El perro está gruñendo.
엘 뻬로 에스따 그루녠도
개가 으르렁거린다.

tip. '개'는 perro 뻬로라 하며,
'일반 개보다 작은 개, 강아지'는 -ito 이또를 붙여 perrito 뻬리또 라고 합니다.

□ gato(a) 가또(따) m.f. 고양이

□ gatito(a) 가띠또(따) m.f. 새끼 고양이
□ maullar 마우야르 v. (고양이가) 야옹거리다

Mi gata ha tenido tres gatitos.
미 가따 아 떼니도 뜨레쓰 가띠또쓰
우리 집 고양이가 새끼 세 마리를 낳았다.

□ toro 또로 m. (숫)소
□ vaca 바까 f. 암소
□ ternera 떼르네라 f. 송아지

□ cerdo(a) 쎄르도(다) m.f. 돼지
□ cerdito(a) 쎄르디또(따) m.f. 새끼 돼지
= cochinillo(a) 꼬치니요(야)

□ conejo(a) 꼬네호(하) m.f. 토끼

A los conejos les gustan las zanahorias.
아 로쓰 꼬네호쓰 레쓰 구스딴 라쓰 싸나오리아쓰
토끼들은 당근을 좋아한다.

□ oveja 오베하 f. 양

□ caballo 까바요 m. 말
□ potro(a) 뽀뜨로(라) m.f. 망아지
□ casco 까스꼬 m. 발굽
□ crin 끄린 m. 갈기

□ cebra 쎄브라 f. 얼룩말

tip. cebra는 길에 그린 '횡단보도'를 뜻하기도 합니다.

¿Las cebras son blancas con rayas negras o negras con rayas blancas?
라쓰 쎄브라쓰 쏜 블랑까쓰 꼰 라야쓰 네그라쓰 오 네그라쓰 꼰 라야쓰 블랑까쓰?
얼룩말들은 흰색 바탕에 검정색 줄일까 검은색 바탕에 흰색 줄일까?

□ león/leona 레온/레오나 m.f. 사자

□ tigre/tigresa 띠그레/띠그레사 m.f. 호랑이

□ oso(a) 오소(사) m.f. 곰

□ zorro(a) 쏘로(라) m.f. 여우

□ lobo(a) 로보(바) m.f. 늑대, 이리

□ mono(a) 모노(나) m.f. 원숭이

□ chimpancé 침빤쎄 m. 침팬지

□ elefante 엘레판떼 m. 코끼리

□ marfil 마르필 m. 상아

Muchos elefantes fueron asesinados por su marfil.
무초쓰 엘리판떼쓰 푸에론 아세시나도쓰 뽀르 쑤 마르필
많은 코끼리들이 그들의 상아 때문에 죽임을 당했다.

□ jirafa 히라파 f. 기린

□ reno 레노 m. 순록

□ alce 알쎄 m. 고라니

□ venado 베나도 m. 사슴
= ciervo(a) 씨에르보(바) m.f.

□ rinoceronte 리노쎄론떼 m. 코뿔소

□ mapache 마빠체 m. 너구리

□ topo 또뽀 m. 두더지

□ ratón(a) 라똔(라또나) m.f. 쥐

□ ardilla 아르디야 f. 다람쥐

□ hámster 함스떼르 m. 햄스터

El hámster es ideal como primera mascota para los niños.
엘 함스떼르 에쓰 이데알 꼬모 쁘리메라 마스꼬따 빠라 로쓰 니뇨쓰
햄스터는 아이들에게 첫 번째 반려동물로 가장 이상적이다.

□ murciélago 무르씨엘라고 m. 박쥐

□ ballena 바예나 f. 고래

Las ballenas son los mamíferos más grandes.
라쓰 바예나쓰 쏜 로쓰 마미페로쓰 마쓰 그란데쓰
고래들은 포유류 중 가장 크다.

□ delfín 델핀 m. 돌고래

□ pájaro(a) 빠하로(라) m.f. 새
- □ ala 알라 f. 날개
- □ pluma 쁠루마 f. 깃털
- □ pico 삐꼬 m. 부리
- □ huevo 우에보 m. 알; 달걀
- □ empollar 엠뽀야르 v. 알을 품다
- □ nido 니도 m. 둥지

□ gallo 가요 m. 닭, 수탉
- □ gallina 가지나 f. 암탉
- □ pollito(a) 뽀지또(따) m.f. 병아리

Las gallinas ponen huevos.
라쓰 가지나쓰 뽀넨 우에보쓰
암탉들은 알을 낳는다.

□ pato(a) 빠또(따) m.f. 오리

□ gorrión 고리온 m. 참새

□ paloma 빨로마 f. 비둘기

□ cuervo 꾸에르보 m. 까마귀

□ águila 아길라 f. 독수리

□ gaviota 가비오따 f. 갈매기

□ golondrina 골론드리나 f. 제비

□ pavo(a) 빠보(바) m.f. 칠면조

□ pavo real 빠보 레알 m. 공작

□ avestruz 아베스뜨루쓰 m. 타조

□ búho 부오 m. 부엉이

□ pingüino(a) 삥귀노(나) m.f. 펭귄

□ pez 뻬쓰 m. 물고기

- □ branquia 브랑끼아 f. 아가미
- □ aleta 알레따 f. 지느러미
- □ escama 에스까마 f. 비늘

Los peces respiran por las branquias.
로쓰 뻬세쓰 레스삐란 뽀르 라쓰 브랑끼아쓰
물고기들은 아가미로 숨을 쉰다.

□ pez tropical 뻬쓰 뜨로삐깔 열대어

□ pecera 뻬쎄라 f. 어항

□ tiburón 띠부론 m. 상어

□ pulpo 뿔뽀 m. 문어

□ raya 라야 f. 가오리

□ anguila 앙길라 f. 뱀장어

□ angula 앙굴라 f. 새끼 뱀장어

□ tortuga 또르뚜가 f. 거북

□ cocodrilo 꼬꼬드릴로 m. 악어

□ serpiente 쎄르삐엔떼 f. 뱀

□ lagarto(a) 라가르또(따) m.f. 도마뱀

□ rana 라나 f. 개구리

□ renacuajo 레나꾸아호 m. 올챙이

□ insecto 인쎅또 m. 곤충

□ antena 안떼나 f. 더듬이; 안테나

□ abeja 아베하 f. 꿀벌

□ mariposa 마리뽀사 f. 나비

□ libélula 리벨룰라 f. 잠자리

□ hormiga 오르미가 f. 개미

□ mosca 모스까 f. 파리

□ mosquito 모스끼또 m. 모기

¡Me han picado los mosquitos!
메 안 삐까도 로쓰 모스끼또쓰!
나 모기 물렸어!

□ cucaracha 꾸까라차 f. 바퀴벌레

□ araña 아라냐 f. 거미

□ planta 쁠란따 f. 식물

□ plantar 쁠란따르 v. 심다

□ regar 레가르 v. 물을 주다

□ marchitarse 마르치따르세 v. 시들다

□ extirpar 엑쓰띠르빠르 v. 뿌리째 뽑다

Elena plantó las semillas de lechuga en su jardín.
엘레나 쁠란또 라쓰 쎄미야쓰 데 레추가 엔 쑤 하르딘
엘레나는 그녀의 정원에 상추씨를 심었다.

Estoy regando los árboles.
에스또이 레간도 로쓰 아르볼레쓰
나는 나무에 물을 주는 중이다.

□ árbol 아르볼 m. 나무

□ rama 라마 f. 나뭇가지

□ hoja 오하 f. 잎, 나뭇잎

□ raíz 라이쓰 f. 뿌리

□ hierba 이에르바 f. 풀

□ flor 플로르 f. 꽃

□ florar 플로라르 v. 꽃이 피다

□ pétalo 뻬딸로 m. 꽃잎

□ pistilo 삐스띨로 m. 암술

□ estambre 에스땀브레 m. 수술

□ fruta 프루따 f. 과일, 열매

□ rosa 로사 f. 장미

Mi flor favorita es la rosa.
미 플로르 파보리따 에쓰 라 로사
내가 제일 좋아하는 꽃은 장미이다.

□ liliácea 릴리아쎄아 f. 백합

□ tulipán 뚤리빤 m. 튤립

□ margarita 마르가리따 f. 데이지

□ clavel 끌라벨 m. 카네이션

□ begonia 베고니아 f. 베고니아

□ girasol 히라솔 m. 해바라기

□ lirio 리리오 m. 붓꽃

□ amargón 아마르곤 m. 민들레

□ camelia 까멜리아 f. 동백꽃

□ peonía 뻬오니아 f. 작약

09. 반려동물

꼭! 써먹는 **실전 회화**

Julia ¿Tienes mascotas?
띠에네쓰 마스꼬따쓰?
너 반려동물을 가지고 있니?

Sara Sí, tengo un perro desde hace tres años.
씨, 뗑고 운 뻬로 데스데 아쎄 뜨레쓰 아뇨쓰
응, 강아지를 키운지 3년이 되어 가.

Julia ¿Es cómodo tener un perro en casa?
에쓰 꼬모도 떼네르 운 뻬로 엔 까사?
집에 강아지를 데리고 있는 것이 편하니?

Sara Sí, mi perro está bien educado.
También tengo dos hámsters.
씨, 미 뻬로 에스따 비엔 에두까도. 땀비엔 뗑고 도쓰 함스떼르쓰
응, 내 강아지는 교육이 잘 되어 있어. 난 햄스터 두 마리도 있어.

Ejercicio

다음 단어를 읽고 맞는 뜻과 연결하세요.

1. animal •	• 구름
2. árbol •	• 꽃
3. día •	• 나무
4. flor •	• 날, 하루, 낮
5. hoy •	• 동물
6. lluvia •	• 바람
7. noche •	• 밤
8. nube •	• 비
9. planta •	• 시간
10. sol •	• 식물
11. tiempo •	• 오늘
12. viento •	• 해, 태양

1. animal – 동물 2. árbol – 나무 3. día – 날, 하루, 낮 4. flor – 꽃
5. hoy – 오늘 6. lluvia – 비 7. noche – 밤 8. nube – 구름
9. planta – 식물 10. sol – 해, 태양 11. tiempo – 시간 12. viento – 바람

Capítulo 4

Unidad 10 집
Unidad 11 옷
Unidad 12 음식
Unidad 13 취미
Unidad 14 전화&인터넷

Unidad 10.

집 Casa 까사

□ casa 까사
f. 집

□ habitación 아비따씨온
f. 방

□ puerta 뿌에르따
f. 문

□ entrada 엔뜨라다
f. 출입구, 현관

□ llave 야베
f. 열쇠

□ ventana 벤따나
f. 창문

□ timbre 띰브레
m. 초인종

□ jardín 하르딘
m. 정원

□ valla 바야
f. 울타리

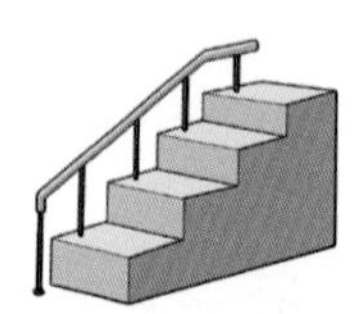

□ escalera 에스깔레라
f. 계단

□ buhardilla 부아르디야 f.
= desván 데스반 m.
다락방

□ sótano 쏘따노
m. 지하실

□ planta 쁠란따
f. 층

□ tejado 떼하도
m. 지붕

□ chimenea 치메네아
f. 굴뚝

□ techo 떼초
m. 천장

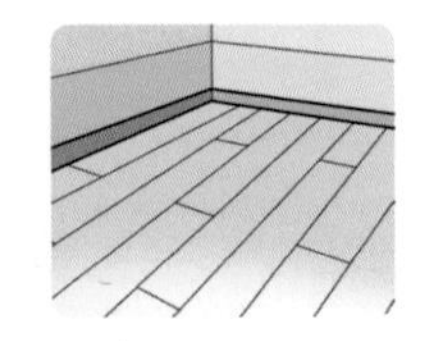

□ suelo 쑤엘로
m. 바닥

□ pared 빠렌
m. 벽

□ sala 쌀라
f. 응접실

□ mueble 무에블레
m. 가구

□ sofá 쏘파
m. 소파

□ mesa 메사
f. 탁자, 책상; 식탁

□ silla 씨야
f. 의자

□ televisión 뗄레비시온
f. 텔레비전

□ cama 까마
f. 침대

□ armario 아르마리오
m. 옷장, 장롱

□ cajón 까혼
m. 서랍

□ estantería 에스딴떼리아
f. 선반

□ espejo 에스뻬호
m. 거울

□ lámpara 람빠라
f. 램프, 전등

□ comedor 꼬메도르
m. 식사하는 곳, 식당

□ cocina 꼬씨나
f. 부엌

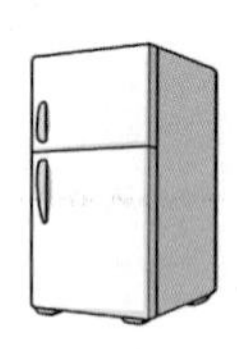

□ frigorífico 프리고리피꼬 m.
= nevera 네베라 f.
냉장고

□ horno 오르노
m. 오븐

□ cocina de gas
꼬씨나 데 가쓰
가스 레인지

□ cocina eléctrica
꼬씨나 엘렉뜨리까
전기 레인지

□ batidora 바띠도라
f. 믹서

□ tostadora 또스따도라
f. 토스터

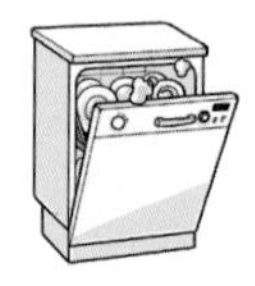

□ lavavajillas 라바바히야쓰
m. 식기세척기

□ fregadero 프레가데로
m. 싱크대

□ baño 바뇨
m. 욕실; 화장실

□ bañera 바녜라
f. 욕조

□ bañar 바냐르
v. 목욕하다

□ ducha 두차
f. 샤워실

□ duchar 두차르
v. 샤워하다

□ alcachofa de la ducha
알까초파 데 라 두차
샤워꼭지, 샤워기

□ lavarse la cara
라바르세 라 까라
세수하다, 얼굴을 씻다

□ lavabo 라바보
m. 세면대

□ grifo 그리포
m. 수도꼭지

□ jabón 하본
m. 비누

□ váter 바떼르
m. 변기

□ basura 바수라
f. 휴지통

□ limpiar 림삐아르
v. 청소하다

□ lavar 라바르
v. 씻다; 세탁하다

□ lavadora 라바도라
f. 세탁기

□ barrer 바레르
v. 쓸다, 빗질하다

□ aspiradora
아스삐라도라
f. 청소기

□ sacudir 싸꾸디르
v. 털다

□ casa 까사 f. 집

He aparcado delante de la casa.
에 아빠르까도 델란떼 데 라 까사
나는 집 앞에 주차했다.

□ habitación 아비따씨온 f. 방

□ sala 쌀라 f. 응접실

□ salón 쌀론 m. 거실

□ comedor 꼬메도르 m. 식사하는 곳, 식당

□ baño 바뇨 m. 욕실; 화장실

El baño está al lado de la habitación.
엘 바뇨 에스따 알 라도 데 라 아비따씨온
화장실은 방 옆에 있다.

□ puerta 뿌에르따 f. 문

□ entrada 엔뜨라다 f. 출입구, 현관

□ llave 야베 f. 열쇠

¿Dónde está la llave de casa?
돈데 에스따 라 야베 데 까사?
집 열쇠가 어디 있지?

□ ventana 벤따나 f. 창문

□ abrir 아브리르 v. 열다

□ cerrar 쎄라르 v. 닫다

Por favor, ¿podrías cerrar la ventana?
뽀르 파보르, 뽀드리아쓰 쎄라르 라 벤따나?
창문 좀 닫아 줄 수 있나요?

□ timbre 띰브레 m. 초인종

□ jardín 하르딘 m. 정원

□ patio 빠띠오 m. 마당, 안뜰

□ valla 바야 f. 울타리

□ planta 쁠란따 f. 층

□ escalera 에스깔레라 f. 계단

□ ascensor 아스쎈소르 m. 엘리베이터

No hay ascensor en este edificio.
노 아이 아스쎈소르 엔 에스떼 에디피씨오
이 건물에는 엘리베이터가 없다.

□ ático 아띠꼬 m. 건물의 맨 꼭대기 층

tip. 아파트 ático의 경우, 전망이 좋고 다른 층보다 더 비쌉니다.

□ buhardilla 부아르디야 f. 다락방(주택의 맨 윗층으로 구역이 나뉘지 않은 공간)
= desván 데스반 m. 다락방(창고형)

□ sótano 쏘따노 m. 지하실(주택의 맨 아랫층)

□ almacén 알마쎈 m. 창고

□ tejado 떼하도 m. 지붕

□ chimenea 치메네아 f. 굴뚝

Papa Noel entra y sale por la chimenea.
빠빠 노엘 엔뜨라 이 쌀레 뽀르 라 치메네아
산타 할아버지는 굴뚝을 통해 들어오고 나간다.

□ techo 떼초 m. 천장

□ suelo 쑤엘로 m. 바닥

□ pared 빠렏 m. 벽

Es como hablar con la pared.
에쓰 꼬모 아블라르 꼰 라 빠렏
마치 벽과 얘기하는 것 같다.

□ mueble 무에블레 m. 가구

□ sofá 쏘파 m. 소파

□ sillón 씨욘 m. 팔걸이 의자, 안락의자

□ silla 씨야 f. 의자

□ mesa 메사 f. 탁자, 책상; 식탁

□ cortina 꼬르띠나 f. 커튼

□ televisión 뗄레비시온 f. 텔레비전

tip. tele 뗄레는 televisión의 약어입니다.

□ cama 까마 f. 침대
- □ cuna 꾸나 f. 아기 침대
- □ catre 까뜨레 m. (1인용 접을 수 있는) 간이 침대
- □ cama doble 까마 도블레 더블 침대
- □ cama individual 까마 인디비두알 싱글 침대
- □ cama plegable 까마 쁠레가블레 접이식 침대

Rosario quiere cambiar su cama plegable.
로사리오 끼에레 깜비아르 쑤 까마 쁠레가블레
로사리오는 그녀의 접이식 침대를 바꾸고 싶어 한다.

□ armario 아르마리오 m. 옷장, 장롱

□ escaparate 에스까빠라떼 m. 장식장, 진열장

□ cajón 까혼 m. 서랍

No puedo abrir el cajón.
노 뿌에도 아브리르 엘 까혼
서랍을 열 수가 없다.

□ estantería 에스딴떼리아 f. 선반

□ espejo 에스뻬호 m. 거울

□ lámpara 람빠라 f. 램프, 전등

□ percha 뻬르차 f. 옷걸이

□ cocina 꼬씨나 f. 부엌

□ frigorífico 프리고리피꼬 m. 냉장고
= nevera 네베라 f.

□ congelador 꽁헬라도르 m. 냉동고

□ cocina de gas 꼬씨나 데 가쓰 가스 레인지

□ cocina eléctrica 꼬씨나 엘렉뜨리까 전기 레인지

□ vitrocerámica 비뜨로쎄라미까 f. 비트로 세라믹

□ inducción 인둑씨온 f. 인덕션

tip. 전기 레인지와 비트로 세라믹은 가열 방식은 동일하나 전기 레인지는 전기판을 이용해 비용이 저렴한 반면 청소가 어렵습니다. 반면 비트로 세라믹은 세라믹판을 이용해 청소가 용이합니다. 두 가지 모두 가열할 때 인덕션보다는 시간이 더 걸립니다. 인덕션은 외관상 비트로 세라믹과 동일하나 가격이 두 배 정도 비싸며, 전자기장이 통하는 재질의 냄비들만 사용이 가능한 반면, 빠르게 가열되어 조리 시간을 줄일 수 있다는 장점과 우수한 안전성으로 스페인에서 사용자가 많아지는 추세입니다.

□ microondas 미끄로온다쓰 m. 전자 레인지

□ horno 오르노 m. 오븐

□ batidora 바띠도라 f. 믹서

□ tostadora 또스따도라 f. 토스터

□ lavavajillas 라바바히야쓰 m. 식기세척기

□ fregadero 프레가데로 m. 싱크대

□ alcachofa de la ducha 알까초파 데 라 두차 샤워꼭지, 샤워기

tip. 샤워꼭지와 모양이 비슷한 채소 alcachofa(아티초크)에 빗대어 샤워꼭지 또는 샤워기를 alcachofa de la ducha(샤워의 아티초크)라고 합니다.

□ bañera 바녜라 f. 욕조

□ bañar 바냐르 v. 목욕하다

□ duchar 두차르 v. 샤워하다

Me voy a duchar. (= Voy a ducharme.)
메 보이 아 두차르. (보이 아 두차르메)
나는 샤워를 할 예정이다.

□ lavar 라바르 v. 씻다; 세탁하다
- □ lavarse la cara 라바르세 라 까라 세수하다, 얼굴을 씻다
- □ lavadora 라바도라 f. 세탁기

□ lavabo 라바보 m. 세면대

□ grifo 그리포 m. 수도꼭지

□ jabón 하본 m. 비누

□ servicio 쎄르비씨오 m. 공중 화장실; 서비스
= aseo 아쎄오 m. 화장실

tip. baño는 보통 욕조, 샤워기 등까지 있는 화장실을 말하며 aseo는 변기, 세면대 정도만 있는 화장실을 말합니다. 공중 화장실은 대부분 servicio 혹은 aseo라고 합니다.

□ váter 바떼르 m. 변기

□ basura 바수라 f. 휴지통

□ limpiar 림삐아르 v. 청소하다

Mi mujer está limpiando la casa.
미 무헤르 에스따 림삐안도 라 까사
내 아내는 집 청소 중이다.

□ fregar 프레가르 v. 설거지하다

□ secar 쎄까르 v. (물기를) 말리다

□ sacudir 싸꾸디르 v. 털다

□ barrer 바레르 v. 쓸다, 빗질하다

□ aspiradora 아스삐라도라 f. 청소기

10. 설거지

꼭! 써먹는 **실전 회화**

Julia Javier, ¿pordrías fregar los platos?
하비에르, 뽀드리아쓰 프레가르 로쓰 쁠라또쓰?
하비에르, 접시 좀 닦아 줄 수 있어?

Javier ¡No! Hoy he limpiado todas las habitaciones y tambíen los baños.
노! 오이 에 림삐아도 또다쓰 라쓰 아비따씨오네쓰 이 땀비엔 로쓰 바뇨쓰
아니! 오늘 나 모든 방과 화장실 청소를 했어.

Julia Sí, pero tengo que salir ya. Por favor, ¿me ayudas por última vez?
씨, 뻬로 뗑고 께 쌀리르 야. 뽀르 파보르, 메 아유다쓰 뽀르 울띠마 베쓰?
응, 하지만 나 지금 나가야 돼. 마지막으로 나를 도와줄 수 있을까?

Javier Vale, pero solo esta vez.
발레, 뻬로 쏠로 에스따 베쓰
알겠어, 하지만 이번 한 번뿐이야.

Unidad 11.

 Vestimenta 베스띠멘따

□ ropa 로빠
f. 옷

□ vestirse 베스띠르세
v. 옷을 입다

□ quitarse (la ropa)
끼따르세 (라 로빠)
(옷을) 벗다

□ pantalón 빤딸론,
pl. pantalones 빤딸로네쓰
m. 바지(주로 복수형)

□ pantalón corto
빤딸론 꼬르또
반바지

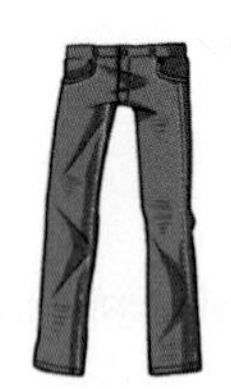

□ vaquero 바께로,
pl. vaqueros 바께로쓰
m. 청바지(주로 복수형)

□ traje 뜨라헤
m. 양복

□ camisa 까미사
f. 셔츠, 와이셔츠

□ camiseta 까미세따
f. 티셔츠

□ chaqueta 차께따
f. 재킷, 점퍼

□ chaqueta acolchada
차께따 아꼴차다 패딩

□ cazadora 까사도라
f. 점퍼

□ jersey 헤르세이
m. 스웨터

□ jersey de cuello alto
헤르세이 데 꾸에요 알또
터틀넥 스웨터

□ abrigo 아브리고
m. 코트

□ blusa 블루사
f. 블라우스

□ falda 팔다
f. 치마

□ minifalda 미니팔다
f. 미니스커트

□ vestido 베스띠도
m. 원피스

□ ropa interior
로빠 인떼리오르 속옷

□ lencería 렌쎄리아
f. 란제리, 여성 속옷

□ pijama 삐하마
m. 잠옷, 파자마

□ bañador 바냐도르
m. 수영복

□ ropa deportiva
로빠 데뽀르띠바 운동복

□ impermeable
임뻬르메아블레
m. 우비 adj. 방수의

□ bufanda 부판다
f. 목도리

□ pañuelo 빠뉴엘로
m. 스카프

□ chal 찰 m. 숄

□ cinturón 씬뚜론
m. 허리띠, 벨트

□ guante 구안떼,
pl. guantes 구안떼쓰
m. 장갑(주로 복수형)

□ gorra 고라
f. (앞 부분만 챙이 있는) 모자, 야구 모자

□ sombrero 쏨브레로
m. (챙이 둥글게 둘러진) 모자

□ corbata 꼬르바따
f. 넥타이

□ calcetín 깔쎄띤,
pl. calcetines 깔쎄띠네쓰
m. 양말(주로 복수형)

□ zapato 싸빠또,
pl. zapatos 싸빠또쓰
m. 신발(주로 복수형)

□ zapatilla 싸빠띠야,
pl. zapatillas 싸빠띠야쓰
f. 구두(주로 복수형)

□ sandalia 싼달리아,
pl. sandalias 싼달리아쓰
f. 샌들(주로 복수형)

□ chancleta 창끌레따,
pl. chancletas 창끌레따쓰
f. 슬리퍼(주로 복수형)

□ gafas 가파쓰
f. 안경

□ gafas de sol
가파쓰 데 쏠 선글라스

□ bolso 볼소
m. 가방

□ bolso de mano
볼소 데 마노 토트백

□ mochila 모칠라
f. 백팩, 배낭, 책가방

□ maleta 말레따
f. 트렁크, 캐리어

□ cartera 까르떼라
f. 지갑

□ joya 호야 f. 보석, 귀금속

□ bisutería 비수떼리아
f. 장신구, 액세서리

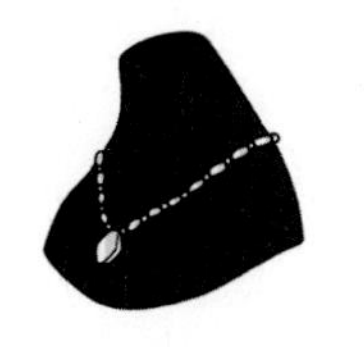

□ colgante 꼴간떼
= collar 꼬야르
m. 목걸이

□ pulsera 뿔세라
f. 팔찌

□ pendiente 뻰디엔떼
m. 귀걸이

□ anillo 아니요
m. 반지

□ vestimenta 베스띠멘따 f. 의류, 의복

□ ropa 로빠 f. 옷

□ llevar 예바르 v. 옷을 입다, 착용하다, 신다
= vestir 베스띠르
= vestirse 베스띠르세
= ponerse 뽀네르세
□ poner 뽀네르 v. 옷을 입혀주다

tip. '입다'의 의미로 가장 많이 쓰이는 단어는 llevar로 '지금 무엇을 입고 있는 상태'를 말합니다.
vestir는 옷의 색상이나 스타일 등을 표현할 때 주로 사용합니다.
vestirse는 옷을 입는 과정을 뜻하며, 바지나 치마 등의 목적어가 필요하지 않습니다.
재귀 동사 ponerse는 '~을 입는 행위'를 말하며, '~을' 의미하는 목적어가 필요합니다.
일반 동사 poner는 타인에게 옷을 입혀 주는 행위를 말합니다.

- María es quien <u>lleva</u> una falda corta. 마리아 에쓰 끼엔 예바 우나 팔다 꼬르따
마리아는 짧은 치마를 <u>입고 있는</u> 사람이다.
- Santiago <u>viste</u> siempre a la moda. 싼띠아고 비스떼 씨엠쁘레 아 라 모다
산티아고는 항상 유행에 따라 옷을 <u>입는다</u>.
- Mi hijo ya se <u>viste</u> solo. 미 이호 야 쎄 비스떼 쏠로 우리 아들은 이제 스스로 <u>옷을 입는다</u>.
- Me <u>pongo</u> el uniforme antes de ir a trabajar.
메 뽕고 엘 우니포르메 안떼쓰 데 이르 아 뜨라바하르 나는 일 하러가기 전에 유니폼을 <u>입는다</u>.
- Voy a <u>poner</u> el vestido azul a la niña. 보이 아 뽀네르 엘 베스띠도 아쑬 아 라 니냐
애한테 파란색 원피스 <u>입혀야겠다</u>.

□ quitarse (la ropa) 끼따르세 (라 로빠) (옷을) 벗다

□ pantalón 빤딸론, pl. pantalones 빤딸로네쓰 m. 바지(주로 복수형)
□ pantalón corto 빤딸론 꼬르또 반바지

□ vaquero 바께로, pl. vaqueros 바께로쓰 m. 청바지(주로 복수형)

□ traje 뜨라헤 m. 양복
□ camisa 까미사 f. 셔츠, 와이셔츠

He comprado dos camisas nuevas para el invierno.
에 꼼쁘라도 도쓰 까미사쓰 누에바쓰 빠라 엘 임비에르노
나는 겨울맞이 새 셔츠를 2장 샀다.

□ manga 망가 f. 소매

□ camiseta 까미세따 f. 티셔츠
- □ camiseta de manga larga 까미세따 데 망가 라르가 긴팔 티셔츠
- □ camiseta de manga corta 까미세따 데 망가 꼬르따 반팔 티셔츠
- □ camiseta sin mangas 까미세따 씬 망가쓰 민소매 티셔츠

□ blusa 블루사 f. 블라우스

□ jersey 헤르세이 m. 스웨터
- □ jersey de cuello alto 헤르세이 데 꾸에요 알또 터틀넥 스웨터
- □ jersey de caja 헤르세이 데 까하 라운드넥 스웨터
- □ jersey de lana 헤르세이 데 라나 양모 스웨터(털 스웨터)

□ rebeca 레베까 f. 카디건

□ chaleco 찰레꼬 m. 조끼

□ chaqueta 차께따 f. 재킷, 점퍼
- □ chaqueta de cuero 차께따 데 꾸에로 가죽 재킷
- □ chaqueta acolchada 차께따 아꼴차다 패딩
- □ cazadora 까사도라 f. 점퍼

□ abrigo 아브리고 m. 코트

□ falda 팔다 f. 치마
- □ minifalda 미니팔다 f. 미니스커트
- □ falda plisada 팔다 쁠리사다 주름치마
- □ vestido 베스띠도 m. 원피스
- □ vestido de novia 베스띠도 데 노비아 웨딩드레스
- □ vestido de fiesta 베스띠도 데 피에스따 파티 드레스

¿Cómo me queda este vestido?
꼬모 메 께다 에스떼 베스띠도?
이 원피스가 나에게 어울리니?

□ ropa interior 로빠 인떼리오르 속옷

□ lencería 렌쎄리아 f. 란제리, 여성 속옷

□ pijama 삐하마 m. 잠옷, 파자마

□ bañador 바냐도르 m. 수영복

□ bikini 비끼니 m. 비키니 수영복

□ ropa deportiva 로빠 데뽀르띠바 운동복

□ chándal 찬달 m. 트레이닝복, 상하 운동복

Los niños deben llevar el chándal en clase.
로쓰 니뇨쓰 데벤 예바르 엘 찬달 엔 끌라세
아이들은 수업에 반드시 트레이닝복을 입고 와야 한다.

□ impermeable 임뻬르메아블레 m. 우비 adj. 방수의

□ bufanda 부판다 f. 목도리

Una bufanda protege del frío más que un pañuelo.
우나 부판다 쁘로떼헤 델 프리오 마쓰 께 운 빠뉴엘로
목도리는 스카프보다 추위를 더 막아 준다.

□ pañuelo 빠뉴엘로 m. 스카프

□ chal 찰 m. 숄

□ tirantes 띠란떼쓰 m. 멜빵

□ cinturón 씬뚜론 m. 허리띠, 벨트

□ guante 구안떼, pl. guantes 구안떼쓰 m. 장갑(주로 복수형)

□ gorra 고라 f. (앞 부분만 챙이 있는) 모자, 야구 모자

□ gorro 고로 m. (챙이 없는) 모자, 비니

□ sombrero 쏨브레로 m. (챙이 둥글게 둘러진) 모자

□ corbata 꼬르바따 f. 넥타이

□ calcetín 깔쎄띤, pl. calcetines 깔쎄띠네쓰 m. 양말(주로 복수형)
  □ leotardos 레오따르도쓰 m. 타이즈(주로 면으로 된 아동용 스타킹)
  □ medias 메디아쓰 f. 스타킹
  □ leggings 레깅쓰 m. 레깅스(발목까지 오는 것)

□ zapato 싸빠또, pl. zapatos 싸빠또쓰 m. 신발(주로 복수형)
  □ zapato deportivo 싸빠또 데뽀르띠보,
  pl. zapatos deportivos 싸빠또쓰 데뽀르띠보쓰 운동화(주로 복수형)
  □ zapato plano 싸빠또 쁠라노,
  pl. zapatos planos 싸빠또쓰 쁠라노쓰 단화(주로 복수형)

□ zapatilla 싸빠띠야, pl. zapatillas 싸빠띠야쓰 f. 구두(주로 복수형)
  □ zapatilla de estar por casa 싸빠띠야 데 에스따르 뽀르 까사,
  pl. zapatillas de casa 싸빠띠야쓰 데 까사 실내화(주로 복수형)

□ bota 보따, pl. botas 보따쓰 f. 부츠(주로 복수형)
  □ botín 보띤, pl. botines 보띠네쓰 m. 부띠(앵클 부츠)(주로 복수형)
  □ tacón 따꼰, pl. tacones 따꼬네쓰 m. 하이힐(주로 복수형)

□ sandalia 싼달리아, pl. sandalias 싼달리아쓰 f. 샌들(주로 복수형)

□ chancleta 창끌레따, pl. chancletas 창끌레따쓰 f. 슬리퍼(주로 복수형)

□ gafas 가파쓰 f. 안경
  □ gafas de sol 가파쓰 데 쏠 선글라스

  En España, las gafas de sol son imprescindibles en verano.
  엔 에스빠냐, 라쓰 가파쓰 데 쏠 쏜 임쁘레스씬디블레쓰 엔 베라노
  스페인에서 선글라스는 여름에 필수품이다.

□ bolso 볼소 m. 가방
  □ bolso de mano 볼소 데 마노 토트백(손잡이가 짧은 가방)
  □ bolso de hombro 볼소 데 옴브로 숄더백
  □ bolso tipo sobre 볼소 띠뽀 쏘브레 클러치백

□ mochila 모칠라 f. 백팩, 배낭, 책가방(등에 메는 가방)

□ maleta 말레따 f. 트렁크, 캐리어

□ cartera 까르떼라 f. 지갑

□ billetera 비예떼라 f. (지폐와 카드만 넣을 수 있는 남성용) 지갑

□ joya 호야 f. 보석, 귀금속

tip. 진짜 보석은 joya, 큐빅 등 가짜 보석으로 만들어진 장신구는 bisutería입니다.

□ bisutería 비수떼리아 f. 장신구, 액세서리

□ colgante 꼴간떼 m. 목걸이

= collar 꼬야르 m.

tip. colgante는 펜던트가 달린 목걸이, collar는 줄 전체에 진주가 달린 진주 목걸이와 같이 따로 펜던트를 끼고 뺄 수 없는 디자인의 목걸이입니다.

□ pulsera 뿔세라 f. 팔찌

□ pendiente 뻰디엔떼 m. 귀걸이

En España, existe la tradición de poner pendientes en la orejas de los bebés al poco tiempo de nacer.
엔 에스빠냐, 엑씨스떼 라 뜨라디씨온 데 뽀네르 뻰디엔떼쓰 엔 라 오레하쓰 데 로쓰 베베쓰 알 뽀꼬 띠엠뽀 데 나쎄르
스페인에는 갓 태어난 아기의 귀를 뚫어 귀걸이를 하는 전통이 있다.

□ anillo 아니요 m. 반지

□ broche 브로체 m. 브로치

□ alfiler 알필레르 m. 핀

tip. alfiler는 보통 끝에 장식이 달린 긴 막대 모양 장신구로 스카프, 카디건 등을 고정합니다.

□ tendencia 뗀덴씨아 f. 경향, 추세

□ moda 모다 f. 유행, 패션

□ de moda 데 모다 유행의

□ pasado de moda 빠사도 데 모다 유행이 지난

□ cuello 꾸에요 m. 옷깃, 목

□ bolsillo 볼씨요 m. 호주머니

□ cremallera 끄레마예라 f. 지퍼

□ seda 쎄다 f. 비단, 실크

- □ algodón 알고돈 m. 면
- □ lana 라나 f. 모직, 양모
- □ fibra sintética 피브라 씬떼띠까 합성 섬유
- □ cuero 꾸에로 m. 가죽, 피혁

□ raya 라야 f. 선, 줄

□ cuadrado(a) 꾸아드라도(다) adj. 격자무늬의, 체크무늬의

□ bordar 보르다르 v. 수를 놓다

- □ bordado 보르다도 m. 자수
- □ bordado(a) 보르다도(다) adj. 자수를 놓은

11. 스웨터

꼭! 써먹는 **실전 회화**

Juan Necesito comprar ropa antes de que llegue el invierno.
네쎄시또 꼼쁘라르 로빠 안떼쓰 데 께 예게 엘 임비에르노
겨울이 오기 전에 옷을 사야 돼.

Javier ¿Estás buscando algo en especial?
에스따쓰 부스깐도 알고 엔 에스뻬씨알?
뭐 특별하게 찾는 거라도 있니?

Juan Quiero un jersey de lana.
끼에로 운 헤르세이 데 라나
털로 된 스웨터를 원해.

Javier Entonces, ¿vamos de compras juntos?
엔똔쎄쓰, 바모쓰 데 꼼쁘라쓰 훈또쓰?
그러면 쇼핑 같이 가 줄까?

Unidad 12.

음식 Comidas 꼬미다쓰

□ comida 꼬미다
f. 음식, 식사

□ carne 까르네
f. 고기

□ carne de ternera
까르네 데 떼르네라
쇠고기

□ carne de cerdo
까르네 데 쎄르도
돼지고기

□ carne de pollo
까르네 데 뽀요
닭고기

□ carne de cordero
까르네 데 꼬르데로
양고기

□ pasta 빠스따
f. 파스타

□ harina 아리나
f. 밀가루

□ arroz 아르로쓰
m. 쌀

□ calamar 낄라마르
m. 오징어

□ pulpo 뿔뽀
m. 문어

□ gamba 감바
f. 새우

□ almeja 알메하
f. 조개

□ pescado 뻬스까도
m. 생선

□ salmón 쌀몬
m. 연어

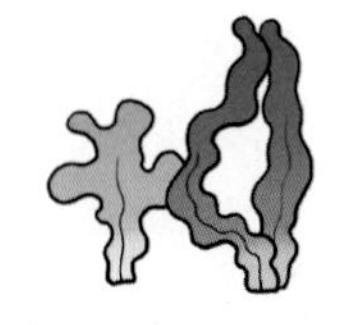

□ alga 알가
f. 해초, 김

□ legumbre 레굼브레
f. 콩류

□ verdura 베르두라
f. 채소

□ cebolla 쎄보야
f. 양파

□ ajo 아호
m. 마늘

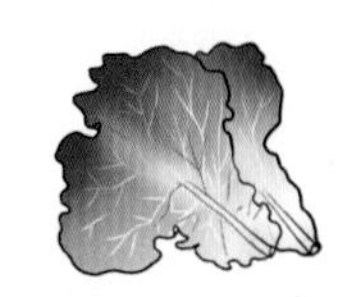

□ lechuga 레추가
f. 상추

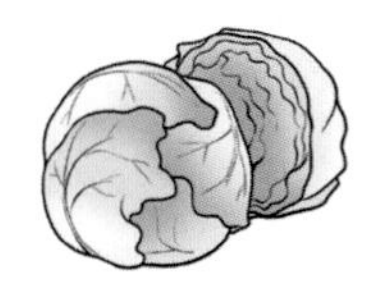

□ repollo 레뽀요
m. 양배추

□ espinaca 에스삐나까
f. 시금치

□ seta 쎄따
f. 버섯

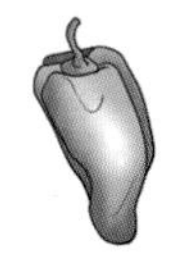

□ pimiento 삐미엔또
m. 피망

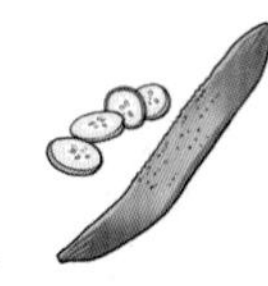

□ pepino 뻬삐노
m. 오이

□ berenjena 베렝헤나
f. 가지

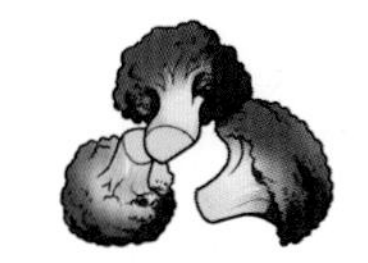

□ brócoli 브로꼴리
m. 브로콜리

□ tomate 또마떼
m. 토마토

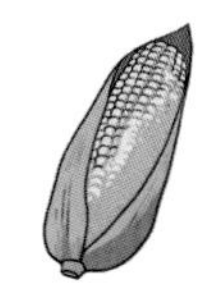

□ maíz 마이쓰
m. 옥수수

□ fruta 프루따
f. 과일

□ fresa 프레사
f. 딸기

□ frambuesa 프람부에사
f. 산딸기

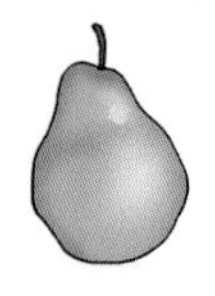

□ uva 우바
f. 포도

□ manzana 만싸나
f. 사과

□ pera 뻬라
f. 배

□ naranja 나랑하
f. 오렌지

□ mandarina 만다리나
f. 귤

□ melocotón 멜로꼬똔
m. 복숭아

□ plátano 쁠라따노
m. 바나나

□ sandía 싼디아
f. 수박

□ melón 멜론
m. 멜론

□ cereza 쎄레싸
f. 체리

□ mango 망고
m. 망고

□ albaricoque 알바리꼬께
m. 살구

□ limón 리몬
m. 레몬

□ lima 리마
f. 라임

□ piña 삐냐
f. 파인애플

□ refresco 레프레스꼬
m. 음료

□ agua 아구아
f. 물

□ leche 레체
f. 우유

□ sal 쌀
f. 소금

□ azúcar 아수까르
f. 설탕

□ pimienta 삐미엔따
f. 후추

□ cocinar 꼬씨나르
v. 요리하다

□ cortar 꼬르따르
v. 자르다

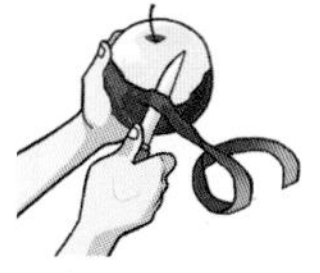

□ pelar 뻴라르
v. 껍질을 벗기다

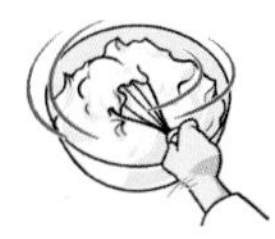

□ mezclar 메쓰끌라르
v. 섞다

□ freír 프레이르
v. 튀기다, 프라이하다

□ asar 아싸르
v. 굽다

□ hervir 에르비르
v. 데치다, 삶다

□ cuchillo 꾸치요
m. 칼

□ sartén 싸르뗀
f. 프라이팬

□ cacerola 까쎄롤라
f. 냄비

□ plato 쁠라또
m. 접시

□ bandeja 반데하
f. 쟁반

□ comida 꼬미다 f. 음식, 식사

¿Te gusta la comida española?
떼 구스따 라 꼬미다 에스빠뇰라?
너 스페인 음식 좋아하니?

□ carne 까르네 f. 고기

□ carne de ternera 까르네 데 떼르네라 쇠고기
□ carne de cerdo 까르네 데 쎄르도 돼지고기
□ carne de pollo 까르네 데 뽀요 닭고기
□ carne de cordero 까르네 데 꼬르데로 양고기

□ pasta 빠스따 f. 파스타

La pasta es muy fácil de hacer.
라 빠스따 에쓰 무이 파씰 데 아쎄르
파스타는 만들기 매우 쉬워요.

□ harina 아리나 f. 밀가루

□ arroz 아르로쓰 m. 쌀

□ calamar 깔라마르 m. 오징어

□ chipirón 치삐론 m. 꼴뚜기

□ pulpo 뿔뽀 m. 문어

Si quieres comer el mejor pulpo de España, tienes que ir a Galicia.
씨 끼에레쓰 꼬메르 엘 메호르 뿔뽀 데 에스빠냐, 띠에네쓰 께 이르 아 갈리씨아
스페인에서 최고의 문어를 먹고 싶다면 갈리시아에 가야 한다.

□ gamba 감바 f. 새우
= langostino 랑고스띠노 m. (가재류에 속하는) 새우

tip. langostino는 gamba보다 크기가 크며, gamba보다 훨씬 부드러운 맛을 냅니다.

□ gambón 감본 m. 왕새우

☐ almeja 알메하 f. 조개

☐ ostra 오스뜨라 f. 굴

☐ pescado 뻬스까도 m. 생선

☐ anchoa 안초아 f. 멸치류

☐ salmón 쌀몬 m. 연어

☐ atún 아뚠 m. 참치

☐ bacalao 바깔라오 m. 대구

☐ alga 알가 f. 해초, 김

☐ legumbre 레굼브레 f. 콩류

  ☐ guisante 기산떼 m. 완두콩
  ☐ judía 후디아 f. 강낭콩

  A los niños no les gustan las legumbres.
  아 로쓰 니뇨쓰 노 레쓰 구스딴 라쓰 레굼브레쓰
  아이들은 콩을 좋아하지 않는다.

☐ verdura 베르두라 f. 채소

☐ cebolla 쎄보야 f. 양파

  ¿Por qué salen lagrimas de nuestros ojos al cortar cebolla?
  뽀르 께 쌀렌 라그리마쓰 데 누에스뜨로쓰 오호쓰 알 꼬르따르 쎄보야?
  왜 양파를 썰면 눈물이 나오는 걸까?

☐ ajo 아호 m. 마늘

☐ lechuga 레추가 f. 상추

☐ repollo 레뽀요 m. 양배추

□ espinaca 에스삐나까 f. 시금치

□ espárrago 에스빠르라고 m. 아스파라거스

□ apio 아삐오 m. 셀러리

□ aceituna 아쎄이뚜나 f. 올리브

El 80% de la producción de aceituna de mesa española es andaluza.
엘 오첸따 뽀르 씨엔또 데 라 쁘로둑씨온 데 아쎄이뚜나 데 메사 에스빠뇰라 에쓰 안달루싸
약 80%의 스페인 식탁의 올리브는 안달루시아 제품이다.

□ tomate 또마떼 m. 토마토

□ guindilla 긴디야 f. 매운 고추

□ pimienta 삐미엔따 f. 후추

□ patata 빠따따 f. 감자

Me gustan las patatas fritas.
메 구스딴 라쓰 빠따따쓰 프리따쓰
나는 감자튀김을 좋아해.

□ seta 쎄따 f. 버섯

□ champiñón 참삐뇬 m. 양송이

□ pimiento 삐미엔또 m. 피망

□ pepino 뻬삐노 m. 오이

□ berenjena 베렝헤나 f. 가지

□ coliflor 꼴리플로르 f. 콜리플라워

□ brócoli 브로꼴리 m. 브로콜리

□ zanahoria 싸나오리아 f. 당근

□ maíz 마이쓰 m. 옥수수

□ fruta 프루따 f. 과일

□ mora 모라 f. 블랙베리

□ frambuesa 프람부에사 f. 산딸기

La mermelada de frambuesa es una de mis favoritas.
라 메르멜라다 데 프람부에사 에쓰 우나 데 미쓰 파보리따쓰
산딸기 잼은 내가 제일 좋아하는 것 중 하나이다.

□ fresa 프레사 f. 딸기

□ manzana 만싸나 f. 사과

□ pera 뻬라 f. 배

□ naranja 나랑하 f. 오렌지

□ mandarina 만다리나 f. 귤

□ uva 우바 f. 포도

Los españoles comen uvas en Nochevieja.
로쓰 에스빠뇰레쓰 꼬멘 우바쓰 엔 노체비에하
스페인 사람들은 새해 첫날 자정에 포도를 먹는다.

□ melocotón 멜로꼬똔 m. 복숭아

□ plátano 쁠라따노 m. 바나나
= banana 바나나 f.

□ sandía 싼디아 f. 수박

□ melón 멜론 m. 멜론

□ cereza 쎄레싸 f. 체리

□ mango 망고 m. 망고

□ albaricoque 알바리꼬께 m. 살구

□ limón 리몬 m. 레몬

□ lima 리마 f. 라임

□ higo 이고 m. 무화과

□ aguacate 아구아까떼 m. 아보카도

□ piña 삐냐 f. 파인애플

□ refresco 레프레스꼬 m. 음료

□ agua 아구아 f. 물

□ botella 보떼야 f. 병

Dame una botella de agua.
다메 우나 보떼야 데 아구아
물 한 병 주세요.

□ leche 레체 f. 우유

□ vino 비노 m. 와인

□ especia 에스뻬씨아 f. 양념

□ sal 쌀 f. 소금

Sin sal, por favor.
씬 쌀, 뽀르 파보르
소금은 빼 주세요.

□ azúcar 아수까르 f. 설탕

□ vinagre 비나그레 m. 식초

□ salsa de soja 쌀사 데 쏘하 간장

□ aceite 아쎄이떼 m. 기름, 식용유
- □ aceite animal 아쎄이떼 아니말 동물성 기름
- □ aceite vegetal 아쎄이떼 베헤딸 식물성 기름
- □ aceite de oliva 아쎄이떼 데 올리바 올리브유

□ mayonesa 마요네사 f. 마요네즈

□ mostaza 모스따싸 f. 겨자, 머스터드

□ ketchup 켓춥 m. 케첩

□ miel 미엘 f. 꿀

□ mermelada 메르멜라다 f. 잼

□ mantequilla 만떼끼야 f. 버터

□ cocinar 꼬씨나르 v. 요리하다

Quiero aprender a cocinar.
끼에로 아쁘렌데르 아 꼬씨나르
나는 요리를 배우고 싶다.

□ receta 레쎄따 f. 요리법, 레시피

□ pelar 뻴라르 v. 껍질을 벗기다

□ cortar 꼬르따르 v. 자르다

□ picar 삐까르 v. 잘게 썰다; 음식을 가볍게 먹다

□ mezclar 메쓰끌라르 v. 섞다

□ verter 베르떼르 v. 붓다

□ freír 프레이르 v. 튀기다, 프라이하다

□ asar 아싸르 v. 굽다

La carne está bien asada.
라 까르네 에스따 비엔 아사다
고기가 잘 구워졌다.

□ hervir 에르비르 v. 데치다, 삶다

□ calentar 깔렌따르 v. 데우다, 뜨겁게 하다

□ quemar 께마르 v. 태우다

□ precalentar 쁘레깔렌따르 v. 예열하다

Precalentar el horno es uno de los pasos más importantes al cocinar.
쁘레깔렌따르 엘 오르노 에쓰 우노 데 로쓰 빠소쓰 마쓰 임뽀르딴떼쓰 알 꼬씨나르
오븐을 예열하는 것은 요리의 중요한 과정 중 하나이다.

□ congelar 꽁헬라르 v. 얼리다, 냉동시키다

□ descongelar 데스꽁헬라르 v. 해동시키다

□ ablandar 아블란다르 v. 연하게 하다, 부드럽게 하다

□ cuchillo 꾸치요 m. 칼

□ sacacorchos 싸까꼬르초쓰 m. (나선 모양의) 코르크 병따개

□ tabla de cortar 따블라 데 꼬르따르 도마

□ cucharón 꾸차론 m. 국자

□ sartén 싸르뗀 f. 프라이팬

Mi sartén está quemada. Necesito comprar una nueva.
미 싸르뗀 에스따 께마다. 네쎄시또 꼼쁘라르 우나 누에바
내 프라이팬이 탔어. 새것 하나가 필요해.

□ cacerola 까쎄롤라 f. 냄비

□ tazón 따쏜 m. 대접, 사발

□ cubierto 꾸비에르또 m. 식기

Por favor, coloca los cubiertos.
뽀르 파보르, 꼴로까 로쓰 꾸비에르또쓰
식기를 놓아 주렴.

tip. 식사 도구인 각종 포크와 나이프, 스푼 일체를 가리킵니다.

□ preparar la mesa 쁘레빠라르 라 메사 식탁을 차리다, 식사 준비를 하다

□ plato 쁠라또 m. 접시

□ bandeja 반데하 f. 쟁반

12. 저녁 메뉴

꼭! 써먹는 **실전 회화**

Javier ¿Qué hay de cenar?
께 아이 데 쎄나르?
저녁은 뭐야?

Julia Todavía no he preparado nada.
¿Vamos a comer una pizza congelada?
또다비아 노 에 쁘레빠라도 나다. 바모쓰 아 꼬메르 우나 삐싸 꽁헬라다?
아직 준비 안했어. 냉동 피자 먹을까?

Javier No me apetece mucho. ¿Qué hay en frigorífico?
노 메 아뻬떼쎄 무초. 께 아이 엔 프리고리피꼬?
그다지 당기지 않는데. 냉장고엔 뭐가 있어?

Julia Hay un filete. Lo voy a freír.
아이 운 필레떼. 로 보이 아 프레이르
쇠고기가 있어. 그거 구울게.

Unidad 13.

취미 Aficiones 아피씨오네쓰

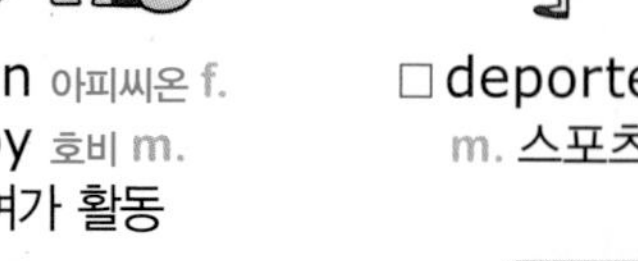

□ afición 아피씨온 f.
= hobby 호비 m.
취미, 여가 활동

□ deporte 데뽀르떼
m. 스포츠, 운동

□ gimnasio 힘나시오
m. 체육관

□ jogging 조깅
m. 조깅

□ natación 나따씨온
f. 수영

□ tenis 떼니쓰
m. 테니스

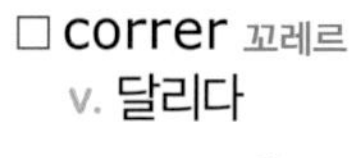

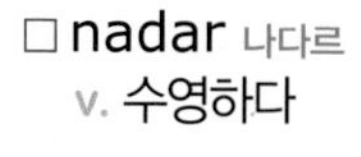

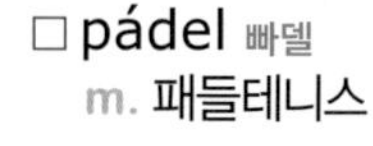

□ correr 꼬레르
v. 달리다

□ nadar 나다르
v. 수영하다

□ pádel 빠델
m. 패들테니스

□ bádminton 받민똔
m. 배드민턴

□ fútbol 풋볼
m. 축구

□ béisbol 베이스볼
m. 야구

□ baloncesto
발론쎄스또
m. 농구

□ voleibol 볼레이볼
f. 배구

□ tenis de mesa
떼니쓰 데 메사 m.
= ping-pong 삥뽕
탁구

□ yoga 요가
m. 요가

□ golf 골프
m. 골프

□ esquí 에스끼
m. 스키

□ música 무시까
f. 음악

□ canción 깐씨온 f. 노래

□ cantar 깐따르 v. 노래하다

□ cantante 깐딴떼
m.f. 가수

□ tocar 또까르
v. 연주하다

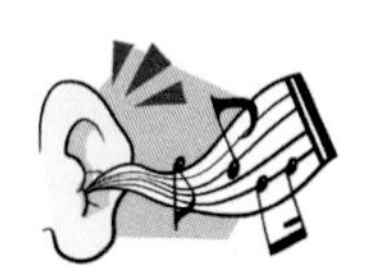

□ escuchar 에스꾸차르
v. 듣다

□ instrumento musical 인스뜨루멘또 무시깔 m. 악기

□ piano 삐아노
m. 피아노

□ violín 비올린
m. 바이올린

□ violonchelo
비올론첼로 m. 첼로

□ flauta 플라우따
f. 플루트

□ guitarra 기따라
f. 기타

□ tambor 땀보르
m. 드럼, 북

□ concierto 꼰씨에르또
m. 음악회, 콘서트

□ ópera 오뻬라
f. 오페라

□ musical 무시깔
m. 뮤지컬

□ película 뻴리꿀라
f. 영화

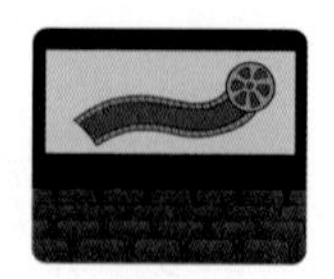

□ cine 씨네
m. 영화관

□ película de acción
뻴리꿀라 데 악씨온 액션 영화

□ película de terror
뻴리꿀라 데 떼로르 공포 영화

□ película de animación
뻴리꿀라 데 아니마씨온 만화 영화

□ película romántica
뻴리꿀라 로만띠까 로맨틱 영화

□ película de comedia
뻴리꿀라 데 꼬메디아 코미디 영화

□ película de ciencia ficción
뻴리꿀라 데 씨엔씨아 픽씨온
공상 과학 영화

□ director(a) de cine
디렉또르(라) 데 씨네 영화감독

□ actor 악또르 m.
actriz 악뜨리쓰 f.
배우

□ libro 리브로
m. 책

□ leer 레에르
v. 읽다

□ librería 리브레리아
f. 서점

□ novela 노벨라 f. 소설

□ poema 뽀에마 m. 시

□ ensayo 엔사요 m. 수필, 에세이

□ revista 레비스따
f. 잡지

□ cómic 꼬믹
m. 만화, 만화책

□ fotografía 포또그라피아
f. 사진, 사진 촬영

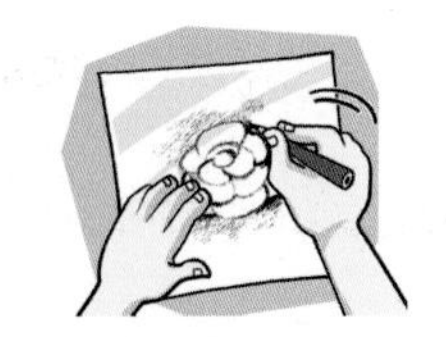

□ pintar 삔따르
v. 그림 그리다

□ juego 후에고
m. 놀이, 게임

□ ajedrez 아헤드레쓰
m. 체스

□ montañismo
몬따니스모
m. 등산

□ paseo 빠세오
m. 산책, 산보

□ campamento 깜빠멘또
m. 야영, 캠핑

□ pesca 뻬스까
f. 낚시

□ bricolaje
브리꼴라헤
m. 공작, 목공

□ coleccionar 꼴렉씨오나르
= hacer colección (de)
아쎄르 꼴렉씨온 (데)
v. 수집하다

□ jardinería
하르디네리아
f. 정원 가꾸기

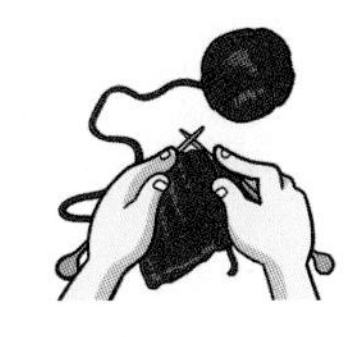

□ hacer punto
아쎄르 뿐또
v. 뜨개질하다

□ afición 아피씨온 f. 취미, 여가 활동
= hobby 호비 m.

¿Cuál es tu hobby?
꾸알 에쓰 뚜 호비?
네 취미가 뭐니?

tip. hobby는 '취미'라는 뜻의 영단어를 그대로 사용한 외래어로 발음 역시 영어식으로 '호비'입니다.

□ deporte 데뽀르떼 m. 스포츠, 운동
□ hacer deporte 아쎄르 데뽀르떼 운동하다

□ partido 빠르띠도 m. 경기, 시합

□ correr 꼬레르 v. 달리다

□ jogging 조깅 m. 조깅
□ hacer jogging 아쎄르 조깅 조깅하다

□ gimnasio 힘나시오 m. 체육관

□ natación 나따씨온 f. 수영
□ nadar 나다르 v. 수영하다
□ piscina 삐스씨나 f. 수영장

Aprendí a nadar cuando tenía tres años.
아쁘렌디 아 나다르 꾸안도 떼니아 뜨레쓰 아뇨쓰
나는 3살 때 수영을 배웠다.

□ jugar 후가르 v. 놀다, 시합하다, 운동하다

Me voy a jugar fútbol.
메 보이 아 후가르 풋볼
나는 축구하러 갈 예정이다.

□ balón 발론 m. 공

□ raqueta 라께따 f. 라켓

□ tenis 떼니쓰 m. 테니스

□ pádel 빠델 m. 패들테니스

El pádel es uno de los deportes de moda en España.
엘 빠델 에쓰 우노 데 로쓰 데뽀르떼쓰 데 모다 엔 에스빠냐
패들테니스는 스페인에서 유행하고 있는 스포츠 중 하나이다.

□ bádminton 받민똔 m. 배드민턴

□ fútbol 풋볼 m. 축구

□ béisbol 베이스볼 m. 야구

A los coreanos, les gusta mucho el béisbol.
아 로쓰 꼬레아노쓰, 레쓰 구스따 무초 엘 베이스볼
한국인들은 야구를 정말 좋아한다.

□ baloncesto 발론쎄스또 m. 농구

□ voleibol 볼레이볼 f. 배구

□ tenis de mesa 떼니쓰 데 메사 m. 탁구
= ping-pong 삥뽕 m.

□ yoga 요가 m. 요가

□ golf 골프 m. 골프

□ ciclismo 씨끌리스모 m. 사이클링, 자전거 경기

□ boxeo 복쎄오 m. 권투, 복싱

□ esquí 에스끼 m. 스키
□ esquiar 에스끼아르 v. 스키를 타다

¿Quieres ir a esquiar?
끼에레쓰 이르 아 에스끼아르?
너 스키 타러 갈래?

☐ patín 빠띤, pl. patines 빠띠네쓰 m. 스케이트(주로 복수형)

☐ patinar 빠띠나르 v. 스케이트를 타다

☐ patín en línea 빠띤 엔 리네아,
pl. patines en línea 빠띠네쓰 엔 리네아 인라인스케이트(주로 복수형)

☐ patín en paralelo 빠띤 엔 빠랄레로,
pl. patines en paralelo 빠띠네쓰 엔 빠랄레로 롤러스케이트(주로 복수형)

☐ patín de hielo 빠띤 데 이에로,
pl. patines de hielo 빠띠네쓰 데 이에로 아이스스케이트(주로 복수형)

☐ pista de hielo 삐스따 데 이에로 아이스링크

☐ música 무시까 f. 음악

Me gusta escuchar música.
메 구스따 에스꾸차르 무시까
나는 음악을 듣는 것을 좋아한다.

☐ canción 깐씨온 f. 노래

☐ cantar 깐따르 v. 노래하다

☐ cantante 깐딴떼 m.f. 가수

¿Cuál es tu cantante actual favorito?
꾸알 에쓰 뚜 깐딴떼 악뚜알 파보리또?
네가 요즘 좋아하는 가수는 누구니?

☐ letra 레뜨라 f. 가사

☐ letras de canción 레뜨라쓰 데 깐씨온 노래 가사

☐ melodía 멜로디아 f. 멜로디, 선율

☐ componer 꼼뽀네르 v. 작곡하다

☐ compositor/compositora 꼼뽀시또르/꼼뽀시또라 m.f. 작곡가

☐ disco 디스꼬 m. 디스크, 음반

☐ tocar 또까르 v. 연주하다

□ escuchar 에스꾸차르 v. 듣다

□ género 헤네로 m. 장르

□ instrumento musical 인스뜨루멘또 무시깔 m. 악기

¿Tocas algún instrumento musical?
또까스 알군 인스뜨루멘또 무시깔?
다룰 수 있는 악기가 있니?

□ piano 삐아노 m. 피아노

Puedo tocar el piano.
뿌에도 또까르 엘 삐아노
나는 피아노를 칠 수 있어.

□ violín 비올린 m. 바이올린

□ violonchelo 비올론첼로 m. 첼로

□ flauta 플라우따 f. 플루트

□ arpa 아르빠 f. 하프

□ guitarra 기따라 f. 기타

□ tambor 땀보르 m. 드럼, 북

□ concierto 꼰씨에르또 m. 음악회, 콘서트

Voy a ir a un concierto al menos una vez al mes.
보이 아 이르 아 운 꼰씨에르또 알 메노쓰 우나 베쓰 알 메쓰
나는 최소 한 달에 한 번은 콘서트에 간다.

□ orquesta 오르께스따 f. 교향악단, 오케스트라

□ director de orquesta 디렉또르 데 오르께스따 (오케스트라) 지휘자

□ ópera 오뻬라 f. 오페라

□ musical 무시깔 m. 뮤지컬

Su hobby es ir a ver musicales.
쑤 호비 에쓰 이르 아 베르 무시깔레쓰
그는 뮤지컬 보러 가는 게 취미예요.

□ película 뻴리꿀라 f. 영화

□ película de acción 뻴리꿀라 데 악씨온 액션 영화
□ película de animación 뻴리꿀라 데 아니마씨온 만화 영화
□ película de comedia 뻴리꿀라 데 꼬메디아 코미디 영화
□ película de terror 뻴리꿀라 데 떼로르 공포 영화
□ película romántica 뻴리꿀라 로만띠까 로맨틱 영화
□ película de ciencia ficción 뻴리꿀라 데 씨엔씨아 픽씨온 공상 과학 영화
□ película documental 뻴리꿀라 도꾸멘딸 기록 영화, 다큐멘터리

□ ver una película 베르 우나 뻴리꿀라 v. 영화를 보다

□ cine 씨네 m. 영화관

¿Qué películas están en el cine ahora?
께 뻴리꿀라쓰 에스딴 엔 엘 씨네 아오라?
지금 어떤 영화들이 상영중이지?

□ estreno 에스뜨레노 m. 개봉

□ director(a) de cine 디렉또르(라) 데 씨네 영화감독

□ actor/actriz 악또르/악뜨리쓰 m.f. 배우

□ libro 리브로 m. 책

□ leer 레에르 v. 읽다

Leo un o dos libros mensualmente.
레오 운 오 도쓰 리브로쓰 멘수알멘떼
나는 다달이 한두 권 정도의 책을 읽는다.

□ librería 리브레리아 f. 서점

□ escribir 에스끄리비르 v. 쓰다

□ novela 노벨라 f. 소설

□ poema 뽀에마 m. 시

□ ensayo 엔사요 m. 수필, 에세이

□ revista 레비스따 f. 잡지

□ cómic 꼬믹 m. 만화, 만화책

□ escritor/escritora 에스끄리또르/에스끄리또라 m.f. 작가, 글 쓰는 사람

Daniel quería ser escritor desde pequeño.
다니엘 께리아 쎄르 에스끄리또르 데스데 뻬께뇨
다니엘은 어릴 적부터 작가가 되고 싶었다.

□ novelista 노벨리스따 m.f. 소설가(주로 장편)

□ cuentista 꾸엔띠스따 m.f. 단편 소설가

□ poeta 뽀에따 m.f. 시인

□ ensayista 엔사이스따 m.f. 수필가

□ fotografía 포또그라피아 f. 사진, 사진 촬영

□ cámara 까마라 f. 카메라

□ hacer (una foto) 아쎄르 (우나 포또) v. 사진을 찍다
= sacar (una foto) 싸까르 (우나 포또)
= tomar (una foto) 또마르 (우나 포또)

tip. 이 중 제일 많이 쓰이는 동사는 hacer입니다.

□ pintar 삔따르 v. 그림 그리다

□ pintor/pintora 삔또르/삔또라 m.f. 화가

□ tinta 띤따 f. 물감

= pintura 삔뚜라 f. 물감; 그림

□ pintura al oleo 삔뚜라 알 올레오 유화 물감

□ pincel 삔셀 m. 붓

□ lienzo 리엔쏘 m. 캔버스

□ juego 후에고 m. 놀이, 게임

□ juego de mesa 후에고 데 메사 보드게임

tip. 보드게임이란 체스, 장기, 카드놀이 등 책상 위에서 할 수 있는 게임을 가리킵니다.

□ ajedrez 아헤드레쓰 m. 체스

□ dado 다도 m. 주사위

□ montañismo 몬따니스모 m. 등산

□ subir a la montaña 쑤비르 아 라 몬따냐 등산하다

□ escalada 에스깔라다 f. 암벽 등반

□ excursión 엑쓰꾸르시온 f. 소풍, 수학여행

□ paseo 빠세오 m. 산책, 산보

□ pasear 빠세아르 v. 산책하다

El otoño es una estación ideal para pasear.
엘 오또뇨 에쓰 우나 에스따씨온 이데알 빠라 빠세아르
가을은 산책하기 이상적인 계절이다.

□ campamento 깜빠멘또 m. 야영, 캠핑

□ pesca 뻬스까 f. 낚시

□ pescar 뻬스까르 v. 잡다, 낚시하다

□ bricolaje 브리꼴라헤 m. 공작, 목공

□ coleccionar 꼴렉씨오나르 v. 수집하다

= hacer colección (de) 아쎄르 꼴렉씨온 (데)

□ arreglo floral 아레글로 플로랄 꽃꽂이

□ jardinería 하르디네리아 f. 정원 가꾸기

Me gusta mucho la jardinería.
메 구스따 무초 라 하르디네리아
나는 정원 가꾸는 것을 무척 좋아한다.

□ hacer punto 아쎄르 뿐또 v. 뜨개질하다

13. 기타

꼭! 써먹는 **실전 회화**

Julia ¿Qué haces en el tiempo libre?
께 아쎄스 엔 엘 띠엠뽀 리브레?
넌 시간 있을 때 뭐해?

Sara Yo toco la guitarra.
요 또꼬 라 기따라
나는 기타를 쳐.

Julia ¡Qué interesante! ¿Podrías tocar una canción para mí?
께 인떼레산떼! 뽀드리아쓰 또까르 우나 깐씨온 빠라 미?
재밌겠다! 나를 위해 한 곡 연주해 줄 수 있니?

Sara La verdad es que llevo aprendiendo poco pero lo voy a intentar.
라 베르닫 에쓰 께 예보 아쁘렌디엔도 뽀꼬 뻬로 로 보이 아 인뗀따르
사실은 배우기 시작한 지 아주 조금 되었는데 한번 시도해 볼게.

Unidad 14.

전화 & 인터넷 Teléfono e Internet 뗄레포노 에 인떼르넷

□ teléfono 뗄레포노
m. 전화

□ móvil 모빌
m. 휴대 전화

□ smartphone 스마뜨폰
m. 스마트폰

□ llamar 야마르
v. 전화를 걸다

□ colgar 꼴가르
v. 전화를 끊다

□ videollamada
비데오야마다
f. 영상통화

□ mensaje 멘사헤
m. 메시지

□ SMS 에쎄에메에쎄
= mensaje de texto 멘사헤 데 떽쓰또
문자 메시지

□ enviar 엠비아르
v. 보내다

□ recibir 레씨비르
v. 받다

□ tono de llamada
또노 데 야마다 벨소리

□ batería 바떼리아
f. 배터리

□ cargar 까르가르
v. 충전하다

□ descargarse
데스까르가르세
v. 방전되다

□ encender 엔센데르
v. 켜다

□ wifi 위피
m. 와이파이, 무선 인터넷

□ internet 인떼르넷
m. 인터넷

□ correo electrónico
꼬레오 엘렉뜨로니꼬
= e-mail 이메일
m. 이메일

□ juego en línea 후에고 엔 리네아
= juego online 후에고 온라인
온라인 게임

□ apagar 아빠가르
v. 끄다

□ descargar 데스까르가르
v. 다운로드하다

□ actualizar 악뚜알리싸르
v. 업데이트하다

□ iniciar sesión 이니씨아르 쎄시온
로그인하다

□ cerrar sesión 쎄라르 쎄시온
로그아웃하다

□ compra en línea 꼼쁘라 엔 리네아
= compra por internet
꼼쁘라 뽀르 인떼르넷
인터넷 쇼핑

□ ordenador 오르데나도르
m. 컴퓨터

□ portátil 뽀르따띨
m. 노트북 컴퓨터 컴퓨터

□ tableta 따블레따
f. 태블릿 PC

□ monitor 모니또르
m. 모니터

□ teclado 떼끌라도
m. 키보드

□ ratón 라똔
m. (컴퓨터) 마우스; 쥐

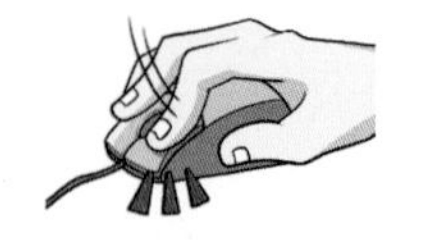

□ hacer clic 아쎄르 끌릭
= clicar 끌리까르
= cliquear 끌리께아르
v. 클릭하다

□ disco duro 디스꼬 두로
m. 하드 디스크

□ RAM 람
램

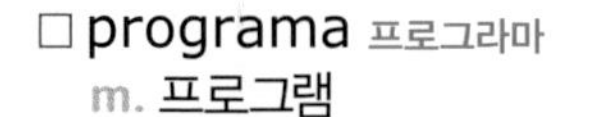

□ programa 프로그라마
m. 프로그램

□ instalar 인스딸라르
v. 설치하다

□ impresora 임쁘레소라
f. 프린터

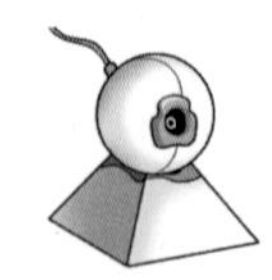

□ cámara web 까마라 웹
웹캠

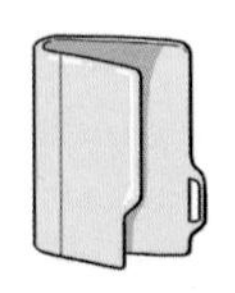

□ carpeta 까르뻬따
f. 폴더

□ archivo 아르치보
m. 파일

□ guardar 구아르다르
v. 저장하다

□ borrar 보라르
v. 지우다, 삭제하다

□ seguridad 쎄구리닫
f. 안전

□ virus informático
비루쓰 임포르마띠꼬
컴퓨터 바이러스

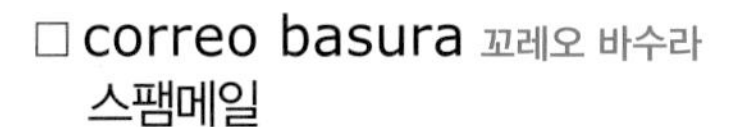

□ correo basura 꼬레오 바수라
스팸메일

□ bloquear 블로께아르
v. 차단하다

□ red social 렏 쏘씨알
소셜 네트워크, SNS

□ blog 블록
m. 블로그

□ teléfono 뗄레포노 m. 전화

¿Cuál es tu número de teléfono?
꾸알 에쓰 뚜 누메로 데 뗄레포노?
네 전화번호가 뭐니?

□ móvil 모빌 m. 휴대 전화

He cambiado mi móvil.
에 깜비아도 미 모빌
나는 내 휴대 전화를 바꾸었다.

□ smartphone 스마뜨폰 m. 스마트폰

□ llamar 야마르 v. 전화를 걸다

□ colgar 꼴가르 v. 전화를 끊다

Él me colgó el teléfono.
엘 메 꼴고 엘 뗄레포노
그는 내 전화를 끊었다.

□ mensaje 멘사헤 m. 메시지

¿Quieres dejar un mensaje?
끼에레쓰 데하르 운 멘사헤
메시지를 남기시겠어요?

□ mensajería instantánea 멘사헤리아 인스딴따네아 메신저(카카오톡, 왓츠앱 등)

□ SMS 에쎄에메에쎄 문자 메시지
= mensaje de texto 멘사헤 데 떽쓰또

tip. SMS는 영어 Short Message Service의 약자입니다.

□ enviar 엠비아르 v. 보내다

Ya le he enviado un mensaje de whatsapp.
야 레 에 엠비아도 운 멘사헤 데 왓썹
나는 이미 그에게 왓츠앱 메시지를 보냈다.

□ recibir 레씨비르 v. 받다

□ tono de llamada 또노 데 야마다 벨소리

□ aplicación 아쁠리까씨온 f. 애플리케이션, 앱
= app 압

□ descargar 데스까르가르 v. 다운로드하다; 방전하다

Voy a descargar un juego.
보이 아 데스까르가르 운 후에고
나는 게임 하나를 다운받으려고.

□ actualizar 악뚜알리싸르 v. 업데이트하다

Necesitas actualizar la nueva app.
네쎄시따쓰 악뚜알리싸르 라 누에바 압
너는 새로운 앱 업데이트가 필요해.

□ batería 바떼리아 f. 배터리

Tengo poca batería.
뗑고 뽀까 바떼리아
나는 (내 휴대폰) 배터리가 조금 있다.

□ cargar 까르가르 v. 충전하다
□ descargarse 데스까르가르세 v. 방전되다

La batería de mi móvil se descarga muy rápido.
라 바떼리아 데 미 모빌 쎄 데스까르가 무이 라삐도
내 휴대폰의 배터리는 너무 빨리 방전된다.

□ cargador 까르가도르 m. 충전기

□ encender 엔쎈데르 v. 켜다

□ apagar 아빠가르 v. 끄다

□ videollamada 비데오야마다 f. 영상통화

□ wifi 위피 m. 와이파이, 무선 인터넷

□ datos móviles 다또쓰 모빌레쓰 모바일 데이터

□ internet 인떼르넷 m. 인터넷

□ juego en línea 후에고 엔 리네아 온라인 게임
= juego online 후에고 온라인

□ compra en línea 꼼쁘라 엔 리네아 인터넷 쇼핑
= compra por internet 꼼쁘라 뽀르 인떼르넷

□ conectar 꼬넥따르 v. 연결하다, 접속하다

No puedo conectarme a internet.
노 뿌에도 꼬넥따르메 아 인떼르넷
인터넷에 접속할 수 없어.

□ acceder 악쎄데르 v. 접속하다, 접근하다

No puedo acceder a mi cuenta de gmail.
노 뿌에도 악쎄데르 아 미 꾸엔따 데 지메일
나는 내 지메일 계정에 접근할 수 없어.

□ correo electrónico 꼬레오 엘렉뜨로니꼬 이메일
= e-mail 이메일 m.

□ iniciar sesión 이니씨아르 쎄시온 로그인하다

□ cerrar sesión 쎄라르 쎄시온 로그아웃하다

□ crear cuenta 끄레아르 꾸엔따 회원 가입하다
= registrarse 레히스뜨라르세 v.

□ dar de baja 다르 데 바하 회원 탈퇴하다

□ cuenta 꾸엔따 f. 계정

□ usuario 우수아리오 m. 아이디

□ contraseña 꼰뜨라세냐 f. 비밀번호

□ ordenador 오르데나도르 m. 컴퓨터

□ portátil 뽀르따띨 m. 노트북 컴퓨터

Quiero recibir un portátil nuevo como regalo de cumpleaños.
끼에로 레씨비르 운 뽀르따띨 누에보 꼬모 레갈로 데 꿈쁠레아뇨쓰
나는 생일 선물로 새 노트북 컴퓨터를 받고 싶다.

□ instalar 인스딸라르 v. 설치하다

□ monitor 모니또르 m. 모니터

□ pantalla 빤따야 f. 화면

□ teclado 떼끌라도 m. 키보드

□ ratón 라똔 m. (컴퓨터) 마우스; 쥐

¡Alguien me ha robado el ratón!
알기엔 메 아 로바도 엘 라똔!
누가 내 마우스를 훔쳐 갔어!

□ ratón inalámbrico 라똔 이날람브리꼬 m. 무선 마우스

□ alfombrilla de ratón 알폼브리야 데 라똔 마우스패드

□ clic 끌릭, pl. clics 끌릭쓰 m. 클릭

□ hacer clic 아쎄르 끌릭 클릭하다
= clicar 끌리까르 v.
= cliquear 끌리께아르 v.

□ disco duro 디스꼬 두로 m. 하드 디스크

□ RAM 람 램

□ programa 프로그라마 m. 프로그램

□ impresora 임쁘레소라 f. 프린터

La impresora láser es mejor que la impresora de tinta.
라 임쁘레소라 라세르 에쓰 메호르 께 라 임쁘레소라 데 띤따
레이저 프린터는 잉크젯보다 낫다.

□ escáner 에스까네르 m. 스캐너

□ cámara web 까마라 웹 웹캠

¿Cuánto cuesta una cámara web?
꾸안또 꾸에스따 우나 까마라 웹?
웹캠 한 대에 얼마인가요?

□ escritorio 에스끄리또리오 m. 바탕화면

□ carpeta 까르뻬따 f. 폴더

□ archivo 아르치보 m. 파일

□ guardar 구아르다르 v. 저장하다

□ borrar 보라르 v. 지우다, 삭제하다

□ seguridad 쎄구리닫 f. 안전

□ virus informático 비루쓰 임포르마띠꼬 컴퓨터 바이러스

Mi ordenador está infectado con un virus informático.
미 오르데나도르 에스따 임펙따도 꼰 운 비루쓰 임포르마띠꼬
내 컴퓨터는 바이러스에 걸렸다.

□ correo basura 꼬레오 바수라 스팸메일

□ bloquear 블로께아르 v. 차단하다

□ red social 렌 쏘씨알 소셜 네트워크, SNS

Creo que las redes sociales son una pérdida de tiempo.
끄레오 께 라쓰 레데쓰 쏘씨알레쓰 쏜 우나 뻬르디다 데 띠엠뽀
나는 소셜 네트워크는 시간 낭비라고 생각한다.

□ blog 블록 m. 블로그

□ tableta 따블레따 f. 태블릿 PC

□ práctico(a) 쁘락띠꼬(까) adj. 실용적인

La tableta es más práctica que los portátiles.
라 따블레따 에쓰 마쓰 쁘락띠까 께 로쓰 뽀르따띨레쓰
태블릿 PC는 노트북 컴퓨터보다 훨씬 실용적이다.

□ útil 우띨 adj. 쓸모있는

14. 이메일

꼭! 써먹는 **실전 회화**

Samuel ¿Has visto mi correo electrónico?
아쓰 비스또 미 꼬레오 엘렉뜨로니꼬?
자네 내 이메일 받아 봤나?

Javier No, todavía no.
노, 또다비아 노
아니요, 아직입니다.

Samuel Por favor, ¿me respondes cuando lo leas?
뽀르 파보르, 메 레스뽄데쓰 꾸안도 로 레아쓰?
확인하거든 내게 답신해 줄 수 있겠나?

Javier ¡Desde luego!
데스데 루에고!
물론입니다!

Ejercicio

다음 단어를 읽고 맞는 뜻과 연결하세요.

1. afición •	• 가방
2. bolso •	• 과일
3. casa •	• 스포츠, 운동
4. comida •	• 영화
5. deporte •	• 옷
6. fruta •	• 음식, 식사
7. móvil •	• 음악
8. música •	• 전화
9. ordenador •	• 집
10. película •	• 취미
11. ropa •	• 컴퓨터
12. teléfono •	• 휴대 전화

1. afición – 취미 2. bolso – 가방 3. casa – 집 4. comida – 음식, 식사
5. deporte – 스포츠, 운동 6. fruta – 과일 7. móvil – 휴대 전화 8. música – 음악
9. ordenador – 컴퓨터 10. película – 영화 11. ropa – 옷 12. teléfono – 전화

Capítulo 5

Unidad 15 학교
Unidad 16 직장
Unidad 17 음식점&카페
Unidad 18 상점
Unidad 19 병원&은행

Unidad 15.

학교 Escuela 에스꾸엘라

□ escuela 에스꾸엘라 f.
= cole(gio) 꼴레(히오) m.
학교, 초등학교

□ instituto 인스띠뚜또
m. 중·고등학교

□ universidad
우니베르시닫
f. 대학교

□ estudiante 에스뚜디안떼
m.f. 학생, 공부하는 사람

□ aprender 아쁘렌데르
v. 배우다

□ estudiar 에스뚜디아르
v. 공부하다

□ profesor/profesora
쁘로페소르/쁘로페소라
m.f. 선생, 교사, 교수

□ enseñar 엔세냐르
v. 가르치다

□ empezar el cole(gio)
엠뻬싸르 엘 꼴레(히오)
= entrar en la escuela
엔뜨라르 엔 라 에스꾸엘라
학교에 입학하다

□ graduarse 그라두아르세 v.
= terminar el curso
떼르미나르 엘 꾸르소
졸업하다

□ ir a la escuela 이르 아 라 에스꾸엘라
= ir al cole(gio) 이르 알 꼴레(히오)
등교하다

□ salir de la escuela
쌀리르 데 라 에스꾸엘라
= salir del cole(gio)
쌀리르 델 꼴레(히오)
하교하다

□ llegar tarde 예가르 따르데
= retrasarse 레뜨라사르세
지각하다

□ salir temprano de la escuela 쌀리르 뗌쁘라노 데 라 에스꾸엘라
조퇴하다(학교에서 일찍 나오다)

□ clase 끌라세
f. 학급, 교실, 수업

□ asistencia 아시스뗀씨아
f. 출석, 참가

□ programa 쁘로그라마
m. (교육) 교과 과정, 커리큘럼, 수업 계획

□ a pie 아 삐에
= andando 안단도
= caminando 까미난도
걸어서, 도보로

□ autobús escolar
아우또부쓰 에스꼴라르
스쿨버스

□ bici(cleta) 비씨(끌레따)
f. 자전거

□ pregunta 쁘레군따
f. 질문

□ respuesta 레스뿌에스따
f. 대답, 응답

□ pizarra 삐싸라
f. 칠판

□ tiza 띠싸
f. 분필

□ libro 리브로
m. 책

□ libro de texto
리브로 데 떽스또
교과서

□ cuaderno 꾸아데르노
m. 공책

□ bolígrafo 볼리그라포 m.
= boli 볼리 m.
볼펜

□ lápiz 라삐쓰
m. 연필

□ escribir 에스끄리비르
v. 쓰다

□ borrador 보라도르 m.
= goma 고마 f.
지우개

□ deberes 데베레쓰
m. 숙제

□ hacer los deberes
아쎄르 로쓰 데베레쓰
숙제하다

□ reporte 레뽀르떼 m.
= informe 임포르메 m.
보고서, 리포트

□ entregar el informe
엔뜨레가르 엘 임포르메
보고서를 제출하다

□ examen 엑싸멘 m. 시험

□ hacer un examen 아쎄르 운 엑싸멘
= realizar un examen
레알리싸르 운 엑싸멘
시험을 치다

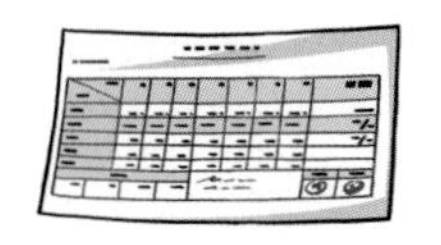

□ hoja de evaluación
오하 데 에발루아씨온
성적표

□ resultado 레술따도
m. 결과

□ fácil 파씰
adj. 쉬운

□ difícil 디피씰
adj. 어려운

□ evaluar 에발루아르
v. 평가하다

□ grado 그라도
m. 학위

□ descansar 데스깐사르
= reposar 레뽀사르
v. 쉬다, 휴식을 취하다

□ vacaciones de verano
바까씨오네쓰 데 베라노
여름 방학

□ beca 베까
f. 장학금

□ biblioteca 비브리오떼까
f. 도서관

□ escuela 에스꾸엘라 f. 학교, 초등학교

= cole(gio) 꼴레(히오) m.

¿A qué hora vas al colegio?
아 께 오라 바쓰 알 꼴레히오?
몇 시에 등교하니?

□ instituto 인스띠뚜또 m. 중·고등학교

□ universidad 우니베르시닫 f. 대학교

□ academia 아까데미아 f. 학원, 교육 기관

□ estudio 에스뚜디오 m. 공부, 학습

□ facultad 파꿀땁 f. 단과 대학

□ especializarse (en) 에스뻬씨알리싸르세 (엔) v. (~을) 전공하다, 전문으로 하다

Estudio Bellas Artes y me estoy especializando en diseño gráfico.
에스뚜디오 베야쓰 아르떼쓰 이 메 에스또이 에스뻬씨알리싼도 엔 디세뇨 그라피꼬
나는 미술을 공부하는데 그중 그래픽 디자인을 전공하고 있다.

□ profesor/profesora 쁘로페소르/쁘로페소라 m.f. 선생, 교사, 교수

□ enseñar 엔세냐르 v. 가르치다

□ estudiante 에스뚜디안떼 m.f. 학생, 공부하는 사람

□ estudiar 에스뚜디아르 v. 공부하다

□ aprender 아쁘렌데르 v. 배우다

□ alumno(a) 알룸노(나) m.f. 제자, 배우는 사람

□ compañero(a) de clase 꼼빠녜로(라) 데 끌라세 급우, 같은 반 친구

□ condiscípulo(a) 꼰디스씨뿔로(라) m.f. 동문, 동급생, 동창생

tip. 스페인은 선배, 후배라는 개념이 없습니다.

□ solicitar 쏠리씨따르 v. 신청하다

□ inscribir 인스끄리비르 v. 가입하다

Me inscribí en un curso de danza.
메 인스끄리비 엔 운 꾸르소 데 단싸
나는 댄스 강좌에 가입했다.

□ matricular 마뜨리꿀라르 v. 등록하다

□ empezar el cole(gio) 엠뻬싸르 엘 꼴레(히오) 학교에 입학하다
= entrar en la escuela 엔뜨라르 엔 라 에스꾸엘라

Mi hija empieza el cole en Septiembre.
미 이하 엠삐에싸 엘 꼴레 엔 쎕띠엠브레
우리 딸은 9월에 학교에 들어간다.

□ admisión 앋미시온 f. 입학 허가

□ graduarse 그라두아르세 v. 졸업하다
= terminar el curso 떼르미나르 엘 꾸르소

¿Cuándo terminas tus estudios?
꾸안도 떼르미나쓰 뚜쓰 에스뚜디오쓰?
너는 언제 공부를 마치니?

□ graduación 그라두아씨온 f. 졸업

□ ir a la escuela 이르 아 라 에스꾸엘라 등교하다
= ir al cole(gio) 이르 알 꼴레(히오)

□ asistencia 아시스뗀씨아 f. 출석, 참가

□ salir de la escuela 쌀리르 데 라 에스꾸엘라 하교하다
= salir del cole(gio) 쌀리르 델 꼴레(히오)

¿A qué hora sales de la escuela?
아 께 오라 쌀레쓰 데 라 에스꾸엘라?
몇 시에 하교하니?

□ llegar tarde 예가르 따르데 지각하다
= retrasarse 레뜨라사르세 v.

□ retraso 레뜨라소 m. 지각

Discúlpame por el retraso.
디스꿀빠메 뽀르 엘 레뜨라소
지각해서 죄송합니다. (지각한 것에 대해 저를 용서하세요.)

□ salir temprano de la escuela 쌀리르 뗌쁘라노 데 라 에스꾸엘라
조퇴하다(학교에서 일찍 나오다)
= salir temprano del cole(gio) 쌀리르 뗌쁘라노 델 꼴레(히오)

□ a pie 아 삐에 걸어서, 도보로
= andando 안단도
= caminando 까미난도

Voy a la escuela a pie/ andando/ caminando.
보이 아 라 에스꾸엘라 아 삐에/ 안단도/ 까미난도
나는 학교에 걸어서 간다.

□ andar 안다르 v. 걷다
= caminar 까미나르

tip. andar는 '움직이다'라는 동작에 중점을 둔 어감의 '걷다'이며,
caminar은 '목적지를 향하여 걷는다'라는 의미를 나타냅니다.

□ autobús escolar 아우또부쓰 에스꼴라르 스쿨버스

□ bicicleta 비씨끌레따 f. 자전거
□ bici 비씨 (bicicleta의 약어)

□ trimestre 뜨리메스뜨레 m. (3학기제 학교의) 한 학기

□ semestre 쎄메스뜨레 m. (1년 2학기제의) 학기

□ clase 끌라세 f. 학급, 교실, 수업

tip. 스페인에서는 한 학년을 3학기로
나누기 때문에 trimestre를 쓰고
semestre는 거의 쓰지 않습니다.

□ curso 꾸르소 m. 강의, 학년

Es un curso de tres meses.
에쓰 운 꾸르소 데 뜨레쓰 메세쓰
그것은 3달짜리 강의이다.

□ programa 쁘로그라마 m. (교육) 교과 과정, 커리큘럼, 수업 계획

□ repasar 레빠사르 v. 복습하다
□ repaso 레빠소 m. 복습

Hoy vamos a repasar la primera lección.
오이 바모쓰 아 레빠사르 라 쁘리메라 렉씨온
오늘 우리는 첫 과를 복습할 예정이다.

□ preparar la lección 쁘레빠라르 라 렉씨온 예습하다
□ preparación de la lección 쁘레빠라씨온 데 라 렉씨온 예습

□ pregunta 쁘레군따 f. 질문

Tengo una pregunta.
뗑고 우나 쁘레군따
한 가지 질문이 있습니다.

□ respuesta 레스뿌에스따 f. 대답, 응답

□ calcular 깔꿀라르 v. 계산하다
□ calculadora 깔꿀라도라 f. 계산기

□ número 누메로 m. 수, 숫자

□ asignatura 아씨그나뚜라 f. (학교의) 과목, 교과
□ matemáticas 마떼마띠까쓰 f. 수학
□ ciencias 씨엔씨아쓰 f. 과학
□ química 끼미까 f. 화학
□ física 피시까 f. 물리학
□ biología 비올로히아 f. 생물

□ geología 헤올로히아 f. 지질학
□ historia 이스또리아 f. 역사
□ geografía 헤오그라피아 f. 지리학
□ música 무시까 f. 음악
□ arte 아르떼 m. 미술
□ lengua 렝구아 f. 언어, 국어
□ literatura 리떼라뚜라 f. 문학
□ educación física 에두까씨온 피시까 체육
□ inglés 잉글레쓰 m. 영어

Mi clase favorita es inglés.
미 끌라세 파보리따 에쓰 잉글레쓰
내가 제일 좋아하는 수업은 영어이다.

□ pizarra 삐싸라 f. 칠판
□ pizarra verde 삐싸라 베르데 녹색 칠판
= pizarra de tiza 삐싸라 데 띠싸
□ pizarra blanca 삐싸라 블랑까 화이트보드, 백색 칠판

□ tiza 띠싸 f. 분필

□ libro de texto 리브로 데 떽스또 교과서

□ cuaderno 꾸아데르노 m. 공책

□ lápiz 라삐쓰 m. 연필

□ bolígrafo 볼리그라포 m. 볼펜
= boli 볼리 m.

□ pluma 쁠루마 f. 펜
□ pluma estilográfica 쁠루마 에스띨로그라피까 f. 만년필

□ portaminas 뽀르따미나쓰 m. 샤프펜슬

□ rotulador 로뚤라도르 m. 사인펜

□ escribir 에스끄리비르 v. 쓰다

□ tomar apuntes 또마르 아뿐떼쓰 필기하다

□ borrador 보라도르 m. 지우개

= goma 고마 f. 지우개, 고무

tip. goma는 '고무'란 뜻이며, 지우개는 주로 고무로 만들어지기에 '지우개'의 의미로 쓰입니다.

□ tippex(tipp-Ex) 띠뻭쓰 수정액

tip. '수정액'은 líquido corrector이지만 실생활에서는 수정액 회사 이름인 tippex를 주로 씁니다.

□ deberes 데베레쓰 m. 숙제

□ hacer los deberes 아쎄르 로쓰 데베레쓰 숙제하다

Tengo montones de deberes.
뗑고 몬또네쓰 데 데베레쓰
나 숙제가 엄청 많아.

□ reporte 레뽀르떼 m. 보고서, 리포트

= informe 임포르메 m.

□ entregar el informe 엔뜨레가르 엘 임포르메 보고서를 제출하다

□ examen 엑싸멘 m. 시험

□ hacer un examen 아쎄르 운 엑싸멘 시험을 치다

= realizar un examen 레알리싸르 운 엑싸멘

¿Estás preparado para el examen?
에스따쓰 쁘레빠라도 빠라 엘 엑싸멘?
시험 준비 다 했니?

□ aprobar 아쁘로바르 v. (시험에) 합격하다

He aprobado el examen de conducir.
에 아쁘로바도 엘 엑싸멘 데 꼰두씨르
나는 운전면허 시험에 합격했다.

□ suspender 쑤스뻰데르 v. (시험에) 불합격하다

□ fácil 파씰 adj. 쉬운

La prueba era muy fácil.
라 쁘루에바 에라 무이 파씰
그 시험은 아주 쉬웠다.

□ difícil 디피씰 adj. 어려운

□ resultado 레술따도 m. 결과

□ hoja de evaluación 오하 데 에발루아씨온 성적표

□ nota 노따 f. 점수

□ promedio 쁘로메디오 m. 평균

□ crédito 끄레디또 m. 학점

□ evaluar 에발루아르 v. 평가하다

□ grado 그라도 m. 학위
  □ grado de doctor 그라도 데 독또르 박사 학위

□ beca 베까 f. 장학금

□ descansar 데스깐사르 v. 쉬다, 휴식을 취하다
  = reposar 레뽀사르

□ pausa 빠우사 f. 잠깐 멈춤, 일시 정지

□ vacaciones 바까씨오네쓰 f. 방학
  □ vacaciones de verano 바까씨오네쓰 데 베라노 여름 방학
  □ vacaciones de Navidad 바까씨오네쓰 데 나비닫 크리스마스 방학
  □ vacaciones de Semana Santa 바까씨오네쓰 데 쎄마나 싼따 부활절 주간 방학

¿Qué vas a hacer en las vacaciones de verano?
께 바쓰 아 아쎄르 엔 라쓰 바까씨오네쓰 데 베라노?
여름 방학에 뭐 할 거야?

tip. 스페인에는 겨울 방학이 없으며 보통 1학기는 9~12월 중순까지, 2학기는 크리스마스 방학 후 1월 초중순~4월 중순까지, 3학기는 부활절 방학 후 6월초까지입니다.

□ biblioteca 비브리오떼까 f. 도서관

□ leer 레에르 v. 읽다

□ lectura 렉뚜라 f. 독서

La lectura es mi hobby.
라 렉뚜라 에쓰 미 호비
독서는 나의 취미이다.

15. 시험 결과

꼭! 써먹는 **실전 회화**

Jorge La he fastidiado en el examen.
라 에 파스띠디아도 엔 엘 엑싸멘
나 시험을 완전히 망쳤어.

Miguel Yo también.
No estoy contento con el resultado del examen.
요 땀비엔. 노 에스또이 꼰뗀또 꼰 엘 레술따도 델 엑싸멘
나도 그래. 시험 결과가 만족스럽지 않아.

Jorge Voy a estudiar más para el examen final.
보이 아 에스뚜디아르 마쓰 빠라 엘 엑싸멘 피날
기말 시험에는 공부를 더 많이 할 거야.

Miguel ¡Vamos a esforzarnos!
바모쓰 아 에스포르싸르노쓰!
우리 열심히 하자!

직장 Trabajo 뜨라바호

□ trabajo 뜨라바호
m. 일, 직업, 직장

□ empleo 엠쁠레오
m. 일, 일자리

□ oficina 오피씨나
f. 사무실

□ tarea 따레아
f. 업무

□ empleado(a) 엠쁠레아도(다)
m.f. 직원, 피고용인

□ empresa 엠쁘레사
f. 기업, 회사

□ ir a trabajar 이르 아 뜨라바하르
= ir a la oficina 이르 아 라 오피씨나
출근하다

□ salir del trabajo 쌀리르 델 뜨라바호
= salir de la oficina 쌀리르 데 라 오피씨나
퇴근하다

□ sueldo 쑤엘도
m. 급료, 봉급

□ salario 쌀라리오
m. 임금

□ incentivo 인쎈띠보
m. 수당, 인센티브

□ bonus 보누쓰
m. 보너스

□ renunciar 레눈씨아르
= dimitir 디미띠르
v. 사직하다

□ despedir 데스뻬디르
v. 해고하다

□ vacaciones 바까씨오네쓰
f. 휴가

□ baja maternal 바하 마떼르날
육아 휴직

□ buscar trabajo 부스까르 뜨라바호
구직하다

□ carta de motivación
까르따 데 모띠바씨온 지원서

□ entrevista 엔뜨레비스따
f. 인터뷰, (채용 시험의) 면접

□ Currículum Vitae 꾸르리꿀룸 비따에
= CV 씨비(Currículum Vitae의 약자)
m. 이력서

□ perfil 뻬르필
m. 프로필

□ profesión 쁘로페시온
f. 직업

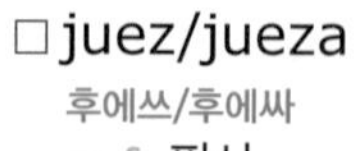

□ juez/jueza
후에쓰/후에싸
m.f. 판사

□ fiscal/fiscala
피스깔/피스깔라
m.f. 검사

□ abogado(a) 아보가도(다)
m.f. 변호사

□ vendedor/
vendedora
벤데도르/벤데도라
m.f. 판매원, 상인

□ policía 뽈리씨아
m.f. 경찰관

□ bombero(a) 봄베로(라)
m.f. 소방관

□ profesor/
profesora
쁘로페소르/쁘로페소라
m.f. 선생, 교사, 교수

□ cartero(a)
까르떼로(라)
m.f. 집배원

□ arquitecto(a)
아르끼떽또(따)
m.f. 건축가

□ ingeniero(a)
잉헤니에로(라)
m.f. 엔지니어

□ fontanero(a)
폰따네로(라)
m.f. 배관공

□ presentador/
presentadora
쁘레센따도르/쁘레센따도라
m.f. 아나운서

□ periodista 뻬리오디스따
m.f. 기자

□ médico(a) 메디꼬(까)
m.f. 의사

□ veterinario(a)
베떼리나리오(아)
m.f. 수의사

□ enfermero(a)
엠페르메로(라)
m.f. 간호사

□ farmacéutico(a)
파르마쎄우띠꼬(까)
m.f. 약사

□ piloto 삘로또
m.f. 조종사, 파일럿

□ azafato(a)
아싸파또(따)
m.f. 승무원

□ cocinero(a)
꼬씨네로(라)
m.f. 요리사

□ panadero(a)
빠나데로(라)
m.f. 제빵사, 제과업자

□ peluquero(a)
뻴루께로(라)
m.f. 이발사, 미용사

□ florista 플로리스따
m.f. 꽃장수, 플로리스트

□ agricultor/agricultora
아그리꿀또르/아그리꿀또라
m.f. 농부

□ trabajo 뜨라바호 m. 일, 직업, 직장

Tengo un montón de trabajo.
뗑고 운 몬똔 데 뜨라바호
나는 일이 매우 많다.

□ profesión 쁘로페시온 f. 직업

Quiero cambiar mi profesión.
끼에로 깜비아르 미 쁘로페시온
나는 내 직업을 바꾸고 싶다.

□ empleo 엠쁠레오 m. 일, 일자리

□ empresa 엠쁘레사 f. 기업, 회사

□ empleado(a) 엠쁠레아도(다) m.f. 직원, 피고용인

□ oficina 오피씨나 f. 사무실

□ tarea 따레아 f. 업무

Esta es tu primera tarea de hoy.
에스따 에쓰 뚜 쁘리메라 따레아 데 오이
이것이 네가 오늘 해야 할 첫 번째 업무이다.

□ departamento 데빠르따멘또 m. 부서

□ departamento de recursos humanos
데빠르따멘또 데 레꾸르소쓰 우마노쓰 인사부

□ departamento de IT 데빠르따멘또 데 이떼 IT부

□ departamento financiero 데빠르따멘또 피난씨에로 재무부

□ departamento de Marketing 데빠르따멘또 데 마르께띵 마케팅부

□ departamento de ventas 데빠르따멘또 데 벤따쓰 영업부

□ departamento de atención al cliente
데빠르따멘또 데 아뗀씨온 알 끌리엔떼 고객센터부

□ departamento jurídico 데빠르따멘또 후리디꼬 법무부

□ documento 도꾸멘또 m. 문서, 서류

□ reunión 레우니온 f. 회의

□ reunión semanal 레우니온 쎄마날 주간 회의

□ reunión mensual 레우니온 멘수알 월간 회의

Hoy tengo dos reuniones.
오이 뗑고 도쓰 레우니오네쓰
오늘 나는 회의가 두 개 있다.

□ sala 쌀라 f. 회의실

□ presentación 쁘레센따씨온 f. 발표, 프레젠테이션

□ compañero(a) 꼼빠녜로(라) m.f. 동료

□ jerarquía 헤라르끼아 f. (조직체의) 직급, 계급

□ director ejecutivo 디렉또르 에헤꾸띠보 대표, 경영 책임자

□ director de operaciones 디렉또르 데 오뻬라씨오네쓰 최고 책임자

□ director de operaciones financiero
디렉또르 데 오뻬라씨오네쓰 피난씨에로 재무부 최고 책임자

□ director de operaciones de marketing
디렉또르 데 오뻬라씨오네쓰 데 마르께띵 마케팅부 최고 책임자

tip. director는 '최고 책임자'로 뒤에 해당 부서명을 붙여 사용할 수 있습니다.

□ socio(a) 쏘씨오(아) m.f. 공동 대표

tip. 개인 회사가 아닌 법인의 경우 '공동 대표'를 socio(a)라고 부릅니다.

□ subdirector 숩디렉또르 m.f. 부대표, 부책임자

□ gerente 헤렌떼 m.f. 매니저

□ supervisor 쑤뻬르비소르 m.f. 수퍼바이저, 감독관

□ coordinador 꼬오르디나도르 m.f. 관리자, 책임자

□ jefe(a) 헤페(파) m.f. 사장, 상사

Adolfo es mi jefe.
아돌포 에쓰 미 헤페
아돌포는 내 상사이다.

□ jefe(a) de equipo 헤페(파) 데 에끼뽀 팀장

□ equipo 에끼뽀 m. 팀, 그룹

Tenemos buenos equipos.
떼네모쓰 부에노쓰 에끼뽀쓰
우리는 좋은 팀원들이 있다.

□ líder 리데르 m.f. 지도자, 리더

Un líder podría ser un jefe y un jefe podría ser un líder, pero no todos los jefes son líderes.
운 리데르 뽀드리아 쎄르 운 헤페 이 운 헤페 뽀드리아 쎄르 운 리데르, 뻬로 노 또도쓰 로쓰 헤페쓰 쏜 리데레쓰
리더는 상사일 수 있고 상사는 리더일 수 있지만 모든 상사가 리더인 것은 아니다.

□ promoción 쁘로모씨온 f. 승진, 진급

□ sueldo 쑤엘도 m. 급료, 봉급
□ sueldo bruto 쑤엘도 브루또 총 급여
□ sueldo neto 쑤엘도 네또 실수령 급여

□ salario 쌀라리오 m. 임금
□ salario medio 쌀라리오 메디오 평균 임금
□ salario mínimo 쌀라리오 미니모 최저 임금
= SMI 에쎄에메이
(salario mínimo interprofesional 쌀라리오 미니모 인떼르쁘로페시오날의 약자)

tip. sueldo는 고정급, salario는 일당, 시간당으로 받는 급여를 말합니다.

□ incentivo 인쎈띠보 m. 수당, 인센티브

□ bonificación 보니피까씨온 f. 혜택(식사권, 할인권 등 직원에게 제공되는 특별 혜택)

□ bonus 보누쓰 m. 보너스

□ ir a trabajar 이르 아 뜨라바하르 출근하다
= ir a la oficina 이르 아 라 오피씨나

□ compartir coche 꼼빠르띠르 꼬체 카풀
= carpooling 까풀링

□ atasco 아따스꼬 m. 교통 체증

□ hora punta 오라 뿐따 러시아워, 혼잡 시간

No se pueden llevar bicis en el metro en hora punta.
노 쎄 뿌에덴 예바르 비씨쓰 엔 엘 메뜨로 엔 오라 뿐따
러시아워에는 자전거를 가지고 지하철을 탈 수 없다.

□ salir del trabajo 쌀리르 델 뜨라바호 퇴근하다
= salir de la oficina 쌀리르 데 라 오피씨나

□ huelga 우엘가 f. 파업

□ pensión 뻰시온 f. 연금
□ pensionista 뻰시오니스따 m. 연금 생활자

□ jubilarse 후빌라르세 v. 정년퇴직하다
□ jubilación 후빌라씨온 f. 정년퇴직
□ jubilado(a) 후빌라도(다) m.f. 정년퇴직자
□ jubilación anticipada 후빌라씨온 안띠씨빠다 조기 퇴직

La edad de jubilación en España es de 67 años.
라 에닫 데 후빌라씨온 엔 에스빠냐 에쓰 데 쎄센따 이 씨에떼 아뇨쓰
스페인의 정년퇴직 나이는 67세이다.

□ retirarse 레띠라르세 v. 퇴직하다
□ retirado(a) 레띠라도(다) m.f. 퇴직자

tip. retirarse는 건강상, 개인상의 이유로 퇴직하는 것을 말하며,
retirado(a)는 연금을 받는 경우도 있고 그렇지 않은 경우도 있습니다.

□ renunciar 레눈씨아르 v. 사직하다, (직함·직책을) 사임하다; 체념하다
= dimitir 디미띠르 v. 사직하다, 업무를 그만두다

tip. 둘 다 '사직하다'의 뜻이지만 renunciar는 직장, 직함, 직책 등 모든 상황에 사용하며,
dimitir는 주로 일이나 업무에만 사용합니다.

□ carta de dimisión 까르따 데 디미시온 사직서

□ despedir 데스뻬디르 v. 해고하다

Me despidieron.
메 데스뻬디에론
나는 해고당했다.

□ reestructuración 레에스뜨룩뚜라씨온 f. 구조 조정

□ vacaciones 바까씨오네쓰 f. 휴가
- □ vacaciones pagadas 바까씨오네쓰 빠가다쓰 유급 휴가
- □ baja maternal 바하 마떼르날 육아 휴직
- □ permiso de paternidad 뻬르미소 데 빠떼르니닫 (남성) 출산 휴가
- □ permiso de maternidad 뻬르미소 데 마떼르니닫 (여성) 출산 휴가

□ secretario(a) 쎄끄레따리오(아) m.f. 비서

□ vendedor/vendedora 벤데도르/벤데도라 m.f. 판매원, 상인

□ juez/jueza 후에쓰/후에싸 m.f. 판사
- □ abogado(a) 아보가도(다) m.f. 변호사
- □ fiscal/fiscala 피스깔/피스깔라 m.f. 검사

□ auditor/auditora 아우디또르/아우디또라 m.f. 회계사

□ profesor/profesora 쁘로페소르/쁘로페소라 m.f. 선생, 교사, 교수

Trabajo en la EOI como profesora.
뜨라바호 엔 라 에스꾸엘라쓰 오피씨알레쓰 데 이디오마쓰 꼬모 쁘로페소라
저는 EOI에서 선생님으로 일하고 있어요.

tip. EOI는 Escuelas Oficiales de Idiomas 에스꾸엘라쓰 오피씨알레쓰 데 이디오마쓰의 약자로, 스페인 각 지역 자치주에서 운영하는 언어 교육 기관을 말합니다. 스페인어를 포함한 많은 종류의 외국어를 저렴한 가격에 배울 수 있으며 스페인에서는 레벨을 공식 인정합니다.

□ policía 뽈리씨아 f. 경찰 m.f. 경찰관

□ bombero(a) 봄베로(라) m.f. 소방관

□ cartero(a) 까르떼로(라) m.f. 집배원

□ programador/programadora 쁘로그라마도르/쁘로그라마도라 m.f. 프로그래머

Los programadores en España, cobran bien.
로쓰 쁘로그라마도레쓰 엔 에스빠냐, 꼬브란 비엔
스페인의 프로그래머들은 괜찮은 임금을 받는다.

□ piloto 삘로또 m.f. 조종사, 파일럿

□ azafato(a) 아싸파또(따) m.f. 승무원

□ arquitecto(a) 아르끼떽또(따) m.f. 건축가

□ ingeniero(a) 잉헤니에로(라) m.f. 엔지니어

□ mecánico(a) 메까니꼬(까) m.f. (자동차) 정비공

□ fontanero(a) 폰따네로(라) m.f. 배관공

□ presentador/presentadora 쁘레센따도르/쁘레센따도라 m.f. 아나운서

□ periodista 뻬리오디스따 m.f. 기자

Quiero ser periodista de revistas de moda.
끼에로 쎄르 뻬리오디스따 데 레비스따쓰 데 모다
나는 패션 잡지 기자가 되고 싶다.

□ político(a) 뽈리띠꼬(까) m.f. 정치인

□ médico(a) 메디꼬(까) m.f. 의사

□ psiquiatra 씨끼아뜨라 m.f. 정신과 의사

□ dentista 덴띠스따 m.f. 치과 의사

□ veterinario(a) 베떼리나리오(아) m.f. 수의사

□ enfermero(a) 엠페르메로(라) m.f. 간호사

□ farmacéutico(a) 파르마쎄우띠꼬(까) m.f. 약사

□ cocinero(a) 꼬씨네로(라) m.f. 요리사

□ panadero(a) 빠나데로(라) m.f. 제빵사, 제과업자

□ camarero(a) 까마레로(라) m.f. 종업원, 웨이터(웨이트리스)

□ peluquero(a) 뻴루께로(라) m.f. 이발사, 미용사

Cuando era niña, quería ser peluquera.
꾸안도 에라 니냐, 께리아 쎄르 뻴루께라
나는 어릴 적에, 미용사가 되고 싶었다.

□ diseñador/diseñadora 디세냐도르/디세냐도라 m.f. 디자이너

Mi prima es diseñadora de moda.
미 쁘리마 에쓰 디세냐도라 데 모다
내 사촌은 패션 디자이너이다.

□ agricultor/agricultora 아그리꿀또르/아그리꿀또라 m.f. 농부

□ florista 플로리스따 m.f. 꽃장수, 플로리스트

□ deportista 데뽀르띠스따 m.f. 운동선수

□ taxista 딱씨스따 m.f. 택시 기사

□ fotógrafo(a) 포또그라포(파) m.f. 사진작가

□ buscar trabajo 부스까르 뜨라바호 구직하다

□ oferta de empleo 오페르따 데 엠쁠레오 구인 광고

□ Currículum Vitae 꾸르리꿀룸 비따에 m. 이력서

= CV 씨비(Currículum Vitae의 약자)

He echado muchos currículum pero es difícil encontrar trabajo.
에 에차도 무초쓰 꾸르리꿀룸 뻬로 에쓰 디피씰 엥꼰뜨라르 뜨라바호
나는 많은 이력서를 냈지만 일을 구하는 게 너무 어렵다.

□ perfil 뻬르필 m. 프로필

□ carta de motivación 까르따 데 모띠바씨온 지원동기서

□ carta de presentación 까르따 데 쁘레센따씨온 자기소개서

□ experiencia laboral 엑쓰뻬리엔씨아 라보랄 경력
  □ certificado de experiencia laboral 쎄르띠피까도 데 엑쓰뻬리엔씨아 라보랄 경력 증명서
  □ formación académica 포르마씨온 아까데미까 학력

□ entrevista 엔뜨레비스따 f. 인터뷰, (채용 시험의) 면접

Mañana tengo una entrevista de trabajo.
마냐나 뗑고 우나 엔뜨레비스따 데 뜨라바호
내일 나는 면접이 있다.

꼭! 써먹는 **실전 회화**

16. 보너스

Julia Me han dado una paga extra por Navidad.
메 안 다도 우나 빠가 엑스뜨라 뽀르 나비닫
크리스마스 보너스를 받았어.

Javier ¡Qué bien! Te envidio.
께 비엔! 떼 엠비디오
잘됐다! 부럽네.

Julia ¿Te pasa algo?
떼 빠사 알고?
(넌) 무슨 일 있어?

Javier Me han quitado la paga extra.
메 안 끼따도 라 빠가 엑쓰뜨라
(회사에서) 내 보너스를 없앴어.

Unidad 17.

음식점 & 카페 Restaurante y cafetería 레스따우란떼 이 까페떼리아

□ restaurante 레스따우란떼
m. 음식점, 식당

□ menú 메누
m. 차림표, 식단, 메뉴

□ plato 쁠라또
m. (단품) 요리; 접시

□ plato principal 쁠라또 쁘린씨빨
메인 요리

□ filete 필레떼
m. 스테이크

□ aperitivo 아뻬리띠보
m. 아페리티프, 식욕 증진용 술

□ entrante 엔뜨란떼
m. 전채, 식욕 증진용 가벼운 요리

□ acompañamiento 아꼼빠냐미엔또
m. 가니쉬, 사이드 메뉴

□ postre 뽀스뜨레
m. 디저트, 후식

□ reservar 레세르바르
v. 예약하다

□ reserva 레세르바
f. 예약

□ pedir 뻬디르
v. 주문하다

□ elegir 엘레히르
= escoger 에스꼬헤르
v. 선택하다

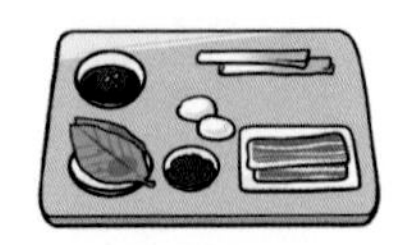

□ ingrediente 잉그레디엔떼
m. (음식) 재료

□ entrecot 엔뜨레꼿
m. 등심

□ salchicha 쌀치차
f. 소시지

□ crema 끄레마
f. 크림, 스프

□ ensalada 엔살라다
f. 샐러드

□ puré 뿌레
m. 퓨레

□ marisco 마리스꼬
m. 해산물

□ almeja 알메하
f. 조개

□ mejillón 메히욘
m. 홍합

□ seta 쎄따
f. 버섯

□ helado 엘라도
m. 아이스크림

□ queso 께소
m. 치즈

□ caramelo 까라멜로
m. 사탕

□ pan 빤
m. 빵

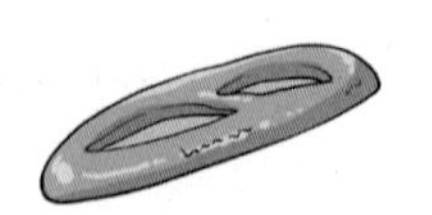

□ barra 바라
f. 긴 빵

□ tarta 따르따
f. 케이크

□ galleta 가예따
f. 쿠키

□ cafetería 까페떼리아
f. 카페, 커피숍

□ café 까페
m. 커피

□ té 떼
m. 차

□ zumo 쑤모
m. 주스

□ agua con gas
아구아 꼰 가쓰 탄산수

□ alcohol 알꼬올
m. 술

□ cerveza 쎄르베싸
f. 맥주

□ vino 비노
m. 포도주, 와인

□ taza 따싸
f. 찻잔

□ vaso 바소
m. 잔, 컵

□ pajita 빠히따
f. 빨대

□ servilleta 쎄르비예따 f.
냅킨

□ cuchillo 꾸치요
m. 칼

□ tenedor 떼네도르
m. 포크

□ cuchara 꾸차라
f. 숟가락

□ cucharilla 꾸차리야
f. 작은 숟가락, 찻숟가락

□ palillos 빨리요쓰
m. 젓가락

□ sabor 싸보르
m. 맛

□ salado(a) 쌀라도(다)
adj. 짠

□ dulce 둘쎄
adj. 달콤한, 단

□ picante 삐깐떼
adj. 매운

□ ácido(a) 아씨도(다)
adj. 신

□ amargo(a) 아마르고(가)
adj. 쓴

□ restaurante 레스따우란떼 m. 음식점, 식당

Estoy buscando un restaurante experto en paella.
에스또이 부스깐도 운 레스따우란떼 엑쓰뻬르또 엔 빠에야
저는 빠에야 전문 식당을 찾고 있어요.

□ plato 쁠라또 m. (단품) 요리; 접시

□ menú 메누 m. 차림표, 식단, 메뉴
　□ menú del día 메누 델 디아 오늘의 메뉴

□ aperitivo 아뻬리띠보 m. 아페리티프, 식욕 증진용 술

□ entrante 엔뜨란떼 m. 전채, 식욕 증진용 가벼운 요리

□ plato principal 쁠라또 쁘린씨빨 메인 요리

□ filete 필레떼 m. 스테이크
　□ bien hecho 비엔 에초 잘 익은(well-done)
　□ en su punto 엔 쑤 뿐또 중간으로 익은(midium)
　□ poco hecho 뽀꼬 에초 덜 익은(rare)

□ acompañamiento 아꼼빠냐미엔또 m. 가니쉬, 사이드 메뉴(메인에 곁들이는 것으로 보통 샐러드나 감자튀김)
　= guarnición 구아르니씨온 f.

□ postre 뽀스뜨레 m. 디저트, 후식

□ reservar 레세르바르 v. 예약하다

Quiero reservar una mesa para tres personas.
끼에로 레세르바르 우나 메사 빠라 뜨레쓰 뻬르소나쓰
3명 식사 예약을 하고 싶습니다.

□ reserva 레세르바 f. 예약

□ recomendable 레꼬멘다블레 adj. 추천할 만한

□ pedir 뻬디르 v. 주문하다

¿Qué me pido?
께 메 삐도?
나 뭐 주문하지?

□ elegir 엘레히르 v. 선택하다
= escoger 에스꼬헤르

□ llevar 예바르 v. 가지고 가다

¿Es posible que me lleve las sobras?
에쓰 뽀시블레 께 메 예베 라쓰 쏘브라쓰?
남은 음식을 가져가도 되나요?

□ ingrediente 잉그레디엔떼 m. (음식) 재료
□ entrecot 엔뜨레꽃 m. 등심
□ solomillo 쏠로미요 m. 안심
□ jamón 하몬 m. 하몬, 햄
□ embutido 엠부띠도 m. 스페인 식 염장 햄
□ salchicha 쌀치차 f. 소시지

Los españoles comen mucho embutido.
로쓰 에스빠뇰레쓰 꼬멘 무초 엠부띠도
스페인 사람들은 염장 햄을 많이 먹는다.

□ patata frita 빠따따 프리따 감자튀김

□ sopa 쏘빠 f. 국

□ crema 끄레마 f. 크림, 스프

tip. sopa는 보통 caldo 깔도(육수) 종류를 가리키는데 crema 역시 sopa에 속하며 보통 우유나 생크림을 넣어 걸쭉하고 부드럽게 끓인 것을 말합니다.

□ puré 뿌레 m. 퓨레

□ ensalada 엔살라다 f. 샐러드

☐ marisco 마리스꼬 m. 해산물

☐ mejillón 메히욘 m. 홍합

☐ ostra 오스뜨라 f. 굴

☐ almeja 알메하 f. 조개

☐ seta 쎄따 f. 버섯

☐ champiñón 참피뇬 m. 양송이

☐ trufa 뜨루파 f. 송로 버섯

La trufa es la seta más cara.
라 뜨루파 에쓰 라 쎄따 마쓰 까라
송로 버섯은 제일 비싼 버섯이다.

☐ caracol 까라꼴 m. 달팽이

☐ foie gras 푸아 그라쓰 푸아그라(거위 또는 오리의 간을 주재료로 한 프랑스 요리)

☐ yogur 요구르 m. 요거트(요구르트)

Normalmente desayuno cereales con yogur.
노르말멘떼 데사유노 쎄레알레쓰 꼰 요구르
나는 보통 아침으로 시리얼과 요거트를 먹는다.

☐ helado 엘라도 m. 아이스크림

☐ queso 께소 m. 치즈

☐ chocolate 초꼴라떼 m. 초콜릿

☐ caramelo 까라멜로 m. 사탕

☐ pan 빤 m. 빵

☐ pan de ajo 빤 데 아호 마늘빵

☐ pan de molde 빤 데 몰데 식빵

☐ barra 바라 f. 긴 빵(스페인에서 가장 일반적인 바게트 모양의 빵)

☐ baguette 바게떼 f. 바게트

- □ cruasán 끄루아산 m. 크루아상
- □ bizcocho 비스꼬초 m. (스페인 식) 카스텔라

□ tarta 따르따 f. 케이크

□ galleta 가예따 f. 쿠키

□ cafetería 까페떼리아 f. 카페, 커피숍

□ café 까페 m. 커피
- □ café con leche 까페 꼰 레체 카페라떼
- □ café descafeinado 까페 데스까페이나도 카페인 없는 커피
- □ café solo 까페 쏠로 에스프레소
- □ café cortado 까페 꼬르따도 에스프레소에 아주 적은 양의 우유를 탄 커피
- □ café capuchino 까페 까푸치노 카푸치노
- □ café moca 까페 모까 카페모카

No puedo vivir sin café.
노 뿌에도 비비르 씬 까페
나는 커피 없이는 살 수 없다.

□ té 떼 m. 차
- □ té verde 떼 베르데 녹차
- □ té rojo 떼 로호 홍차
- □ infusión 임푸시온 f. 허브차

□ zumo 쑤모 m. 주스
- □ zumo de naranja 쑤모 데 나랑하 오렌지 주스
- □ limonada 리모나다 f. 레몬에이드

□ refresco 레프레스꼬 m. 음료

□ agua con gas 아구아 꼰 가쓰 탄산수

□ alcohol 알꼬올 m. 술

□ champán 참빤 m. 샴페인

= cava 까바 f.

□ cerveza 쎄르베싸 f. 맥주

□ whisky 위스끼 m. 위스키

□ sidra 씨드라 f. 사과주

□ vino 비노 m. 포도주, 와인

□ copa 꼬빠 f. 한 잔의 술

□ hielo 이엘로 m. 얼음

□ cubito de hielo 꾸비또 데 이엘로 사각 얼음 조각

□ taza 따싸 f. 찻잔

□ vaso 바소 m. 잔, 컵

□ pajita 빠히따 f. 빨대

□ servilleta 쎄르비예따 f. 냅킨

□ cuchillo 꾸치요 m. 칼

□ tenedor 떼네도르 m. 포크

□ cuchara 꾸차라 f. 숟가락

□ cucharilla 꾸차리야 f. 작은 숟가락, 찻숟가락

□ palillos 빨리요쓰 m. 젓가락

¿Sabes cómo usar palillos?
싸베쓰 꼬모 우사르 빨리요쓰?
너 젓가락 사용하는 법 아니?

□ cuenta 꾸엔따 f. 계산서

¿Me da la cuenta, por favor?
메 다 라 꾸엔따, 뽀르 파보르?
계산서 좀 주시겠어요?

□ propina 쁘로삐나 f. 팁

□ sabor 싸보르 m. 맛

- □ salado(a) 쌀라도(다) adj. 짠
- □ dulce 둘쎄 adj. 달콤한, 단
- □ picante 삐깐떼 adj. 매운
- □ ácido(a) 아씨도(다) adj. 신
- □ amargo(a) 아마르고(가) adj. 쓴

□ olor a pescado 올로르 아 뻬스까도 생선 비린내

□ podrido(a) 뽀드리도(다) adj. 썩은, 부패한

La comida está podrida.
라 꼬미다 에스따 뽀드리다
음식이 썩었다.

17. 요리 주문

꼭! 써먹는 **실전 회화**

Julia
¿Cuál es el plato del día?
꾸알 에쓰 엘 쁠라또 델 디아?
오늘의 메뉴는 무엇인가요?

Camarero
Hoy tenemos entrecot con salsa de cebolla caramelizada. ¿Le apetece?
오이 떼네모쓰 엔뜨레꼿 꼰 쌀사 데 쎄보야 까라멜리싸다. 레 아뻬떼쎄?
오늘은 케러멜라이징 한 양파 소스가 곁들여진 등심 스테이크가 있습니다. 그걸로 하시겠나요?

Julia
Sí, y quiero una copa de vino también.
씨, 이 끼에로 우나 꼬빠 데 비노 땀비엔
네, 그리고 와인 한 잔도 주세요.

Camarero
Perfecto. Ahora mismo se la traigo.
뻬르펙또. 아오라 미스모 쎄 라 뜨라이고
좋습니다. 지금 가져오겠습니다.

Camarero(a) 까마레로(라) m.f. 종업원

Unidad 18.

상점 Tiendas 띠엔다쓰

□ tienda 띠엔다
f. 가게, 상점

□ mercado 메르까도
m. 시장

□ supermercado 쑤뻬르메르까도
m. 슈퍼마켓, 마트

□ grandes almacenes
그란데쓰 알마쎄네쓰 백화점

□ comprar 꼼쁘라르
v. 사다, 구입하다

□ vender 벤데르
v. 팔다

□ pagar 빠가르
v. 지불하다

□ cambiar 깜비아르
v. 바꾸다

□ tarifa 따리파
f. 가격, 요금

□ pagar con tarjeta de crédito
빠가르 꼰 따르헤따 데 끄레디또
신용 카드로 지불하다

□ ticket 띠껫
= recibo 레씨보
m. 표, 영수증

□ factura 팍뚜라
f. 청구서, 계산서, 송장

□ vendedor/vendedora
벤데도르/벤데도라 m.f. 상인, 판매원

□ cajero(a) 까헤로(라) m.f. 계산원

□ cliente(a) 끌리엔떼(따)
m.f. 손님

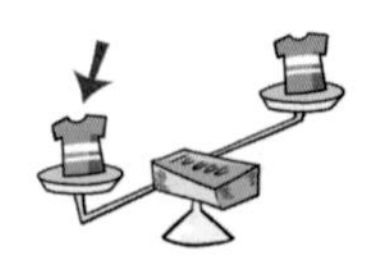

□ caro(a) 까로(라)
adj. 비싼

□ barato(a) 바라또(따)
adj. 싼

□ devolver 데볼베르
v. 돌려주다, 반품하다

□ rebajado(a) 레바하도(다) adj. 할인된

□ rebaja 레바하 f. 바겐세일

□ escaparate 에스까빠라떼
m. 진열장, 쇼케이스

□ droguería 드로게리아
f. 잡화점

□ producto lácteo 쁘로둑또 락떼오
유제품

□ comida precocinada
꼬미다 쁘레꼬씨나다
= comida instantánea
꼬미다 인스딴따네아
인스턴트식품, 즉석식품

□ carnicería 까르니쎄리아
f. 정육점

□ pescadería 뻬스까데리아
f. 생선 가게

□ panadería 빠나데리아
f. 빵집

□ heladería 엘라데리아
f. 아이스크림 가게

□ tienda de ropa 띠엔다 데 로빠
옷가게

□ talla 따야
f. 사이즈

□ zapatería 싸빠떼리아
f. 신발 가게

□ librería 리브레리아
f. 서점

□ peluquería 뻴루께리아
f. 미용실

□ tienda de cosmética
띠엔다 데 꼬스메띠까
화장품 가게

□ tintorería 띤또레리아
f. 세탁소

□ lavado en seco 라바도 엔 쎄꼬
드라이클리닝

□ lavar 라바르
v. 세탁하다; 씻다

□ quitar la mancha 끼따르 라 만차
얼룩을 제거하다

□ planchar 쁠란차르
v. 다림질하다

□ arreglar 아레글라르
v. 수선하다

□ farmacia 파르마씨아
f. 약국

□ floristería 플로리스떼리아
f. 꽃집

□ agencia de viajes
아헨씨아 데 비아헤쓰
여행사

□ inmobiliaria 임모빌리아리아
f. 부동산

□ tienda 띠엔다 f. 가게, 상점

□ mercado 메르까도 m. 시장
- □ mercadillo 메르까디요 m. 노천 시장, 벼룩시장
- □ mercado de segunda mano 메르까도 데 쎄군다 마노 중고 시장

□ ir de compras 이르 데 꼼쁘라쓰 쇼핑하다

□ hacer la compra 아쎄르 라 꼼쁘라 장을 보다

□ supermercado 쑤뻬르메르까도 m. 슈퍼마켓, 마트

□ grandes almacenes 그란데쓰 알마쎄네쓰 백화점

En España, hay solo unos grandes almacenes.
엔 에스빠냐, 아이 쏠로 우노쓰 그란데쓰 알마쎄네쓰
스페인에는 백화점이 한 곳 있다.

□ centro comercial 쎈뜨로 꼬메르씨알 쇼핑몰

□ comprar 꼼쁘라르 v. 사다, 구입하다

□ compra 꼼쁘라 f. 구매, 구입

□ producto 쁘로둑또 m. 상품, 제품
- □ producto congelado 쁘로둑또 꽁헬라도 냉동 제품
- □ producto promocional 쁘로둑또 쁘로모씨오날 판촉물
- □ producto agrícola 쁘로둑또 아그리꼴라 농산물

□ vender 벤데르 v. 팔다

□ vendedor/vendedora 벤데도르/벤데도라 m.f. 상인, 판매원

□ tarifa 따리파 f. 가격, 요금

□ pagar 빠가르 v. 지불하다

□ pagar con tarjeta de crédito
빠가르 꼰 따르헤따 데 끄레디또 신용 카드로 지불하다

□ cambiar 깜비아르 v. 바꾸다

□ reembolsar 레엠볼사르 v. 환불하다
□ reembolso 레엠볼소 m. 환불, 상환

□ devolver 데볼베르 v. 돌려주다, 반품하다

□ ticket 띠껫 m. 표, 영수증
= recibo 레씨보

□ factura 팍뚜라 f. 청구서, 계산서, 송장

tip. ticket, recibo는 단순히 물건을 사고 받은 증명서를 말하며, factura는 해당 상거래에 대한 증빙으로 사용 가능한 영수증입니다.

□ escaparate 에스까빠라떼 m. 진열장, 쇼케이스

□ cliente(a) 끌리엔떼(따) m.f. 손님

□ dependiente(a) 데뻰디엔떼(따) m.f. 매장 점원

tip. vendedor(a)는 능동적으로 구매자를 찾아 세일즈하는 '전문 판매원'이며, dependiente(a)는 구매자의 문의 또는 요청에 따라 판매를 처리하는 '매장 점원'을 말합니다.

□ caja 까하 f. 계산대

¿Dónde está la caja?
돈데 에스따 라 까하?
계산대가 어디죠?

□ cajero(a) 까헤로(라) m.f. 계산원

□ precio 쁘레씨오 m. 계산

□ caro(a) 까로(라) adj. 비싼

□ barato(a) 바라또(따) adj. 싼

□ económico(a) 에꼬노미꼬(까) adj. 경제적인

El mercado es más económico que el supermercado.
엘 메르까도 에쓰 마쓰 에꼬노미꼬 께 엘 쑤뻬르메르까도
시장은 슈퍼마켓보다 더 경제적이다.

□ rebajado(a) 레바하도(다) adj. 할인된

□ rebaja 레바하 f. 바겐세일

En España, hay dos temporadas de rebajas al año.
엔 에스빠냐, 아이 도쓰 뗌뽀라다쓰 데 레바하쓰 알 아뇨
스페인에는 1년에 두 번 바겐세일 시즌이 있다.

□ liquidación 리끼다씨온 f. 점포 정리

□ promoción 쁘로모씨온 f. 판매 촉진(할인 상품)

□ calidad 깔리닫 f. 품질

□ droguería 드로게리아 f. 잡화점

□ producto lácteo 쁘로둑또 락떼오 유제품

□ comida precocinada 꼬미다 쁘레꼬씨나다 인스턴트식품, 즉석식품
= comida instantánea 꼬미다 인스딴따네아

La comida precocinada no es saludable.
라 꼬미다 쁘레꼬씨나다 노 에쓰 쌀루다블레
인스턴트식품은 건강에 좋지 않다.

□ fecha de caducidad 페차 데 까두씨닫 유통 기한

□ quiosco 끼오스꼬 m. 구멍가게(음료나 신문, 잡지 등을 파는 길거리의 작은 가게)

□ carnicería 까르니쎄리아 f. 정육점

□ charcutería 차르꾸떼리아 f. 스페인 식 염장 햄이나 치즈를 파는 가게

□ panadería 빠나데리아 f. 빵집

□ pescadería 뻬스까데리아 f. 생선 가게

□ frutería 프루떼리아 f. 과일 가게

□ pastelería 빠스뗄레리아 f. 디저트 가게

□ heladería 엘라데리아 f. 아이스크림 가게

□ tienda de ropa 띠엔다 데 로빠 옷가게

- □ probador 쁘로바도르 m. 피팅룸, 탈의실
- □ maniquí 마니끼 m. 마네킹
- □ espejo 에스뻬호 m. 거울
- □ talla 따야 f. 사이즈

¿Me lo puede cambiar por otra talla?
메 로 뿌에데 깜비아르 뽀르 오뜨라 따야?
다른 사이즈로 바꿔 주실 수 있나요?

□ perchero 뻬르체로 m. 옷걸이

Deja el traje en el perchero.
데하 엘 뜨라헤 엔 엘 뻬르체로
양복을 옷걸이에 걸어 줘.

□ tienda de deportes 띠엔다 데 데뽀르떼쓰 스포츠 용품 가게

□ zapatería 싸빠떼리아 f. 신발 가게

□ joyería 호예리아 f. 보석 가게

□ librería 리브레리아 f. 서점

□ papelería 빠뻴레리아 f. 문구점

□ juguetería 후게떼리아 f. 장난감 가게

□ peluquería 뻴루께리아 f. 미용실

□ tienda de cosmética 띠엔다 데 꼬스메띠까 화장품 가게
　□ tónico 또니꼬 m. 스킨
　□ loción 로씨온 f. 로션
　□ crema solar 끄레마 쏠라르 자외선 차단제, 선크림
　□ polvos compactos 뽈보쓰 꼼빡또쓰 콤팩트 파우더
　□ pintalabios 삔딸라비오쓰 m. 립스틱
　□ máscara de pestañas 마스까라 데 뻬스따냐쓰 f. 마스카라
　□ manicura 마니꾸라 f. 매니큐어

□ perfumería 뻬르푸메리아 f. 향수 가게
　□ perfume 뻬르푸메 m. 향수

□ tintorería 띤또레리아 f. 세탁소

Voy a llevar algunas faldas a la tintorería.
보이 아 예바르 알구나쓰 팔다쓰 아 라 띤또레리아
나는 치마 몇 벌을 세탁소에 가져가려고.

□ lavar 라바르 v. 세탁하다; 씻다

□ lavado en seco 라바도 엔 쎄꼬 드라이클리닝

Los trajes hay que lavarlos siempre en seco.
로쓰 뜨라헤쓰 아이 께 라바르로쓰 씨엠쁘레 엔 쎄꼬
양복들은 항상 드라이클리닝해야 한다.

□ mancha 만차 f. 얼룩
　□ quitar la mancha 끼따르 라 만차 얼룩을 제거하다

¿Podrías quitar la mancha de chocolate?
뽀드리아쓰 끼따르 라 만차 데 초꼴라떼?
초콜릿 얼룩을 지워 주실 수 있나요?

□ planchar 쁠란차르 v. 다림질하다

□ arreglar 아레글라르 v. 수선하다

□ coser 꼬세르 v. 바느질하다

□ cortar 꼬르따르 v. 자르다

¿Podrías cortar el pantalón?
뽀드리아쓰 꼬르따르 엘 빤딸론?
바지를 조금 잘라 주실 수 있나요?

□ farmacia 파르마씨아 f. 약국

□ floristería 플로리스떼리아 f. 꽃집

□ inmobiliaria 임모빌리아리아 f. 부동산

□ agencia de viajes 아헨씨아 데 비아헤쓰
여행사

18. 원피스

꼭! 써먹는 **실전 회화**

Dependiente ¿Le puedo ayudar en algo?
레 뿌에도 아유다르 엔 알고?
무엇을 도와드릴까요?

Julia Sí, me gustaría probarme este vestido.
씨, 메 구스따리아 쁘로바르메 에스떼 베스띠도
네, 이 원피스를 입어 보고 싶은데요.

Dependiente ¿Cuál es su talla?
꾸알 에쓰 쑤 따야?
사이즈가 어떻게 되나요?

Julia Tengo una treinta y seis.
뗑고 우나 뜨레인따 이 쎄이쓰
저는 36 사이즈를 입어요.

Dependiente 데뻰디엔떼 m.f. 점원

Unidad 19.

병원 & 은행 Hospital y banco 오스삐딸 이 방꼬오스삐딸 이 방꼬

□ hospital 오스삐딸
m. 병원

□ clínica 끌리니까
f. 의원, 개인 병원

□ médico(a) 메디꼬(까)
m.f. 의사

□ enfermero(a)
엠페르메로(라)
m.f. 간호사

□ paciente 빠씨엔떼
m.f. 환자

□ consultar 꼰술따르
v. 상담하다, 진찰을 받다

□ síntoma 씬또마
m. 증상, 증세

□ doler 돌레르
v. 아프다

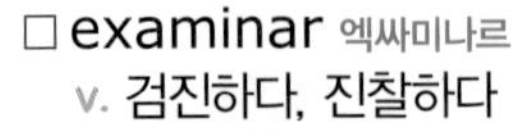

□ examinar 엑싸미나르
v. 검진하다, 진찰하다

□ herida 에리다
f. 상처

□ herirse 에리를세
v. 다치다, 부상을 입다

□ quemadura 께마두라
f. 화상

□ magulladura
마구야두라 f. 타박상

□ moretón 모레똔
m. 멍

□ muleta 물레따
f. 목발

□ catarro 까따로
= resfriado 레스프리아도
m. 감기

□ toser 또쎄르 v. 기침하다

□ tos 또쓰 f. 기침

□ fiebre 피에브레
f. 열

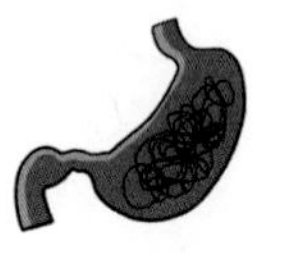

□ dispepsia 디쓰뻽시아
= indigestión
임디헤스띠온
f. 소화 불량

□ vómito 보미또
m. 구토

□ vomitar 보미따르
v. 구토하다

□ mareo 마레오
m. 멀미, 현기증

□ anemia 아네미아
f. 빈혈

□ ser mordido
쎄르 모르디도
v. 물리다(동물에게)

□ ser picado 쎄르 삐까도
v. 물리다(곤충에게)

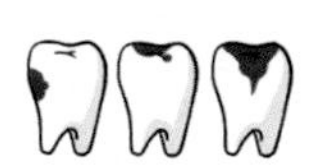

□ caries 까리에쓰
f. 충치

□ poner una funda dental
뽀네르 우나 푼다 덴딸
이를 때우다

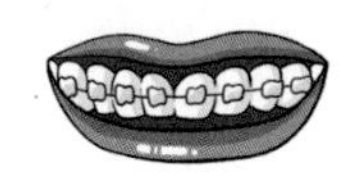

□ ortodoncia
오르또돈씨아
f. 치아 교정

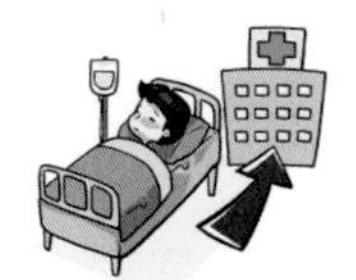

□ ingresar 잉그레사르
= hospitalizarse
오스삐딸리싸르세
v. 입원하다

□ salir del hospital
쌀리르 델 오스삐딸
v. 퇴원하다

□ farmacia 파르마씨아
f. 약국

□ prescripción médica
쁘레스끄립씨온 메디까 처방전

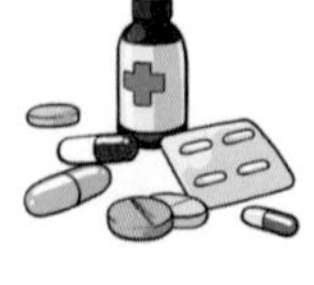

□ medicina 메디씨나
f. 약

□ efecto secundario
에펙또 쎄꾼다리오 부작용

□ digestivo 디헤스띠보
m. 소화제

□ crema 끄레마
= pomada 뽀마다
f. 연고

□ somnífero 쏨니페로
m. 수면제

□ analgésico 아날헤시꼬
m. 진통제

□ tirita 띠리따
f. 반창고

□ banco 방꼬
m. 은행

□ dinero 디네로
m. 돈

□ efectivo 에펙띠보
m. 현금

□ moneda 모네다
f. 동전

□ cambio 깜비오
m. 잔돈, 거스름돈

□ cuenta 꾸엔따
f. 계좌

□ transferencia bancaria 뜨란스페렌씨아 방까리아
계좌 이체

□ ingresar 잉그레사르
v. 예금하다, 입금하다

□ retirar 레띠라르
v. 돈을 찾다, 출금하다

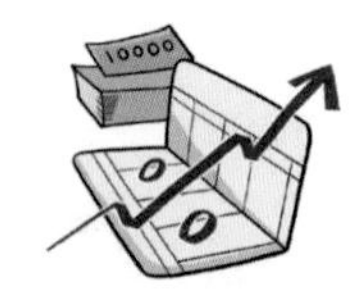

□ interés 인떼레쓰
m. 이자

□ tipo de interés
띠뽀 데 인떼레쓰 금리

□ cajero 까헤로
m. 현금 (자동) 인출기

□ banca en línea 방까 엔 리네아
= banca online 방까 온라인
인터넷 뱅킹

□ cambio de divisa
깜비오 데 디비사
환전

□ tarjeta de crédito
따르헤따 데 끄레디또
신용 카드

□ número pin 누메로 삔
핀 번호, 비밀번호

□ hospital 오스삐딸 m. 병원

□ clínica 끌리니까 f. 의원, 개인 병원

□ paciente 빠씨엔떼 m. 환자

□ enfermo(a) 엠페르모(마) m.f. 병자

□ médico(a) 메디꼬(까) m.f. 의사

□ enfermero(a) 엠페르메로(라) m.f. 간호사

□ consultar 꼰술따르 v. 상담하다, 진찰을 받다

□ síntoma 씬또마 m. 증상, 증세

□ doler 돌레르 v. 아프다

Me duele la cabeza muy a menudo.
메 두엘레 라 까베싸 무이 아 메누도
나는 머리가 자주 아파.

tip. dolor은 통증을 느끼며 아픈 증상을 말하고,
estar malo(a)는 전반적인 아픈 상태 또는 컨디션이 좋지 않은 상태를 말합니다.

□ doloroso(a) 돌로로소(사) adj. 아픈
□ dolor 돌로르 m. 고통, 아픔

□ quemadura 께마두라 f. 화상

□ asfixiarse 아스피씨아르세 v. (공기가 부족해서) 숨막히다
= ahogarse 아오가르세 v. (음식이나 액체 등이 목을 막아) 숨막히다
= sofocarse 쏘포까르세 v. (더위로) 숨막히다

□ insensible 인센시블레 adj. 무감각한

□ herirse 에리르세 v. 다치다, 부상을 입다
□ herida 에리다 f. 상처

□ cicatriz 씨까뜨리쓰 f. 흉터

Tengo una cicatriz en mi cuerpo.
뗑고 운 씨까뜨리쓰 엔 미 꾸에르뽀
나는 몸에 흉터가 하나 있다.

□ lesión 레시온 f. 부상

□ magulladura 마구야두라 f. 타박상

□ contusión 꼰뚜시온 f. 찰과상

□ moretón 모레똔 m. 멍

□ torcerse 또르쎄르세 v. 삐다, 접질리다

Me he torcido el tobillo.
메 에 또르씨도 엘 또비요
나는 발목을 삐었다.

□ hinchado(a) 인차도(다) adj. 부은

□ muleta 물레따 f. 목발

□ catarro 까따로 m. 감기
= resfriado 레스프리아도 m.

□ toser 또쎄르 v. 기침하다

□ tos 또쓰 f. 기침

□ fiebre 피에브레 f. 열

Lúcas tiene fiebre desde anoche.
루까쓰 띠에네 피에브레 데스데 아노체
루까쓰는 어제 저녁부터 열이 있다.

□ tensión 뗀시온 f. 혈압

□ dispepsia 디쓰뻽시아 f. 소화 불량
= indigestión 임디헤스띠온 f.

□ estómago 에스또마고 m. 위

□ apendicitis 아뻰디씨띠쓰 f. 맹장염

□ náusea 나우세아 f. 구역질, 입덧
□ nauseabundo(a) 나우세아분도(다) adj. 매스꺼운, 구역질을 느끼는

□ vómito 보미또 m. 구토
□ vomitar 보미따르 v. 구토하다

□ diarrea 디아레아 f. 설사
□ estreñimiento 에스뜨레니미엔또 m. 변비

□ mareo 마레오 m. 멀미, 현기증
□ marear 마레아르 v. 멀미하다
□ mareado(a) 마레아도(다) adj. 멀미가 느껴지는, 어지러운

Estoy mareado(a).
에스또이 마레아도(다)
나는 어지럽다.

□ anemia 아네미아 f. 빈혈

□ urticaria 우르띠까리아 f. 두드러기
□ grano 그라노 m. 뾰루지, 여드름

tip. grano는 피부 트러블이 하나 난 것을, urticaria는 여러 개가 동시에 난 것을 말합니다.

□ ser mordido 쎄르 모르디도 v. 물리다
= ser picado 쎄르 삐까도

tip. ser mordido는 개나 고양이 같은 동물에게 물리는 것을 말하며, ser picado는 모기와 같은 곤충에게 물리는 것을 말합니다.

□ diente 디엔띠 m. 이, 치아
□ muela 무엘라 f. 어금니
□ caries 까리에쓰 f. 충치

□ poner una funda dental 뽀네르 우나 푼다 덴딸 이를 때우다
□ ortodoncia 오르또돈씨아 f. 치아 교정

□ examinar 엑싸미나르 v. 검진하다, 진찰하다

□ ingresar 잉그레사르 v. 입원하다
= hospitalizarse 오스삐딸리싸르세

Me han ingresado en el hospital.
메 안 잉그레사도 엔 엘 오스삐딸
나는 입원을 했다. (나는 입원을 당했다.)

□ salir del hospital 쌀리르 델 오스삐딸 v. 퇴원하다

□ operación 오뻬라씨온 f. 수술
□ anestesia 아네스떼시아 f. 마취

□ cuidador del paciente o enfermo 꾸이다도르 델 빠씨엔떼 오 엠페르모 간병인

□ seguridad social 쎄구리닫 쏘씨알 국가 의료 혜택, 공공 보험
□ seguro privado 쎄구로 쁘리바도 사보험

□ certificado médico 쎄르띠피까도 메디꼬 진단서

□ prescripción médica 쁘레스끄립씨온 메디까 처방전

□ farmacia 파르마씨아 f. 약국

tip. 스페인에는 마치 약국처럼 생긴 parafarmacia가 있는데, 이곳에서는 화장품, 분유, 비타민 등의 영양제류를 판매하며 약은 판매하지 않습니다.

□ medicina 메디씨나 f. 약
□ digestivo 디헤스띠보 m. 소화제
□ somnífero 쏨니페로 m. 수면제
□ analgésico 아날헤시꼬 m. 진통제

□ efecto secundario 에펙또 쎄꾼다리오 부작용

□ crema 끄레마 f. 연고
= pomada 뽀마다 f.

tip. crema는 주로 미용 목적(흉터 치료제, 수분 크림 등), pomada는 의학적 목적으로 사용하는 연고입니다.

□ tirita 띠리따 f. 반창고

□ banco 방꼬 m. 은행

□ dinero 디네로 m. 돈
- □ efectivo 에펙띠보 m. 현금
- □ cambio 깜비오 m. 잔돈, 거스름돈
- □ moneda 모네다 f. 동전
- □ cheque 체께 m. 수표

□ cuenta 꾸엔따 f. 계좌
- □ cuenta de ahorro 꾸엔따 데 아오로 저축 예금(계좌)
- □ cuenta corriente 꾸엔따 꼬리엔떼 당좌 예금(계좌)
- □ transferencia bancaria 뜨란스페렌씨아 방까리아 계좌 이체

□ ingresar 잉그레사르 v. 예금하다, 입금하다

□ retirar 레띠라르 v. 돈을 찾다, 출금하다

Me gustaría retirar doscientos euros de mi cuenta.
메 구스따리아 레띠라르 도스씨엔또쓰 에우로쓰 데 미 꾸엔따
제 계좌에서 200유로를 찾고 싶습니다.

□ interés 인떼레쓰 m. 이자
- □ tipo de interés 띠뽀 데 인떼레쓰 금리

¿Cuánto es el tipo de interés de una hipoteca?
꾸안또 에쓰 엘 띠뽀 데 인떼레쓰 데 우나 이뽀떼까?
장기 주택 대출의 금리는 얼마인가요?

□ préstamo 쁘레스따모 m. 대출
- □ pedir prestado 뻬디르 쁘레스따도 대출받다, 돈을 빌리다
- □ hipoteca 이뽀떼까 f. 모기지론, 장기 주택 담보 대출

□ divisa 디비사 f. 통화

□ conversión de divisa 꼼베르시온 데 디비사 통화 변환

□ tipo de cambio 띠뽀 데 깜비오 환율

□ cambio de divisa 깜비오 데 디비사 환전

□ comisión 꼬미시온 f. 수수료

□ tasa 따사 f. 인지료, 요금; 퍼센트

□ cajero 까헤로 m. 현금 (자동) 인출기

□ tarjeta de crédito 따르헤따 데 끄레디또 신용 카드

□ tarjeta de débito 따르헤따 데 데비또 체크 카드

□ banca en línea 방까 엔 리네아 인터넷 뱅킹

= banca online 방까 온라인

□ número pin 누메로 삔 핀 번호, 비밀번호

tip. 일반적인 '비밀번호'는 contraseña라고 하지만 인터넷 뱅킹 등에서 요구하는 번호는 'PIN 번호'라고 합니다.

19. 두통

꼭! 써먹는 **실전 회화**

Julia ¿Alguien tiene ibuprofeno?
알기엔 띠에네 이부프로페노?
누구 진통제 가지고 있는 사람 있니?

tip. ibuprofeno은 한국에 '부루펜 시럽'으로 알려진 약으로, 스페인의 실생활에서는 '진통제'를 의미하는 대명사로 사용됩니다.

Javier ¿Por qué? ¿Estás mala?
뽀르께? 에스따쓰 말라?
왜? 어디 안 좋니?

Julia Sí, tengo un dolor de cabeza inaguantable.
씨, 뗑고 운 돌로르 데 까베싸 이나구안따블레
응, 두통이 참을 수 없을 만큼 심해.

Javier Sería mejor que fueras a ver al médico.
쎄리아 메호르 께 푸에라쓰 아 베르 알 메디꼬
병원에 가는 게 나을 거야.

Ejercicio

다음 단어를 읽고 맞는 뜻과 연결하세요.

1. estudiante •	• 가게, 상점
2. escuela •	• 병원
3. cafetería •	• 선생
4. trabajo •	• 시장
5. profesión •	• 약국
6. restaurante •	• 은행
7. banco •	• 음식점, 식당
8. farmacia •	• 직업
9. mercado •	• 직장
10. profesor(a) •	• 카페
11. hospital •	• 학교
12. tienda •	• 학생

1. estudiante – 학생 2. escuela – 학교 3. cafetería – 카페 4. trabajo – 직장
5. profesión – 직업 6. restaurante – 음식점, 식당 7. banco – 은행 8. farmacia – 약국
9. mercado – 시장 10. profesor(a) – 선생 11. hospital – 병원 12. tienda – 가게, 상점

Capítulo 6

Unidad 20 교통
Unidad 21 운전
Unidad 22 숙박
Unidad 23 관광
Unidad 24 사건&사고

교통 Transportes 뜨란스뽀르떼쓰

□ transporte 뜨란스뽀르떼
m. 운송, 교통수단

□ avión 아비온
m. 비행기

□ aeropuerto 아에로뿌에르또
m. 공항

□ billete de avión 비예떼 데 아비온
항공권

□ pasaporte 빠사뽀르떼
m. 여권

□ salida 쌀리다 f. 출발; 출구

□ llegada 예가다 f. 도착

□ salir 쌀리르
v. 출발하다, 떠나다

□ llegar 예가르
v. 도착하다

□ embarcarse 엠바르까르세
v. 탑승하다, 타다

□ bajarse 바하르세
v. 내리다

□ despegue 데스뻬게 m. 이륙

□ aterrizaje 아떼리싸헤 m. 착륙

□ despegar 데스뻬가르
v. 이륙하다

□ aterrizar 아떼리싸르
v. 착륙하다

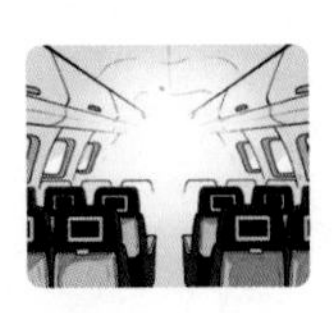

□ asiento 아씨엔또
m. 좌석

□ equipaje 에끼빠헤 m. 짐, 수하물

□ equipaje de mano 에끼빠헤 데 마노
기내용 가방, 핸드 캐리어

□ clase turista 끌라세 뚜리스따
이코노미 클래스

□ clase business 끌라세 비즈니스
비즈니스 클래스

□ primera clase 쁘리메라 끌라세
퍼스트 클래스

□ maleta 말레따
f. 트렁크, 여행 가방

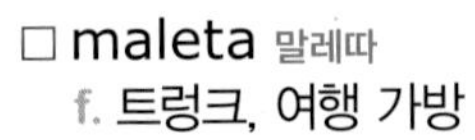

□ control de seguridad
꼰뜨롤 데 쎄구리닫
보안 검색대

□ piloto 삘로또
m.f. 조종사, 파일럿

□ azafato(a)
아싸파또(따)
m.f. 승무원

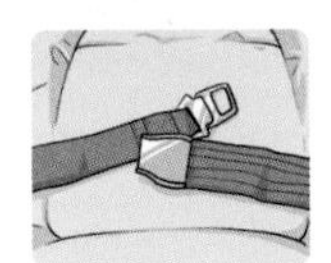

□ cinturón de seguridad
씬뚜론 데 쎄구리닫
안전벨트

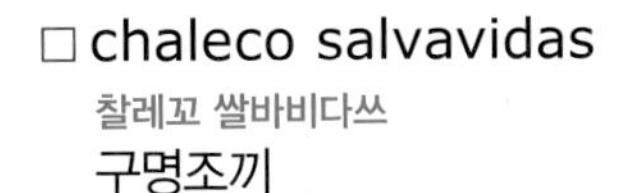

□ chaleco salvavidas
찰레꼬 쌀바비다쓰
구명조끼

□ salida de emergencia
쌀리다 데 에메르헨씨아
비상구

□ Duty Free 두띠 프리
= tienda libre de impuestos
띠엔다 리브레 데 임뿌에스또쓰
면세점

□ tren 뜨렌
m. 기차

□ estación 에스따씨온
f. 기차역

□ andén 안덴
m. 승강장, 플랫폼

□ raíl(rail) 라일 m.
= vía 비아 f.
선로, 레일

□ cabina 까비나
f. 객실

□ plaza 쁠라싸
f. 자리, 좌석

□ ventanilla 벤따니야
f. 매표소

□ billete de tren 비예떼 데 뜨렌
기차표

□ correspondencia
꼬레스뽄덴씨아 f. 환승

□ destino 데스띠노
m. 목적지, 행선지

□ metro 메뜨로
m. 지하철, 전철

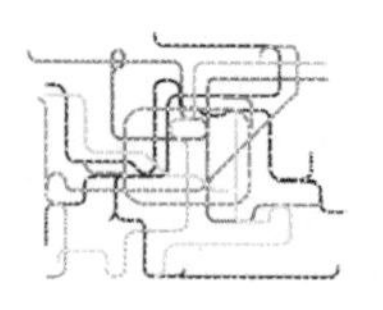

□ plano del metro 빨라노 델 메뜨로
지하철 노선도

□ línea 리네아
f. 노선

□ billete de metro 비예떼 데 메뜨로
지하철 표

□ autobús 아우또부쓰
m. 버스

□ parada de autobús
빠라다 데 아우또부쓰 버스 정류장

□ taxi 딱씨
m. 택시

□ tranvía 뜨란비아
m. 트램, 전차

□ bicicleta 비씨끌레따
= bici 비씨
f. 자전거

□ moto 모또
f. 오토바이

□ casco 까스꼬
m. 헬멧

□ barco 바르꼬
m. 배, 선박

□ puerto 뿌에르또
m. 항구

□ transporte 뜨란스뽀르떼 m. 운송, 교통수단

□ transporte público 뜨란스뽀르떼 뿌블리꼬 대중교통

□ avión 아비온 m. 비행기

□ aeropuerto 아에로뿌에르또 m. 공항

□ billete 비예떼 m. 표

□ billete de avión 비예떼 데 아비온 항공권

tip. '교통수단 이용'을 위한 표는 billete, '콘서트나 영화 관람'을 위한 표는 entrada 엔뜨라다입니다.

□ tarjeta de embarque 따르헤따 데 엠바르께 탑승권

□ compañía aérea 꼼빠니아 아에레아 항공사

□ pasaporte 빠사뽀르떼 m. 여권

Tengo que renovar el pasaporte.
뗑고 께 레노바르 엘 빠사뽀르떼
나는 여권을 연장해야 한다.

□ mostrador de facturación 모스뜨라도레쓰 데 팍뚜라씨온 체크인 카운터

□ terminal 떼르미날 f. 터미널

□ puerta de embarque 뿌에르따 데 엠바르께 탑승구, 게이트

□ salida 쌀리다 f. 출발, 출구

□ salir 쌀리르 v. 출발하다, 떠나다

□ llegada 예가다 f. 도착

□ llegar 예가르 v. 도착하다

No tengo tiempo para esperar su llegada.
노 뗑고 띠엠뽀 빠라 에스뻬라르 쑤 예가다
나는 그의 도착을 기다릴 시간이 없다.

□ despegue 데스뻬게 m. 이륙

□ despegar 데스뻬가르 v. 이륙하다

□ aterrizaje 아떼리싸헤 m. 착륙

□ aterrizar 아떼리싸르 v. 착륙하다

□ vuelo 부엘로 m. 비행

□ vuelo con escala 부엘로 꼰 에스깔라 경유편

□ vuelo directo 부엘로 디렉또 직항편

Me gustaría reservar un vuelo a Nueva York.
메 구스따리아 레세르바르 운 부엘로 아 누에바 욕
저는 뉴욕행 비행을 예약하고 싶습니다.

No hay un vuelo directo a Praga.
노 아이 운 부엘로 디렉또 아 쁘라가
프라하까지 가는 직항편이 없다.

□ ida 이다 f. 편도

□ ida y vuelta 이다 이 부엘따 왕복

□ escala 에스깔라 f. 기항, 기항지

□ asiento 아씨엔또 m. 좌석

□ asiento de ventanilla 아씨엔또 데 벤따니야 창가석

□ asiento de pasillo 아씨엔또 데 빠시요 통로석

□ clase turista 끌라세 뚜리스따 이코노미 클래스

□ clase business 끌라세 비즈니스 비즈니스 클래스

□ primera clase 쁘리메라 끌라세 퍼스트 클래스

□ embarcarse 엠바르까르세 v. 탑승하다, 타다

Embarcaremos en breve.
엠바르까레모쓰 엔 브레베
우리는 곧 탑승한다.

□ bajarse 바하르세 v. 내리다

□ maleta 말레따 f. 트렁크, 여행 가방

¿Cuántas maletas tiene?
꾸안따쓰 말레따쓰 띠에네?
트렁크는 몇 개 가지고 계신가요?

□ equipaje 에끼빠헤 m. 짐, 수하물

□ equipaje de mano 에끼빠헤 데 마노 기내용 가방, 핸드 캐리어

□ consignar el equipaje 꼰시그나르 엘 에끼빠헤 짐을 맡기다

□ control 꼰뜨롤 m. 검사, 심사, 관리

□ control de seguridad 꼰뜨롤 데 쎄구리닫 보안 검색대

□ control de inmigración 꼰뜨롤 데 임미그라씨온 출입국 심사대

□ control de aduanas 꼰뜨롤 데 아두아나쓰 세관 검사대

□ a bordo 아 보르도 기내에

No está permitido llevar líquidos a bordo.
노 에스따 뻬르미띠도 예바르 리끼도쓰 아 보르도
액체를 가지고 기내에 탑승하는 것은 금지되어 있다.

□ piloto 삘로또 m. 조종사, 파일럿

□ azafato(a) 아싸파또(따) m.f. 승무원

□ cinturón de seguridad 씬뚜론 데 쎄구리닫 안전벨트

□ chaleco salvavidas 찰레꼬 쌀바비다쓰 구명조끼

□ salida de emergencia 쌀리다 데 에메르헨씨아 비상구

□ comida del avión 꼬미다 델 아비온 기내식

□ Duty Free 두띠 프리 면세점

= tienda libre de impuestos 띠엔다 리브레 데 임뿌에스또쓰

□ tren 뜨렌 m. 기차

□ estación 에스따씨온 f. 기차역

□ andén 안덴 m. 승강장, 플랫폼

□ pantalla 빤따야 f. (승강장에 있는 다음 역, 남은 시간 등을 표시해 주는) 화면

□ ventanilla 벤따니야 f. 매표소

□ plaza 쁠라싸 f. 자리, 좌석

□ torno de acceso 또르노 데 악세소 회전식 출입구(개찰구)

tip. 중남미에서는 '회전식 출입구(개찰구)'를 torniquete de acceso 또르니께떼 데 악세소라고 합니다.

□ raíl(= rail) 라일 m. 철도
= vía 비아 f.

□ cabina 까비나 f. 객실
- □ coche-cama 꼬체-까마 m. 침대칸
- □ coche-comedor 꼬체-꼬메도르 m. 식당칸
- □ vagón 바곤 m. 화물칸

□ billete de tren 비예떼 데 뜨렌 기차표

□ eurail pass 에우레일 패쓰 유레일 패스

tip. '유레일 패스'란 유럽 국가들을 연결하는 기차 탑승권으로, 가격에 따라 최대 28개국까지 넘나들 수 있습니다. 미리 이동 일자와 국가를 지정하여 예약해 두면 해당 날짜에 자유롭게 이동이 가능하기 때문에 유럽의 여러 나라를 여행하거나 유럽 내 이동이 잦은 많은 사람들이 유레일 패스를 이용합니다.

□ correspondencia 꼬레스뽄덴씨아 f. 환승

□ horario 오라리오 m. 운행 시간표

□ destino 데스띠노 m. 목적지, 행선지

□ cercanías 쎄르까니아쓰 f. 교외선 열차

tip. 마드리드 중심부에는 지하철이 다니고, 외곽 지역에는 지하철과 기차의 중간 형태인 cercanías 열차가 다닙니다.

□ metro 메뜨로 m. 지하철, 전철

□ billete de metro 비예떼 데 메뜨로 지하철 표

□ plano del metro 쁠라노 델 메뜨로 지하철 노선도

□ boca de metro 보까 데 메뜨로 지하철 입구

□ línea 리네아 f. 노선

□ autobús 아우또부쓰 m. 버스

□ carril 까릴 m. 차선

□ carril reservado para autobús y taxi

까릴 레세르바도 빠라 아우또부쓰 이 딱씨 버스와 택시 전용 차선

□ carril bus 까릴 부쓰 버스 전용 차선

= bus-VAO 부쓰-바오

□ carretera 까레떼라 f. 도로

□ autopista 아우또삐스따 f. 고속도로

□ parada de autobús 빠라다 데 아우또부쓰 버스 정류장

□ parada final 빠라다 피날 종점

= última parada 울띠마 빠라다

□ taxi 딱씨 m. 택시

□ tranvía 뜨란비아 m. 트램, 전차

□ bicicleta 비씨끌레따 f. 자전거

= bici 비씨 f. (bicicleta의 약자)

BiciMAD es un servicio municipal de alquiler de bicicletas.

비씨마드리드 에쓰 운 쎄르비씨오 무니씨빨 데 알낄레르 데 비씨끌레따쓰

비씨마드리드는 시에서 운영하는 자전거 대여 서비스이다.

tip. 마드리드와 바르셀로나에는 각각 BiciMAD와 Bicing이라는 전동 자전거 렌탈 시스템이 있습니다. 시에서 운영하며 거리 곳곳에 설치되어 있고, 정액권이나 1회권으로 이용할 수 있습니다.

□ carril bici 까릴 비씨 자전거 전용 도로

□ alquiler 알낄레르 m. 대여

□ moto 모또 f. 오토바이

□ casco 까스꼬 m. 헬멧

□ barco 바르꼬 m. 배, 선박

□ puerto 뿌에르또 m. 항구

□ mareo en barco 마레오 엔 바르꼬 뱃멀미

20. 비행기 예약

꼭! 써먹는 **실전 회화**

Javier Me gustaría comprar un billete de avión a Corea.
메 구스따리아 꼼쁘라르 운 비예떼 데 아비온 아 꼬레아
한국행 비행기 티켓을 구매하고 싶습니다.

Empleado ¿Cuándo quiere ir?
꾸안도 끼에레 이르?
언제 떠나고 싶으신가요?

Javier Quiero salir entre el 20 y 23 de diciembre.
끼에로 쌀리르 엔뜨레 엘 베인떼 이 베인띠뜨레쓰 데 디씨엠브레
12월 20일에서 23일 사이에 떠나고 싶습니다.

Empleado ¿Es solo de ida o de ida y vuelta?
에쓰 쏠로 데 이다 오 데 이다 이 부엘따?
편도인가요 왕복인가요?

Javier De ida y vuelta, por favor.
데 이다 이 부엘따, 뽀르 파보르
왕복으로 부탁합니다.

Empleado(a) 엠쁠레아도(다) m.f. 직원

Unidad 21.

운전 Conduccíon 꼰둑씨온

□ conductor/ conductora 꼰둑또르/꼰둑또라 m.f. 운전자, 운전기사

□ conducir 꼰두씨르 v. 운전하다

□ conducción 꼰둑씨온 f. 운전

□ peatón 뻬아똔 m. 보행자

□ coche 꼬체 m. 자동차

□ coche descapotable 꼬체 데스까뽀따블레 오픈카

□ furgoneta 푸르고네따 f. 밴, 소형 화물차

□ volante 볼란떼 m. 핸들, 운전대

□ cinturón de seguridad 씬뚜론 데 쎄구리닫 안전벨트

□ faro 파로 m. 헤드라이트, 전조등

□ claxon 끌락쏜 m. 경적

□ rueda 루에다 f. 바퀴, 타이어

□ acelerar 아셀레라르
v. 속력을 내다

□ frenar 프레나르
v. 제동을 걸다, 멈추게 하다

□ parar 빠라르
v. 멈추다, 정지하다

□ rápido(a) 라삐도(다)
adj. 빠른

□ lento(a) 렌또(따)
adj. 느린

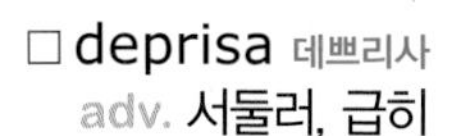

□ deprisa 데쁘리사
adv. 서둘러, 급히

□ despacio 데스빠씨오
adv. 천천히

□ panel de señalización
빠넬 데 쎄냘리싸씨온 교통 표지판

□ semáforo 쎄마포로
m. 신호등

□ límite de velocidad
리미떼 데 벨로씨닫 규정 속도, 제한 속도

□ exceso de velocidad
엑쎄소 데 벨로씨닫 속도 위반

□ conducir hablando por el móvil 꼰두씨르 아블란도 뽀르 엘 모빌
운전 중 통화

□ carretera 까레떼라
f. 도로

□ línea central de carretera
리네아 쎈뜨랄 데 까레떼라 중앙선

□ acera 아쎄라
f. 인도, 보도

□ congestión 꽁헤스띠온
f. 교통 혼잡, 교통 체증

□ atasco 아따스꼬
m. 교통 체증

□ conducir ebrio 꼰두씨르 에브리오
음주 운전

□ intersección vial 인떼르섹씨온 비알
교차로

□ paso a nivel 빠소 아 니벨
(철도) 건널목

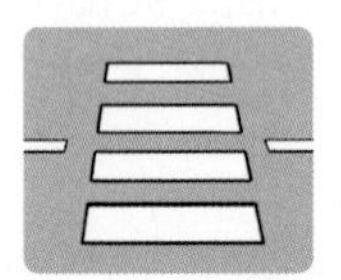

□ paso de peatones
빠소 데 뻬아또네쓰 횡단보도

□ gasolinera 가솔리네라
f. 주유소

□ gasolina 가솔리나
f. 휘발유, 가솔린

□ echar gasolina 에차르 가솔리나
주유하다

□ diésel 디에셀 m.
= gasóleo 가솔레오 m.
디젤

□ litro 리뜨로 m. 리터(부피의 단위)

□ cantidad 깐띠닫 f. 양

□ taller de lavado del automóvil
따예르 데 라바도 델 아우또모빌
세차장

□ lavar el coche 라바르 엘 꼬체
세차하다

□ aparcar 아빠르까르
v. 주차하다

□ aparcamiento 아빠르까미엔또 m.
= parking 빠르낑
주차장

□ prohibido aparcar
쁘로히비도 아빠르까르 주차 금지

□ túnel 뚜넬
m. 터널

□ conducir 꼰두씨르 v. 운전하다

No puedo beber porque luego tengo que conducir.
노 뿌에도 베베르 뽀르께 루에고 뗑고 께 꼰두씨르
나는 나중에 운전을 해야해서 술을 마실 수가 없다.

□ conducción 꼰둑씨온 f. 운전

□ conductor/conductora 꼰둑또르/꼰둑또라 m.f. 운전자, 운전기사

□ peatón 뻬아똔 m. 보행자

□ coche 꼬체 m. 자동차
- □ coche descapotable 꼬체 데스까뽀따블레 오픈카
- □ furgoneta 푸르고네따 f. 밴, 소형 화물차
- □ camión 까미온 m. 트럭
- □ camioneta 까미오네따 f. 소형 트럭

He alquilado un coche descapotable para viajar con mi novia.
에 알낄라도 운 꼬체 데스까뽀따블레 빠라 비아하르 꼰 미 노비아
나는 여자 친구와의 여행을 위해 오픈카를 빌렸다.

□ pisar 삐사르 v. (발로) 밟다

□ acelerar 아쎌레라르 v. 속력을 내다
- □ acelerador 아쎌레라도르 m. 액셀러레이터
- □ pisar el acelerador 삐사르 엘 아쎌레라도르 액셀러레이터를 밟다

□ embrague 엠브라게 m. 클러치
- □ pisar el embrague 삐사르 엘 엠브라게 클러치를 밟다

□ parar 빠라르 v. 멈추다, 정지하다

□ frenar 프레나르 v. 제동을 걸다, 멈추게 하다
- □ freno 프레노 m. 브레이크
- □ freno de mano 프레노 데 마노 핸드 브레이크
- □ pisar el freno 삐사르 엘 프레노 브레이크를 밟다

□ volante 볼란떼 m. 핸들, 운전대

□ cinturón de seguridad 씬뚜론 데 쎄구리닫 안전벨트

□ capó 까뽀 m. (자동차의) 보닛

No se abre el capó de mi coche.
노 쎄 아브레 엘 까뽀 데 미 꼬체
내 자동차의 보닛이 안 열려.

□ maletero 말레떼로 m. 트렁크

□ faro 파로 m. 헤드라이트, 전조등

□ intermitente 인떼르미뗀떼 m. (자동차의) 점멸등

□ luz de emergencia 루쓰 데 에메르헨씨아,
pl. luces de emergencia 루쎄쓰 데 에메르헨씨아 비상등

□ dar 다르 v. (비상등을) 켜다
= encender 엔쎈데르
= poner la luz de emergencia 뽀네르 라 루쓰 데 에메르헨씨아

□ claxon 끌락쏜 m. 경적
□ tocar el claxon 또까르 엘 끌락쏜 경적을 울리다

En España, si se usa el claxon sin motivo, hay 80 euros de multa.
엔 에스빠냐, 씨 쎄 우사 엘 끌락쏜 씬 모띠보, 아이 오첸따 에우로쓰 데 물따
스페인에서 이유 없이 경적을 사용하면 80유로의 벌금이 있다.

□ retrovisor interior 레뜨로비소르 인떼리오르 룸미러

tip. 일반적으로 백미러라고 잘못 부르는 운전석과 조수석 사이의 실내 앞유리창 위쪽에 있는, 후방을 보기 위한 거울은 룸미러가 바른 명칭입니다.

□ retrovisor exterior 레뜨레비소르 엑쓰떼리오르,
pl. retrovisores exteriores 레뜨로비소레쓰 엑쓰떼리오레쓰 사이드 미러

□ limpiaparabrisas 림삐아빠라브리사쓰 m. 와이퍼

□ parachoques 빠라초께쓰 m. 범퍼

□ matrícula 마뜨리꿀라 f. (자동차의) 번호판

□ rueda 루에다, pl. ruedas 루에다쓰 f. 바퀴, 타이어(휠을 포함한 바퀴 전체)

□ llanta 얀따 f. 타이어 휠

- □ neumático 네우마띠꼬, pl. neumáticos 네우마띠꼬쓰 m. 타이어(고무 부분)
- □ neumático de invierno 네우마띠꼬 데 임비에르노 스노타이어
- □ rueda de repuesto 루에다 데 레뿌에스또 스페어(예비) 타이어

□ pincharse 삔차르세 v. (타이어가) 펑크가 나다

Mi neumático se ha pinchado con un clavo.
미 네우마띠꼬 쎄 아 삔차도 꼰 운 끌라베
내 (차의) 바퀴가 못에 펑크가 났다.

□ semáforo 쎄마포로 m. 신호등

□ panel de señalización 빠넬 데 쎄냘리싸씨온 교통 표지판

□ letrero 레뜨레로 m. (도로) 표지판

□ Ley de Tráfico y Seguridad Vial 레이 데 뜨라피꼬 이 쎄구리닫 비알
도로 교통법

□ violación 비올라씨온 f. 위반

- □ exceso de velocidad 엑쎄소 데 벨로씨닫 속도 위반

□ multa 물따 f. 벌금

□ conducir hablando por el móvil 꼰두씨르 아블란도 뽀르 엘 모빌 운전 중 통화

□ conducir ebrio 꼰두씨르 에브리오 음주 운전

□ circulación 씨르꿀라씨온 f. 통행, 순환

□ velocidad 벨로씨닫 f. 속도

□ límite de velocidad 리미떼 데 벨로씨닫 규정 속도, 제한 속도

Tenga cuidado con el límite de velocidad.
뗑가 꾸이다도 꼰 엘 리미떼 데 벨로씨닫
규정 속도를 지키세요.

□ rápido(a) 라삐도(다) adj. 빠른

□ deprisa 데쁘리사 adv. 서둘러, 급히

□ lento(a) 렌또(따) adj. 느린

□ despacio 데스빠씨오 adv. 천천히

□ media vuelta 메디아 부엘따 유(U)턴

□ girar a la izquierda 히라르 라 이쓰끼에르다 좌회전하다

□ girar a la derecha 히라르 아 라 데레차 우회전하다

□ congestión 꽁헤스띠온 f. 교통 혼잡, 교통 체증

□ atasco 아따스꼬 m. 교통 체증

□ hora punta 오라 뿐따 러시아워, 혼잡 시간

□ carretera 까레떼라 f. 도로

□ línea central de carretera 리네아 쎈뜨랄 데 까레떼라 중앙선

□ autopista 아우또삐스따 f. 고속도로

□ intersección vial 인떼르섹씨온 비알 교차로

□ acera 아쎄라 f. 인도, 보도

□ paso de peatones 빠소 데 뻬아또네쓰 횡단보도

□ paso a nivel 빠소 아 니벨 (철도) 건널목

□ echar gasolina 에차르 가솔리나 주유하다

□ gasolinera 가솔리네라 f. 주유소

□ gasolina 가솔리나 f. 휘발유, 가솔린

□ diésel 디에셀 m. 디젤

= gasóleo 가솔레오 m.

□ gas natural 가쓰 나뚜랄 천연가스

□ litro 리뜨로 m. 리터(부피의 단위)

¿Cuánto cuesta un litro de gasolina?
꾸안또 꾸에스따 운 리뜨로 데 가솔리나?
리터당 기름값이 얼마죠?

□ cantidad 깐띠닫 f. 양

□ lavar el coche 라바르 엘 꼬체 세차하다

□ taller de lavado del automóvil 따예르 데 라바도 델 아우또모빌 세차장

□ aparcar 아빠르까르 v. 주차하다

□ prohibido aparcar 쁘로히비도 아빠르까르 주차 금지

¿Dónde puedo aparcar en Madrid?
돈데 뿌에도 아빠르까르 엔 마드릳?
마드리드에서는 어디에 주차할 수 있죠?

□ aparcamiento 아빠르까미엔또 m. 주차장

= parking 빠르낑

□ aparcamiento público 아빠르까미엔또 뿌블리꼬 m. 공영 주차장

□ aparcamiento gratuito 아빠르까미엔또 그라뚜이또 m. 무료 주차장

□ aparcamiento de pago 아빠르까미엔또 데 빠고 m. 유료 주차장

□ carnet de conducir 까르넷 데 꼰두씨르 운전면허증

Déjeme ver su carnet de conducir.
데헤메 베르 쑤 까르넷 데 꼰두씨르
운전면허증을 보여 주세요.

□ examen de conducir 엑싸멘 데 꼰두씨르 운전면허 시험

□ túnel 뚜넬 m. 터널

□ salir del túnel 쌀리르 델 뚜넬 터널을 빠져나오다

□ andén 안덴 m. 갓길

Aparcar en el andén es ilegal.
아빠르까르 엔 엘 안덴 에쓰 일레갈
갓길에 주차하는 것은 불법이다.

21. 교통 위반

꼭! 써먹는 **실전 회화**

Policía Buenos días, déjeme ver su carnet de conducir, por favor.
부에노쓰 디아쓰, 데헤메 베르 쑤 까르넷 데 꼰두씨르, 뽀르 파보르
안녕하세요. 운전면허증을 보여 주세요.

Javier ¿Por qué?, ¿iba demasiado rápido?
뽀르 께? 이바 데마시아도 라삐도?
왜요? 제가 너무 빠르게 갔나요?

Policía No, pero se ha saltado un semáforo.
노, 뻬로 쎄 아 쌀따도 운 쎄마포로
아니요, 신호를 지나치셨습니다.

Javier No lo ví, ¿me va a multar?
노 로 비, 메 바 아 물따르?
못 봤습니다. 벌금을 부과할 건가요?

Policía Sí, es una multa de 100 euros.
씨, 에쓰 우나 물따 데 씨엔 에우로쓰
네, 100유로의 벌금이 있습니다.

Policía 뽈리씨아 m.f. 경찰관

Unidad 22.

숙박 Alojamiento 알로하미엔또

□ alojamiento 알로하미엔또 m.
= hospedaje 오스뻬다헤 m.
숙소, 숙박 시설

□ hotel 오뗄
m. 호텔

□ alojarse 알로하르세
= hospedarse 오스뻬다르세
v. 묵다, 숙박하다

□ check-in 체끄 인
= registro 레헤스뜨로 m. (등록)
= llegada 예가다 f. (도착)
체크인

□ check-out 체끄 아웃
= salida 쌀리다 f. (퇴실, 퇴근)
체크아웃

□ recepción 레쎕씨온
f. 리셉션, 안내데스크

□ servicio de habitaciones
쎄르비씨오 데 아비따씨오네쓰
룸서비스

□ habitación doble
아비따씨온 도블레
더블룸

□ habitación individual
아비따씨온 인디비두알
싱글룸

□ calefacción 깔레팍씨온
f. 난방

□ equipamiento 에끼빠미엔또
m. 시설

□ aire acondicionado
아이레 아꼰디씨오나도
냉방 장치, 에어컨

□ baño 바뇨
m. 화장실, 욕실

□ ducha 두차
f. 샤워실

□ lavandería 라반데리아
f. 세탁실, 세탁소

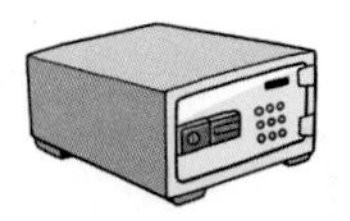

□ caja fuerte 까하 푸에르떼 f.
= caja de seguridad 까하 데 쎄구리닫
금고

□ limpio(a) 림삐오(아)
adj. 깨끗한, 청결한

□ sucio(a) 쑤씨오(아)
adj. 더러운, 지저분한

□ cómodo(a) 꼬모도(다)
adj. 편안한, 안락한

□ incómodo(a) 잉꼬모도(다)
adj. 불편한

□ balcón 발꼰
m. 발코니

□ terraza 떼라싸
f. 테라스

□ tarifa 따리파
f. 가격, 요금

□ reserva 레세르바
f. 예약

□ reservar 레세르바르
v. 예약하다

□ temporada alta 뗌뽀라다 알따
성수기

□ temporada baja 뗌뽀라다 바하
비수기

□ sombrilla 쏨브리야
f. 비치 파라솔

□ piscina 삐스씨나
f. 수영장

□ pagar 빠가르
v. 지불하다

□ anulación 아눌라씨온 f.
= cancelación 깐셀라씨온 f.
취소

□ anular 아눌라르
= cancelar 깐셀라르
v. 취소하다

□ vistas al mar 비스따쓰 알 마르
바다 전망

□ vistas del centro 비스따쓰 델 쎈뜨로
시내 전망

□ sábana 싸바나
f. 침대 시트

□ manta 만따
f. 담요, 이불

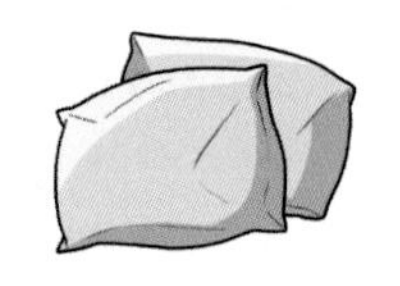

□ almohada 알모아다
f. 베개

□ toalla 또아야
f. 수건

□ cepillo de dientes
쎄삐요 데 디엔떼쓰
칫솔

□ pasta de dientes
빠스따 데 디엔떼쓰
치약

□ champú 참푸
m. 샴푸

□ acondicionador
아꼰디씨오나도르
m. 린스

□ peine 뻬이네
m. 빗

□ secador de pelo
쎄까도르 데 뻴로
헤어 드라이어

□ afeitadora
아페이따도라 f.
= máquina de afeitar
마끼나 데 아페이따르
면도기

□ papel higiénico
빠뻴 이히에니꼬
화장지, 휴지

□ pañuelo facial
빠뉴엘로 파씨알
미용 티슈, 갑 티슈

□ alojarse 알로하르세 v. 묵다, 숙박하다
= hospedarse 오스뻬다르세

¿Cuántos días se hospedarán?
꾸안또쓰 디아쓰 쎄 오스뻬다란?
며칠 묵으실 건가요?

□ alojamiento 알로하미엔또 m. 숙소, 숙박 시설
= hospedaje 오스뻬다헤 m.

Estoy buscando alojamiento en Madrid.
에스또이 부스깐도 알로하미엔또 엔 마드릳
나는 마드리드에서 숙소를 찾고 있다.

□ hotel 오뗄 m. 호텔
□ cadena de hoteles 까데나 데 오뗄레쓰 체인 호텔
□ hotel de lujo 오뗄 데 루호 고급 호텔
□ albergue juvenil 알베르게 우베닐 유스 호스텔

El albergue juvenil es económico.
엘 알베르게 우베닐 에쓰 에꼬노미꼬
유스 호스텔은 경제적이다.

□ recepción 레쎕씨온 f. 리셉션, 안내데스크

La recepción está abierta 24 horas.
라 레쎕씨온 에스따 아비에르따 베인띠꾸아뜨로 오라쓰
리셉션은 24시간 오픈입니다.

□ check-in 체끄 인 체크인
= registro 레헤스뜨로 m. (등록)
= llegada 예가다 f. (도착)

¿A partir de qué hora podemos hacer el check-in?
아 빠르띠르 데 께 오라 뽀데모쓰 아쎄르 엘 체낀?
체크인은 몇 시부터입니까?

□ check-out 체끄 아웃 체크아웃
= salida 쌀리다 f. (퇴실, 퇴근)

Quiero hacer la salida ahora, por favor.
끼에로 아쎄르 라 쌀리다 아오라, 뽀르 파보르
체크아웃 부탁합니다.

□ habitación 아비따씨온, pl. habitaciónes 아비따씨오네쓰
f. 방, 객실(주로 복수형)
□ número de habitación 누메로 데 아비따씨온 방 번호
□ habitación doble 아비따씨온 도블레 더블룸
□ habitación individual 아비따씨온 인디비두알 싱글룸
□ suite 쑤잇트 f. 스위트룸

Todas las habitaciones individuales están ya reservadas.
또다쓰 라쓰 아비따씨오네쓰 인디비두알레쓰 에스딴 야 레세르바다쓰
싱글룸은 전부 이미 예약되었습니다.

□ dormitorio 도르미또리오 m. 침실

tip. habitación은 공부를 하거나 잠을 자는 등의 '일반적인 방'을, dormitorio는 잠을 자는 방, 즉 '침실'을 말합니다.

□ servirse 쎄르비르세 v. (~을) 사용하다, 이용하다

□ servicio de habitaciones 쎄르비씨오 데 아비따씨오네쓰 룸서비스

Nunca pedí ningún servicio de habitaciones.
눙까 뻬디 닝군 쎄르비씨오 데 아비따씨오네쓰
저는 룸서비스를 시키지 않았는데요.

□ reclamar 레끌라마르 v. 항의하다

□ quejarse 께하르세 v. 불평하다, 투덜대다

□ calefacción 깔레팍씨온 f. 난방

□ equipamiento 에끼빠미엔또 m. 시설

Este hotel tiene muy buen equipamiento.
에스떼 오뗄 띠에네 무이 부엔 에끼빠미엔또
이 호텔은 시설이 좋다.

□ aire acondicionado 아이레 아꼰디씨오나도 냉방 장치, 에어컨

□ ventilación 벤띨라씨온 f. 통풍, 환기

□ recepcionista 레셉씨오니스따 m.f. 안내원, 프론트 담당자

□ limpiador/limpiadora 림삐아도르/림삐아도라 m.f. 메이드, 청소부

□ portero(a) 뽀르떼로(라) m.f. 도어맨

□ baño 바뇨 m. 화장실, 욕실

□ ducha 두차 f. 샤워실

Quiero una habitación individual con baño.
끼에로 우나 아비따씨온 인디비두알 꼰 바뇨
욕실이 있는 싱글 룸으로 부탁합니다.

□ lavandería 라반데리아 f. 세탁실, 세탁소

La lavandería está en la planta baja.
라 라반데리아 에스따 엔 라 쁠란따 바하
세탁실은 지하층에 있습니다.

□ caja fuerte 까하 푸에르떼 f. 금고

= caja de seguridad 까하 데 쎄구리닫

□ minibar 미니바르 m. 미니바

□ restaurante 레스따우란떼 m. 식당, 레스토랑

□ limpio(a) 림삐오(아) adj. 깨끗한, 청결한

He encontrado un hotel que es antiguo, pero está limpio.
에 엥꼰뜨라도 운 오뗄 께 에쓰 안띠구오, 뻬로 에스따 림삐오
나는 오래되었지만 깨끗한 호텔을 찾았다.

□ sucio(a) 쑤씨오(아) adj. 더러운, 지저분한

□ cómodo(a) 꼬모도(다) adj. 편안한, 안락한

□ incómodo(a) 잉꼬모도(다) adj. 불편한

□ balcón 발꼰 m. 발코니

Las habitaciones con balcón son más caras.
라쓰 아비따씨오네쓰 꼰 발꼰 쏜 마쓰 까라쓰
발코니가 있는 방들은 더 비싸다.

□ terraza 떼라싸 f. 테라스

□ vista 비스따 f. 전망
□ vistas al mar 비스따쓰 알 마르 바다 전망
□ vistas del centro 비스따쓰 델 쎈뜨로 시내 전망

□ sombrilla 쏨브리야 f. 비치 파라솔

□ piscina 삐스씨나 f. 수영장
□ piscina cubierta 삐스씨나 꾸비에르따 실내 수영장
□ piscina al aire libre 삐스씨나 알 아이레 리브레 야외 수영장

A mí no me gusta ir a la piscina.
아 미 노 메 구스따 이르 아 라 삐스씨나
나는 수영장 가는 것을 별로 좋아하지 않는다.

□ tarifa 따리파 f. 가격, 요금
□ tarifa completa 따리파 꼼쁠레따 정가(할인되지 않은 요금)
□ tarifa reducida 따리파 레두씨다 할인 요금

□ pagar 빠가르 v. 지불하다

□ adicional 아디씨오날 adj. 부가의, 추가의
□ servicio adicional 쎄르비씨오 아디씨오날 부가 서비스

□ suplemento 쑤쁠레멘또 m. 추가 요금

Las habitaciones con "vistas al mar" tienen suplemento.
라쓰 아비따씨오네쓰 꼰 '비스따쓰 알 마르' 띠에넨 쑤쁠레멘또
바다 전망의 방들은 추가 요금이 있다.

□ impuesto 임뿌에스또 m. 세금

□ noche 노체 f. 밤

tip. '1박'은 una noche 우나 노체라고 하며, '2박3일'은 스페인 식으로 '3일과 2밤' 즉 tres días y dos noches 뜨레쓰 디아쓰 이 도쓰 노체쓰라고 합니다.

□ temporada alta 뗌뽀라다 알따 성수기

□ temporada baja 뗌뽀라다 바하 비수기

□ estancia 에스딴씨아 f. 체류

□ quedarse 께다르세 v. 머물다

□ reserva 레세르바 f. 예약

　□ reservar 레세르바르 v. 예약하다

　Me gustaría hacer una reserva.
　메 구스따리아 아쎄르 우나 레세르바
　예약을 하고 싶습니다.

□ anulación 아눌라씨온 f. 취소

　= cancelación 깐쎌라씨온 f.

　□ anular 아눌라르 v. 취소하다

　= cancelar 깐쎌라르

□ sábana 싸바나 f. 침대 시트

□ manta 만따 f. 담요, 이불

□ almohada 알모아다 f. 베개

□ toalla 또아야 f. 수건

□ champú 참푸 m. 샴푸

□ acondicionador 아꼰디씨오나도르 m. 린스

□ cepillo de dientes 쎄삐요 데 디엔떼쓰 칫솔

□ pasta de dientes 빠스따 데 디엔떼쓰 치약

□ peine 뻬이네 m. 빗

□ secador de pelo 쎄까도르 데 뻴로 헤어 드라이어

□ papel higiénico 빠뻴 이히에니꼬 화장지, 휴지
- □ pañuelo 빠뉴엘로 m. 티슈, 휴대용 화장지; 손수건
- □ pañuelo facial 빠뉴엘로 파씨알 미용 티슈, 갑 티슈
- □ servilleta 쎄르비예따 f. 냅킨

□ afeitadora 아페이따도라 f. 면도기
= máquina de afeitar 마끼나 데 아페이따르

□ afeitarse 아페이따르세 v. 면도하다

22. 숙소 예약

꼭! 써먹는 **실전 회화**

Julia ¿Has reservado el hotel?
아쓰 레세르바도 엘 오뗄?
너 호텔 예약했니?

Javier Todavía no he encontrado un hotel que me guste.
또다비아 노 에 엥꼰뜨라도 운 오뗄 께 메 구스떼
아직 맘에 드는 호텔을 발견하지 못했어.

Julia Lee los comentarios de las webs de hoteles.
레에 로쓰 꼬멘따리오쓰 데 라쓰 웹쓰 데 오뗄레쓰
호텔 웹 사이트에서 평가들을 읽어봐.

Javier Es buena idea. Gracias.
에쓰 부에나 이데아. 그라씨아쓰
그거 좋은 생각이네. 고마워.

Unidad 23.

관광 Turismo 뚜리스모

□ turismo 뚜리스모
m. 관광

□ turista 뚜리스따
m.f. 관광객

□ viaje 비아헤
m. 여행

□ guía 기아
f. 안내 m.f. 가이드

□ guiar 기아르
v. 인도하다, 안내하다

□ oficina de turismo
오피씨나 데 뚜리스모
관광 안내소

□ centro turístico
쎈뜨로 뚜리스띠꼬
관광지

□ gastronomía 가스뜨로노미아
f. 식도락

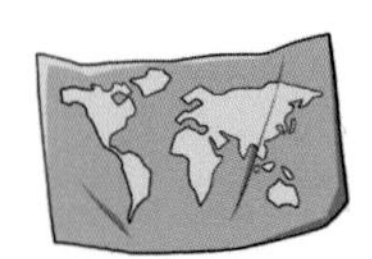

□ mapa 마빠
m. 지도

□ castillo 까르띠요 m. 성

□ catedral 까떼드랄 f. 대성당

☐ paisaje 빠이사헤
m. 풍경, 경치

☐ museo 무세오
m. 박물관, 미술관

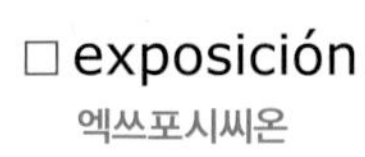

☐ exposición
엑쓰포시씨온
f. 전시회

☐ hora de apertura
오라 데 아뻬르뚜라
개장 시간

☐ hora de cierre
오라 데 씨에레
폐장 시간

☐ visita 비시따
f. 방문, 관람

☐ visitante 비시딴떼
m.f. 방문객

☐ obra 오브라
f. 작품

☐ pintura 삔뚜라
f. 그림, 회화

☐ escultura 에스꿀뚜라
f. 조각, 조각품

☐ plaza 쁠라싸
f. 광장

☐ parque zoológico
빠르께 쏠로히꼬
m. 동물원

☐ jardín botánico
하르딘 보따니꼬
m. 식물원

☐ parque 빠르께
m. 공원

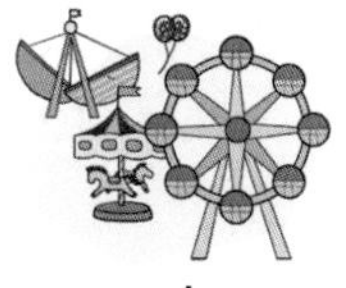

☐ parque de atracciones
빠르께 데 아뜨락씨오네쓰
놀이공원

□ crucero 끄루쎄로
m. 크루즈 여행

□ planear 쁠라네아르
v. 계획을 세우다

□ individuo 인디비두오
m. 개인

□ grupo 그루뽀
m. 단체

□ destino 데스띠노
m. 목적지, 행선지

□ ciudad 씨우닫
f. 도시

□ región 레히온
f. 지방, 지역

□ pueblo 뿌에블로
m. 마을, 소도시

□ campo 깜뽀
m. 시골, 농촌

□ montaña 몬따냐
f. 산

□ valle 바예
m. 계곡

□ río 리오
m. 강

□ lago 라고
m. 호수

□ mar 마르
m. 바다

□ playa 쁠라야
f. 해변

□ camino 까미노 m.
= calle 까예 f.
길, 거리

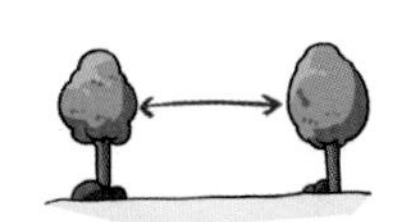

□ distancia 디스딴씨아
f. 거리, 간격

□ hacer (una foto)
아쎄르 (우나 포또)
= sacar (una foto)
싸까르 (우나 포또)
= tomar (una foto)
또마르 (우나 포또)
v. 사진을 찍다

□ autofoto 아우또포또 f.
= selfi 쎌피
셀프 카메라

□ regalo 레갈로
m. 선물

□ recuerdo 레꾸에르도 m.
= souvenir 쑤베니르 m.
기념품

□ turismo 뚜리스모 m. 관광

□ viaje 비아헤 m. 여행

□ turista 뚜리스따 m.f. 관광객

□ oficina de turismo 오피씨나 데 뚜리스모 관광 안내소

□ ofrecer información 오프레쎄르 임포르마씨온 정보를 제공하다

En España, hay unas doscientas oficinas de turismo.
엔 에스빠냐, 아이 우나쓰 도스씨엔따쓰 오피씨나쓰 데 뚜리스모
스페인에는 약 200곳 가량의 관광 안내소가 있다.

□ guía 기아 f. 안내 m.f. 가이드(사람)

□ guiar 기아르 v. 인도하다, 안내하다

□ mapa 마빠 m. 지도

¿Me podrías dar un mapa?
메 뽀드리아쓰 다르 운 마빠?
지도 한 장 주실 수 있나요?

□ gastronomía 가스뜨로노미아 f. 식도락

□ centro turístico 쎈뜨로 뚜리스띠꼬 관광지

□ monumento 모누멘또 m. 기념비, 기념탑

Los monumentos son construcciones conmemorativas.
로쓰 모누멘또쓰 쏜 꼰스뜨룩씨오네쓰 꼼메모라띠바쓰
모누멘또란 기념하기 위한 건축물이다.

□ edificio 에디피씨오 m. 건물, 빌딩

□ castillo 까르띠요 m. 성

□ catedral 까떼드랄 f. 대성당

□ Sagrada Familia 싸그라다 파밀리아 사그라다 파밀리아

tip. 스페인에서 꼭 가야 할 곳은 바르셀로나에 있는 Gaudí 가우디의 Sagrada Familia 사그라다 파밀리아라고 불리는 성가족 성당입니다. 1882년부터 지금까지 건축이 이어지고 있으며, 가우디 사후 100주기가 되는 2026년에 완공될 예정이라고 합니다.

□ templo 뗌쁠로 m. 사원, 절, 신전

□ paisaje 빠이사헤 m. 풍경, 경치

□ emplazamiento arqueológico 엠쁠라싸미엔또 아르께올로히꼬 고고학 유적지

□ museo 무세오 m. 박물관, 미술관

□ museo del Prado 무세오 델 쁘라도 프라도 미술관

La exposición de Goya está en el museo del Prado.
라 엑쓰포시씨온 데 고야 에스따 엔 엘 무세오 델 쁘라도.
프라도 미술관에서 고야의 전시회가 있다.

tip. 마드리드에 위치한 프라도 미술관은 세계 3대 미술관 중 하나이며 전시되어 있는 유명한 작품으로는 Velázquez 벨라스케스의 'Las Meninas 라쓰 메니나쓰(시녀들)'와 Goya 고야의 'La maja desnuda 라 마하 데스누다(옷 벗은 마하), La maja vestida 라 마하 베스띠다(옷 입은 마하)' 등이 있습니다.

□ exposición 엑쓰포시씨온 f. 전시회

□ obra 오브라 f. 작품

□ pintura 삔뚜라 f. 그림, 회화

□ escultura 에스꿀뚜라 f. 조각, 조각품

□ entrar 엔뜨라르 v. 들어가다

□ entrada 엔뜨라다 f. 입구; 입장권, 표

tip. 중남미에서는 boleto 볼레또라고 합니다.

= boca 보까 f. 입구

□ precio de la entrada 쁘레씨오 데 라 엔뜨라다 입장료

□ hora de apertura 오라 데 아뻬르뚜라 개장 시간

□ hora de cierre 오라 데 씨에레 폐장 시간

□ salir 쌀리르 v. 나가다

□ salida 쌀리다 f. 출구

□ visita 비시따 f. 방문, 관람

□ visitante 비시딴떼 m.f. 방문객

□ plaza 쁠라싸 f. 광장

□ Plaza de España 쁠라싸 데 에스빠냐 스페인 광장

□ Plaza Mayor 쁠라사 마요르 마요르 광장

□ parque 빠르께 m. 공원

□ parque zoológico 빠르께 쏠로히꼬 m. 동물원

= zoo 쏘 m.

□ jardín botánico 하르딘 보따니꼬 m. 식물원

□ parque de atracciones 빠르께 데 아뜨락씨오네쓰 놀이공원

¿Cuál es el parque de atracciones más popular en España?
꾸알 에쓰 엘 빠르께 데 아뜨락씨오네쓰 마쓰 뽀뿔라르 엔 에스빠냐?
스페인에서 가장 인기 있는 놀이공원은 어디인가요?

□ palacio 빨라씨오 m. 궁, 왕궁

□ Palacio Real de Madrid 빨라씨오 레알 데 마드릳 마드리드 왕궁

□ rey 레이 m. 왕

□ reina 레이나 f. 여왕

□ príncipe 쁘린씨뻬 m. 왕자

□ princesa 쁘린쎄사 f. 공주

En España, hay dos princesas.
엔 에스빠냐, 아이 도쓰 쁘린쎄사쓰
스페인에는 공주가 2명 있다.

□ popular 뽀뿔라르 adj. 인기 있는

□ famoso(a) 파모소(사) adj. 유명한, 이름난 m.f. 유명인

□ impresionante 임쁘레시오난떼 adj. 인상적인

Su obra es la más impresionante en esta exposición.
쑤 오브라 에쓰 라 마쓰 임쁘레시오난떼 엔 에스따 엑쓰포시씨온
그의 작품이 이 전시회에서 가장 인상적이었다.

□ majestuoso(a) 마헤스뚜오소(사) adj. 위엄 있는, 장엄한

□ histórico(a) 이스또리꼬(까) adj. 역사적인

□ comercial 꼬메르씨알 adj. 상업적인

□ programa de turismo 쁘로그라마 데 뚜리스모 투어 프로그램

□ participar 빠르띠씨빠르 v. 참가하다

No me gusta participar en los programas de turismo, ya que son demasiado comerciales.
노 메 구스따 빠르띠씨빠르 엔 로쓰 쁘로그라마쓰 데 뚜리스모, 야 께 쏜 데마시아도 꼬메르씨알레쓰
나는 투어 프로그램에 참여하는 것을 좋아하지 않아, 왜냐하면 너무 상업적이거든.

□ crucero 끄루쎄로 m. 크루즈 여행

□ individuo 인디비두오 m. 개인

□ grupo 그루뽀 m. 단체

Se requiere reserva previa para las visitas de grupos.
쎄 레끼에레 레세르바 쁘레비아 빠라 라쓰 비시따쓰 데 그루뽀쓰
그룹 방문은 미리 예약이 필요합니다.

□ ruta 루따 f. 경로, 노정

□ presupuesto 쁘레수뿌에스또 m. 예산

□ planear 쁠라네아르 v. 계획을 세우다

□ destino 데스띠노 m. 목적지, 행선지

Voy a elegir un destino basándome en el presupuesto.
보이 아 엘레히르 운 데스띠노 바산도메 엔 엘 쁘레수뿌에스또
나는 예산에 따라 행선지를 정할 예정이야.

□ región 레히온 f. 지방, 지역

□ ciudad 씨우닫 f. 도시

Salamanca es una ciudad histórica y cultural.
쌀라망까 에쓰 우나 씨우닫 이스또리까 이 꿀뚜랄
살라망카는 역사와 문화의 도시이다.

□ pueblo 뿌에블로 m. 마을, 소도시

□ campo 깜뽀 m. 시골, 농촌

□ montaña 몬따냐 f. 산

□ valle 바예 m. 계곡

□ río 리오 m. 강

□ lago 라고 m. 호수

□ mar 마르 m. 바다

□ playa 쁠라야 f. 해변

Eric quería ir a la playa, pero no pudo.
에릭 께리아 이르 아 라 쁠라야, 뻬로 노 뿌도
에릭은 해변에 가고 싶었지만 그럴 수 없었다.

□ camino 까미노 m. 길, 거리
= calle 까예 f.

tip. camino는 보통 '비포장도로'를 말하며 calle는 '포장 도로'를 말합니다.

□ avenida 아베니다 f. 대로, 큰길

□ distancia 디스딴씨아 f. 거리, 간격

□ hacer (una foto) 아쎄르 (우나 포또) v. 사진을 찍다
= sacar (una foto) 싸까르 (우나 포또)
= tomar (una foto) 또마르 (우나 포또)

tip. 이 중 제일 많이 쓰이는 동사는 hacer입니다.

□ autofoto 아우또포또 f. 셀프 카메라
= selfi 쎌피

□ recuerdo 레꾸에르도 m. 기념품
= souvenir 쑤베니르 m.

tip. souvenir은 프랑스어에서 온 말로 스페인어로는 '쑤베니르'라고 발음합니다.

Tengo un souvenir para ti.
뗑고 운 쑤베니르 빠라 띠
너에게 줄 기념품이 하나 있어.

□ regalo 레갈로 m. 선물

□ postal 뽀스딸 f. 우편엽서

□ llavero 야베로 m. 열쇠고리, 키 홀더

□ producto local 쁘로둑또 로깔 지역 특산물

□ embajada 엠바하다 f. 대사관

23. 여행

꼭! 써먹는 **실전 회화**

Javier Voy a viajar a Vietnam.
보이 아 비아하르 아 비엣남
나는 베트남에 갈 예정이야.

Julia ¿Qué vas a hacer allí?
께 바쓰 아 아쎄르 아지?
거기서 뭐 하게?

Javier Voy a descansar más que hacer turismo.
보이 아 데스깐사르 마쓰 께 아쎄르 뚜리스모
나는 관광을 하기보다는 쉴 생각이야.

Julia Creo que Da Nang será perfecta para ti.
Esta ciudad es tranquila y muy hermosa.
끄레오 께 다 낭 쎄라 뻬르펙따 빠라 띠. 에스따 씨우닫 에쓰 뜨랑낄라 이 무이 에르모사
내 생각에는 다낭이 너에게 좋을 것 같아. 거기는 아주 고요하고 너무 예쁘거든.

Unidad 24.

사건&사고 Incidentes y accidentes 인씨덴떼쓰 이 악씨덴떼쓰

□ herir 에리르
v. 상처를 입히다, 부상을 입히다

□ herirse 에리르세
v. 다치다, 부상당하다

□ doler 돌레르 v.
= tener dolor 떼네르 돌로르
아프다

□ sufrir 쑤프리르
v. 괴로워하다

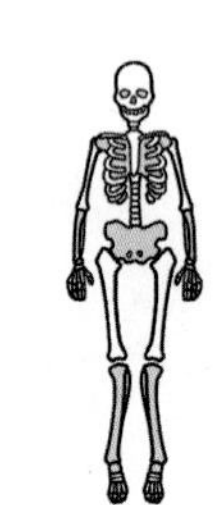

□ hueso 우에소
m. 뼈

□ romperse 롬뻬르세
v. 부러지다

□ fractura 프락뚜라
f. 골절

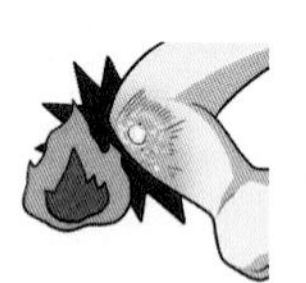

□ quemadura 께마두라
f. 화상

□ quemarse 께마르세
v. 데다

□ sabañón 싸바뇬
m. 동상

□ cortar 꼬르따르
v. 베다, 자르다

□ cortarse 꼬르따르세
v. 베이다

□ sangre 쌍그레
f. 피

□ salir sangre 쌀리르 쌍그레
피 흘리다, 피가 나다

□ emergencia 에메르헨씨아
f. 응급, 긴급

□ urgente 우르헨떼
adj. 응급한, 긴급한

□ vendaje 벤다헤
m. 붕대

□ ataque al corazón
아따께 알 꼬라쏜
= ataque cardíaco
아따께 까르디아꼬
심장 마비

□ ahogarse 아오가르세
v. (음식이나 액체 등이 목을 막아) 숨막히다

□ ambulancia 엠불란씨아
f. 구급차

□ urgencia 우르헨시아
f. 응급실

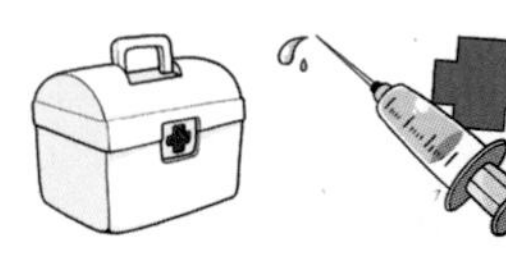

□ botiquín de primeros auxilios
보띠낀 데 쁘리메로쓰 아우씰리오쓰
구급 상자

□ primeros auxilios 쁘리메로쓰 아우씰리오쓰
응급 처치

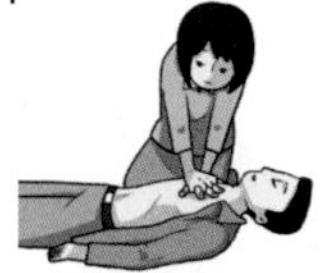

□ reanimación cardiopulmonar
레아니마씨온 까르디오뿔모나르
= RCP 에레쎄뻬
심폐소생술

□ desmayo 데스마요 m.
= síncope 씬꼬뻬 m.
기절, 실신

□ desmayarse 데스마야르세
v. 기절하다, 실신하다

□ policía 뽈리씨아
f. 경찰 m.f. 경찰관

□ comisaría 꼬미사리아
f. 경찰서

□ denunciar 데눈씨아르
v. 알리다, 신고하다

□ testigo 떼스띠고
m.f. 증인, 목격자

□ delito 델리또 m.
= crimen 끄리멘 m.
범죄

□ delincuente 델링꾸엔떼 m.f.
= criminal 끄리미날 m.f.
범인, 범죄자

□ robar 로바르
v. 도둑질하다, 훔치다

□ robo 로보
m. 도둑질

□ ladrón 라드론
m.f. 도둑, 강도

□ carterista 까르떼리스따
m.f. 소매치기

□ fraude 프라우데 m. 사기

□ engañar 엥가냐르 v. 속이다, 사기 치다

□ estafador/estafadora
에스따파도르/에스따파도라
m.f. 사기꾼

□ incidente 인씨덴떼 m.
= accidente 악씨덴떼 m.
사건, 사고

□ accidente de tráfico
악씨덴떼 데 뜨라피꼬
교통사고

□ colisión 꼴리시온 f.
= choque 초께 m.
충돌

□ chocar 초까르
v. 충돌하다, 부딪치다

□ grúa 그루아
f. 견인차

□ incendio 인쎈디오
m. 화재

□ explosión 엑쓰쁠로시온
f. 폭발

□ parque de bomberos
빠르께 데 봄베로쓰
소방서

□ camión de bomberos
까미온 데 봄베로쓰
소방차

□ herir 에리르 v. 상처를 입히다, 부상을 입히다

□ herirse 에리르세 v. 다치다, 부상당하다

Mi amigo está gravemente herido.
미 아미고 에스따 그라베멘떼 에리도
내 친구가 심각하게 다쳤다.

□ doler 돌레르 v. 아프다

= tener dolor 떼네르 돌로르

□ sufrir 쑤프리르 v. 괴로워하다

□ hueso 우에소 m. 뼈

□ romperse 롬뻬르세 v. 부러지다

Me he roto la pierna.
메 에 로또 라 삐에르나
나는 다리가 부러졌다.

□ fractura 프락뚜라 f. 골절

Las fracturas de muñeca son las más comunes.
라쓰 프락뚜라쓰 데 무녜까 쏜 라쓰 마쓰 꼬무네쓰
손목 골절은 가장 흔한 골절입니다.

□ quemadura 께마두라 f. 화상

□ quemarse 께마르세 v. 데다

Antonio se quemó mientras jugaba con un mechero.
안또니오 쎄 께모 미엔뜨라쓰 후가바 꼰 운 메체로
안토니오는 라이터로 장난을 치다가 화상을 입었어요.

□ sabañón 싸바뇬 m. 동상

□ cortar 꼬르따르 v. 베다, 자르다

□ cortarse 꼬르따르세 v. 베이다

□ sangre 쌍그레 f. 피

□ salir sangre 쌀리르 쌍그레 피 흘리다, 피가 나다

Me sale sangre por la nariz a menudo.
메 쌀레 쌍그레 뽀르 라 나리쓰 아 메누도
나는 코피가 자주 난다.

□ hemostasia 에모스따시아 f. 지혈

□ vendaje 벤다헤 m. 붕대

□ enyesado 엔예사도 m. 깁스, 석고 붕대

□ enyesar la pierna 엔예사르 라 삐에르나 다리에 깁스를 하다

Tengo la pierna enyesada.
뗑고 라 삐에르나 엔예사다
나는 다리에 깁스를 했다.

□ imperturbable 임뻬르뚜르바블레 adj. 침착한, 냉정한

□ urgente 우르헨떼 adj. 응급한, 긴급한

□ urgencia 우르헨시아 f. 응급실

□ ambulancia 엠불란씨아 f. 구급차

□ emergencia 에메르헨씨아 f. 응급, 긴급

tip. 스페인에서 응급 상황이 발생했을 때는 112,
경찰에게 연락을 하려면 091,
소방서는 080 또는 085로 전화해야 합니다.

□ ayuda 아유다 f. 구조, 도움
= socorro 쏘꼬로 m.

□ primeros auxilios 쁘리메로쓰 아우씰리오쓰 응급 처치

□ botiquín de primeros auxilios 보띠낀 데 쁘리메로쓰 아우씰리오쓰 구급 상자

□ ataque cerebral 아따께 쎄레브랄 뇌졸중

□ epilepsia 에삘렙시아 f. 간질

□ convulsión 꼼불시온 f. 경련, 발작

□ ataque al corazón 아따께 알 꼬라쏜 심장 마비
= ataque cardíaco 아따께 까르디아꼬

□ reanimación cardiopulmonar 레아니마씨온 까르디오뿔모나르 심폐소생술
= RCP 에레쎄뻬(reanimación cardiopulmonar의 약자)

□ asfixiarse 아스피씨아르세 v. (공기가 부족해서) 숨막히다
= ahogarse 아오가르세 v. (음식이나 액체 등이 목을 막아) 숨막히다
= sofocarse 쏘포까르세 v. (더위로) 숨막히다

□ desmayo 데스마요 m. 기절, 실신
= síncope 씬꼬뻬 m.
□ desmayarse 데스마야르세 v. 기절하다, 실신하다

tip. desmayo는 기절을 포함하여 다양한 이유로 쓰러지는 것을 말하며, síncope는 의학 용어로 의식을 잃고 쓰러지는 것을 말합니다.

□ curar 꾸라르 v. 치료하다, 낫다
□ curarse 꾸라르세 v. 치료되다, 낫다
□ curación 꾸라씨온 f. 치료, 치유

Voy a curar tus heridas.
보이 아 꾸라르 뚜스 에리다스
내가 너의 상처를 치료해 줄게.

□ policía 뽈리씨아 f. 경찰 m.f. 경찰관

□ comisaría 꼬미사리아 f. 경찰서

□ declarar 데끌라라르 v. 진술하다
□ declaración 데끌라라씨온 f. 증언, 진술

□ denunciar 데눈씨아르 v. 알리다, 신고하다
□ denuncia 데눈씨아 f. 알림, 신고

□ delito 델리또 m. 범죄

tip. delito는 '도둑질, 사기' 등 상대적으로 무겁지 않은 범죄를, crimen은 '살인' 등 중죄를 의미합니다.

= crimen 끄리멘 m.

□ delincuente 델링꾸엔떼 m.f. 범인, 범죄자

= criminal 끄리미날 m.f.

□ robar 로바르 v. 도둑질하다, 훔치다

□ robo 로보 m. 도둑질

¡Me han robado el móvil!
메 안 로바도 엘 모빌
누가 내 핸드폰을 훔쳐 갔어!

□ ladrón 라드론 m.f. 도둑, 강도

□ carterista 까르떼리스따 m.f. 소매치기

Un carterista me quitó la cartera.
운 까르떼리스따 메 끼또 라 까르떼라
소매치기가 제 지갑을 훔쳤어요.

□ fraude 프라우데 m. 사기

□ engañar 엥가냐르 v. 속이다, 사기 치다

□ estafador/estafadora 에스따파도르/에스따파도라 m.f. 사기꾼

□ asesinato 아세시나또 m. 살인

□ asesino(a) 아세시노(나) m.f. 살인범

□ testigo 떼스띠고 m.f. 증인, 목격자

□ desaparición 데싸빠리씨온 f. 실종

□ desaparecido(a) 데사빠레씨도(다) m.f. 실종자

□ niño desaparecido/niña desaparecida
니뇨 데사빠레씨도/니냐 데사빠레씨다 미아

□ pérdida 뻬르디다 f. 분실

□ perder 뻬르데르 v. 분실하다, 잃다

□ objeto perdido 옵헤또 뻬르디도 분실물

□ oficina de objetos perdidos 오피씨나 데 옵헤또쓰 뻬르디도쓰 분실물 보관소

□ incidente 인씨덴떼 m. 사건, 사고

= accidente 악씨덴떼 m.

□ accidente de tráfico 악씨덴떼 데 뜨라피꼬 교통사고

tip. incidente는 '친구와의 싸움'과 같은 단순한 해프닝 정도의 사건을 뜻하고, accidente는 '교통사고'와 같이 부정적인 결과를 초래하는 사건·사고를 뜻합니다.

□ colisión 꼴리시온 f. 충돌

= choque 초께 m.

□ chocar 초까르 v. 충돌하다, 부딪치다

□ adelantamiento 아델란따미엔또 m. 추월

□ deslizarse 데슬리싸르세 v. 미끄러지다

□ camino helado 까미노 엘라도 빙판

□ grúa 그루아 f. 견인차

□ almacenaje de vehículos 알마쎄나헤 데 베이꿀로쓰 차량 보관소

□ exceso de velocidad 엑쎄소 데 벨로씨닫 과속

Hubo un grave accidente de coche debido al exceso de velocidad.
우보 운 그라베 악씨덴떼 데 꼬체 데비도 알 엑쎄소 데 벨로씨닫
과속으로 인한 큰 사고가 있었다.

□ fuga de un coche 푸가 데 운 꼬체 뺑소니

□ ahogarse (en el agua) 아오가르세(엔 엘 아구아) 익사하다

□ ahogamiento 아오가미엔또 m. 익사

□ guardia de seguridad 구아르디아 데 쎄구리닫 안전 요원

□ incendio 인쎈디오 m. 화재

□ explosión 엑쓰쁠로시온 f. 폭발

□ camión de bomberos 까미온 데 봄베로쓰 소방차

□ parque de bomberos 빠르께 데 봄베로쓰 소방서

□ desastre natural 데사스뜨레 나뚜랄 천재지변

□ avalancha de nieve 아발란차 데 니에베 눈사태

□ avalancha de tierra 아발란차 데 띠에라 산사태

□ terremoto 떼레모또 m. 지진

□ maremoto 마레모또 m. 해일

24. 미아 신고

꼭! 써먹는 **실전 회화**

Madre Por favor, ayúdame.
¡Ha desaparecido mi hijo!
뽀르 파보르, 아유다메. 아 데사빠레씨도 미 이호!
도와주세요. 제 아들을 잃어버렸어요(아들이 사라졌어요)!

Policía ¿Me podría dar una descripción de su hijo?
메 뽀드리아 다르 우나 데스끄립씨온 데 쑤 이호?
아들에 대해 설명해 주시겠어요?

Madre Es un niño de 7 años, con el pelo castaño y lleva una chaqueta roja.
에쓰 운 니뇨 데 씨에떼 아뇨쓰, 꼰 엘 뻴로 까스따뇨 이 예바 우나 차께따 로하
갈색 머리카락의 7살짜리 아이이고 빨간색 재킷을 입고 있어요.

Policía No se preocupe, señora. Vamos a encontrarlo.
노 쎄 쁘레오꾸뻬, 쎄뇨라. 바모쓰 아 엥꼰뜨라를로
걱정마세요, 아주머니. 저희가 찾아 드릴게요.

Policía 뽈리씨아 m.f. 경찰관

Ejercicio

다음 단어를 읽고 맞는 뜻과 연결하세요.

1. accidente •	• 관광
2. alojamiento •	• 기차
3. avión •	• 느린
4. conducción •	• 도둑, 강도
5. ladrón •	• 비행기
6. lento(a) •	• 빠른
7. rápido(a) •	• 사건, 사고
8. reserva •	• 숙소
9. transporte •	• 여행
10. tren •	• 예약
11. turismo •	• 운송, 교통수단
12. viaje •	• 운전

1. accidente – 사건, 사고 2. alojamiento – 숙소 3. avión – 비행기
4. conducción – 운전 5. ladrón – 도둑, 강도 6. lento(a) – 느린 7. rápido(a) – 빠른
8. reserva – 예약 9. transporte – 운송, 교통수단 10. tren – 기차
11. turismo – 관광 12. viaje – 여행

Capítulo 7

기타

Unidad 25 숫자
Unidad 26 유로화
Unidad 27 형태
Unidad 28 색깔
Unidad 29 위치
Unidad 30 방향
Unidad 31 세계 지도
Unidad 32 국가
Unidad 33 접속사&전치사&부사
Unidad 34 주요 동사
Unidad 35 동사 변화

Unidad 25. MP3. U25

숫자 Números 누메로쓰

1. 기수 Número cardinal 누메로 까르디날

□ 0, cero 쎄로

□ 1, uno 우노 **tip.** uno가 관사(혹은 형용사)로 쓰이면 단수 명사 앞에서 o가 탈락하고 un만 쓰입니다.

□ 2, dos 도쓰

□ 3, tres 뜨레쓰

□ 4, cuatro 꾸아뜨로

□ 5, cinco 씽꼬

□ 6, seis 쎄이쓰

□ 7, siete 씨에떼

□ 8, ocho 오초

□ 9, nueve 누에베

□ 10, diez 디에쓰

□ 11, once 온쎄

□ 12, doce 도쎄

□ 13, trece 뜨레쎄

□ 14, catorce 까또르쎄

□ 15, quince 낀쎄

□ 16, dieciséis 디에씨세이쓰

□ 17, diecisiete 디에씨시에떼

□ 18, dieciocho 디에씨오초

□ 19, diecinueve 디에씨누에베

□ 20, veinte 베인떼

□ 21, veintiuno 베인띠우노

□ 29, veintinueve 베인띠누에베

tip. 21부터 29까지는 veinti(20) 뒤에 일의 자리 숫자를 붙여 나타냅니다.

□ 30, treinta 뜨레인따

□ 31, treinta y uno 뜨레인따 이 우노 (30 그리고 1)

□ 40, cuarenta 꾸아렌따

□ 50, cincuenta 씽꾸엔따

□ 60, sesenta 쎄센따

□ 70, setenta 쎄뗀따

□ 80, ochenta 오첸따

□ 90, noventa 노벤따

tip. 31부터 99까지는 '십의 자리 수+y 이(그리고)+일의 자리 수'로 나타냅니다.

- 45, cuarenta y cinco 꾸아렌따 이 씽꼬 (40 그리고 5)

□ 100, cien 씨엔, ciento 씨엔또

tip. ciento의 to는 바로 뒤에 명사가 위치하거나 mil(천) 단위 앞에 자리할 경우 탈락합니다.

- cien personas 씨엔 뻬르소나쓰 백 명
- cien mil lápices 씨엔 밀 라삐쎄쓰 연필 십만 개

□ 101, ciento uno 씨엔또 우노

tip. 101부터 199까지는 100(ciento)와 나머지에 해당하는 수를 뒤에 붙여주면 됩니다.

- 107, ciento siete 씨엔또 씨에떼 (100+7)
- 198, ciento noventa y ocho 씨엔또 노벤따 이 오초 (100 + 90 그리고 8)

□ 200, doscientos 도스씨엔또쓰
□ 300, trescientos 뜨레스씨엔또쓰
□ 400, cuatrocientos 꾸아뜨로씨엔또쓰
□ 500, quinientos 끼니엔또쓰
□ 600, seiscientos 쎄이스씨엔또쓰
□ 700, setecientos 쎄떼씨엔또쓰
□ 800, ochocientos 오초씨엔또쓰
□ 900, novecientos 노베씨엔또쓰

tip. 200부터 900까지는 기수 1~9에 cientos를 붙이고, 십의 자리 이하는 앞에 수록된 표기법에 따라 이어주면 됩니다. 500은 예외로 c가 탈락하여 ientos를 붙입니다.

- 203, doscientos tres 도스씨엔또쓰 뜨레쓰 (200 + 3)
- 459, cuatrocientos cincuenta y nueve 꾸아뜨로씨엔또쓰 씽꾸엔따 이 누에베 (400 + 50 그리고 9)

□ 1 000, mil 밀
□ 1 100, mil cien 밀 씨엔
□ 2 000, dos mil 도쓰 밀
□ 2 001, dos mil uno 도쓰 밀 우노
□ 10 000, diez mil 디에쓰 밀
□ 100 000, cien mil 씨엔 밀
□ 1 000 000, un millón 운 미욘
□ 2 000 000, dos millones 도쓰 미요네쓰

tip. **숫자 표기법** : 한국은 일반적으로 세 자리마다 쉼표(,)를 사용하는데, 스페인은 세 자리마다 한 칸을 띄웁니다.

- 한국 : 10,000 만
- 스페인 : 10 000, diez mil 디에쓰 밀 만

tip. número는 '수, 수량, 숫자, 번호' 등을 의미합니다.

- Elige un número entre 0 y 5. 엘리헤 운 누메로 엔뜨레 쎄로 이 씽꼬
  0부터 5 사이에서 숫자 하나를 골라 봐.
- ¿Cuál es tu número de teléfono? 꾸알 에쓰 뚜 누메로 데 뗄레포노?
  네 전화번호가 뭐니?

2. 서수 Número ordinal 누메로 오르디날

□ 1º(1ª), primer 쁘리메르, primero(a) 쁘리메로(라) 1번째의

□ 2º(2ª), segundo(a) 쎄군도(다) 2번째의

□ 3º(3ª), tercer 떼르쎄르, tercero(a) 떼르쎄로(라) 3번째의

tip. primero(첫 번째)와 tercero(세 번째)는 남성 단수 명사 앞에 위치하면 o가 탈락합니다.

- primer plato 쁘리메르 쁠라또 첫 번째 음식(접시)
- La primera persona que llegó era Andrea. 라 쁘리메라 뻬르소나 께 예고 에라 안드레아
  첫 번째로 도착한 사람은 안드레아였다.

□ 4º(4ª), cuarto(a) 꾸아르또(따) 4번째의

□ 5º(5ª), quinto(a) 낀또(따) 5번째의

□ 6º(6ª), sexto(a) 쎅쓰또(따) 6번째의

□ 7º(7ª), séptimo(a) 쎕띠모(마) 7번째의

□ 8º(8ª), octavo(a) 옥따보(바) 8번째의

□ 9º(9ª), noveno(a) 노베노(나) 9번째의

□ 10º(10ª), décimo(a) 데씨모(마) 10번째의

tip. 모든 서수는 기수처럼 읽는 방법이 존재하지만, 보통 10 이상은 서수가 아닌 기수로 씁니다.

tip. 숫자º는 기수의 성이 남성일 때 붙는 기호이며, 숫자ª는 기수의 성이 여성일 때 붙는 기호입니다.

유로화 Euros 에우로쓰

□ 5 euros, cinco euros
씽꼬 에우로쓰 5유로

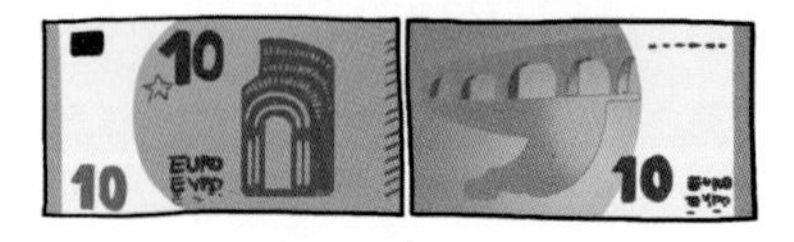

□ 10 euros, diez euros
디에쓰 에우로쓰 10유로

□ 20 euros, veinte euros
베인떼 에우로쓰 20유로

□ 50 euros, cincuenta euros
씽꾸엔따 에우로쓰 50유로

□ 100 euros, cien euros
씨엔 에우로쓰 100유로

□ 200 euros, doscientos euros
도스씨엔또쓰 에우로쓰 200유로

□ 500 euros, quinientos euros
끼니엔또쓰 에우로쓰 500유로

tip. 유로화를 나타내는 기호는 €입니다.

형태 Formas 포르마쓰

□ punto 뿐또
m. 점

□ línea 리네아
f. 선

□ plano 쁠라노
m. 면

□ línea recta
리네아 렉따 직선

□ línea curva
리네아 꾸르바 곡선

□ línea oblicua 리네아
오블리꾸아 사선

□ sólido 쏠리도
m. 입체

□ figura 피구라
f. 모양

□ círculo 씨르꿀로
m. 원

□ elipse 엘립세
f. 타원

□ semicírculo
쎄미씨르꿀로 m. 반원

□ redondo(a) 레돈도(다)
adj. 둥근, 원형의

□ esfera 에스페라
f. 구

□ cono 꼬노
m. 원뿔

□ triángulo 뜨리앙굴로
m. 삼각형
adj. 삼각형의

□ cuadrado 꾸아드라도
m. 정사각형
□ cuadrado(a) 꾸아드라도(다)
adj. 정각형의

□ rectángulo 렉땅굴로
m. 사각형, 직사각형
□ rectangular 렉땅굴라르
adj. 사각형의, 직각의

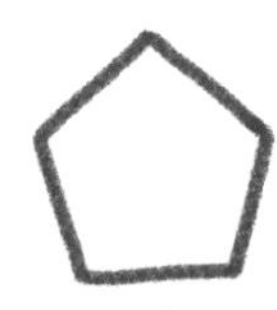

□ pentágono 뻰따고노 m. 오각형
□ pentagonal 뻰따고날
adj. 오각형의

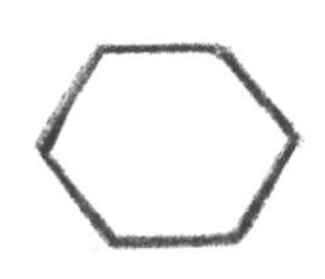

□ hexágono 엑싸고노
m. 육각형
adj. 육각형의

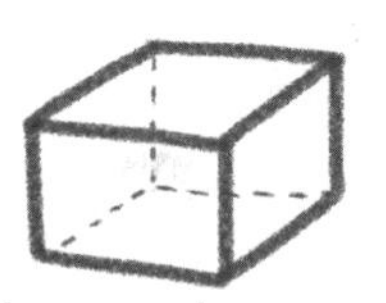

□ hexaedro 엑싸에드로
m. 육면체

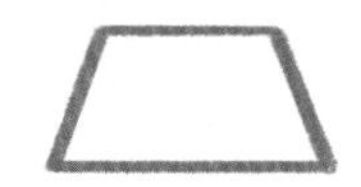

□ trapecio 뜨라뻬씨오
m. 사다리꼴

□ rombo 롬보
m. 마름모꼴

□ horizontal 오리쏜딸
m. 수평선
adj. 수평선의

□ vertical 베르띠깔
f. 수직선
adj. 수직의

□ diagonal 디아고날
m. 대각선
adj. 대각선의

□ corazón 꼬라쏜
m. 하트 모양

□ estrella 에스뜨레야
f. 별 모양

□ flecha 플레차
f. 화살표

색깔 Colores 꼴로레쓰

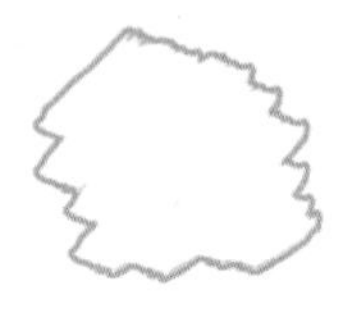

□ blanco 블랑꼬 m. 흰색
□ blanco(a) 블랑꼬(까)
adj. 흰색의

□ negro 네그로 m. 검정색
□ negro(a) 네그로(라)
adj. 검정색의

□ gris 그리쓰
m. 회색
adj. 회색의

□ rojo 로호 m. 빨간색
□ rojo(a) 로호(하)
adj. 빨간색의

□ naranja 나랑하
m. 주황색 adj. 주황색의

□ amarillo 아마리요
m. 노란색
adj. 노란색의

□ verde claro
베르데 끌라로 연두색

□ verde 베르데
m. 녹색 adj. 녹색의

□ azul cielo 아쑬 씨엘로
하늘색

□ azul 아쑬
m. 파란색 adj. 파란색의

□ azul índigo
아쑬 인디고 남색

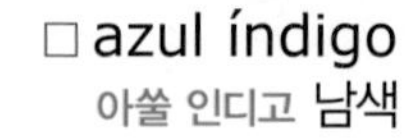

□ morado 모라도
m. 보라색
□ morado(a) 모라도(다)
adj. 보라색의

□ violeta 비올레따
m. 연보라색
adj. 연보라색의

□ rosa 로사
m. 분홍색 adj. 분홍색의

□ rojo violeta
로호 비올레따 자주색

□ marrón 마론
m. 갈색 adj. 갈색의

□ caqui 까끼
m. 카키색 adj. 카키색의

□ oro 오로
adj. 금색의

□ plata 쁠라따
adj. 은색의

□ oscuro(a) 오스꾸로(라)
adj. 진한

□ claro(a) 끌라로(라)
adj. 연한

□ colores del arco iris
꼴로레쓰 델 아르꼬 이리쓰
무지개 색깔

□ multicolor 물띠꼴로르
adj. 여러 색의, 다색의

□ monocromo(a)
모노끄로모(마)
adj. 단색의

위치 Preposiciones de lugar 쁘레뽀시씨오네쓰 데 루가르

□ encima de~ 엔씨마 데
= sobre 쏘브레 prep.
~의 위에

□ delante de~
델란떼 데
~의 앞에

□ detrás de~
데뜨라쓰 데
~의 뒤에

□ debajo de~
데바호 데
~의 아래에

□ fuera de~ 푸에라 데
~의 밖에

□ dentro de~ 덴뜨로 데
~의 안에

□ al lado de~ 알 라도 데
~의 옆에

□ a la izquierda de~
아 라 이쓰끼에르다 데
~의 왼쪽에

□ entre 엔뜨레
prep. 사이에

□ a la derecha de~
아 라 데레차 데
~의 오른쪽에

□ enfrente de~
엔프렌떼 데 ~의 맞은편에

□ hacia 아씨아
prep. ~쪽으로, 향하여

Unidad 30. **MP3. U30**

방향 Direcciones 디렉씨오네쓰

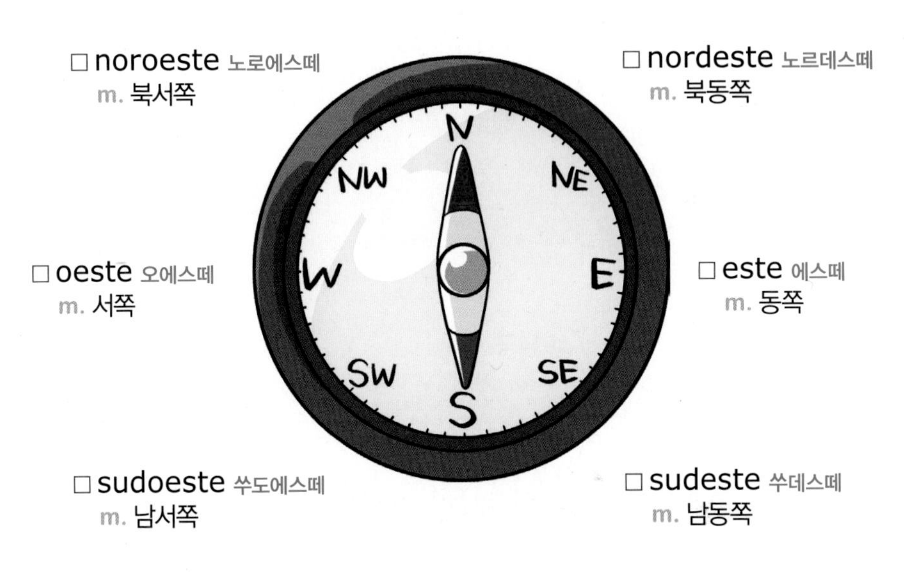

□ norte 노르떼
m. 북쪽

□ noroeste 노로에스떼
m. 북서쪽

□ nordeste 노르데스떼
m. 북동쪽

□ oeste 오에스떼
m. 서쪽

□ este 에스떼
m. 동쪽

□ sudoeste 쑤도에스떼
m. 남서쪽

□ sudeste 쑤데스떼
m. 남동쪽

□ sur 쑤르
m. 남쪽

세계 지도 Mapa del mundo 마빠 델 문도

① América del Norte 아메리까 델 노르떼 f. 북아메리카, 북미

② América Central 아메리까 쎈뜨랄 f. 중앙아메리카, 중미

③ América del Sur 아메리까 델 쑤르 f. 남아메리카, 남미

④ Europa 에우로빠 f. 유럽

⑤ Oriente Medio 오리엔떼 메디오 m. 중동

⑥ África 아프리까 f. 아프리카

⑦ Asia 아시아 f. 아시아

⑧ Oceanía 오쎄아니아 f. 오세아니아

⑨ Polo Norte 뽈로 노르떼 m. 북극

⑩ Polo Sur 뽈로 쑤르 m. 남극

① Océano Pacífico 오쎄아노 빠씨피꼬 m. 태평양

② Océano Atlántico 오쎄아노 아뜰란띠꼬 m. 대서양

③ Océano Índico 오쎄아노 인디꼬 m. 인도양

④ Océano Ártico 오쎄아노 아르띠꼬 m. 북극해

⑤ Océano Antártico 오쎄아노 안따르띠꼬 m. 남극해

⑥ Mar Mediterráneo 마르 메디떼르라네오 m. 지중해

국가 Los países 로스 빠이세쓰

■ Europa 에우로빠 f. 유럽

□ España 에스빠냐 f. 스페인
　□ español/española 에스빠뇰/에스빠뇰라 스페인 사람

□ Alemania 알레마니아 f. 독일
　□ alemán/alemana 알레만/알레마나 독일 사람

□ Austria 아우스뜨리아 f. 오스트리아
　□ austriaco/austriaca 아우스뜨리아꼬/아우스뜨리아까 오스트리아 사람

□ Bélgica 벨히까 f. 벨기에
　□ belga 벨가 m.f. 벨기에 사람

□ Dinamarca 디나마르까 f. 덴마크
　□ danés/danesa 다네쓰/다네사 덴마크 사람

□ Finlandia 핀란디아 f. 핀란드
　□ finlandés/finlandesa 핀란데쓰/핀란데사 핀란드 사람

□ Grecia 그레씨아 f. 그리스
　□ griego/griega 그리에고/그리에가 그리스 사람

□ Francia 프란씨아 f. 프랑스
　□ francés/francesa 프란쎄쓰/프란쎄사 프랑스 사람

□ Holanda 올란다 f. 네덜란드
　= Países Bajos 빠이세쓰 바호쓰 m.
　□ holandés/holandesa 올란데쓰/올란데사 네덜란드 사람

tip. 네덜란드는 국토의 1/4 이상 면적이 해수면보다 낮은 곳에 위치해 있기 때문에 '낮은 나라'라는 뜻의 Países Bajos로도 불립니다.

□ Italia 이딸리아 f. 이탈리아
　□ italiano/italiana 이딸리아노/이딸리아나 이탈리아 사람

□ Noruega 노루에가 f. 노르웨이

□ noruego/noruega 노루에고/노루에가 노르웨이 사람

□ Polonia 뽈로니아 f. 폴란드

□ polaco/polaca 뽈라꼬/뽈라까 폴란드 사람

□ Reino Unido 레이노 우니도 f. 영국(영연방)

= Inglaterra 잉글라떼라 f. 영국(잉글랜드)

= Gran Bretaña 그란 브레따냐 f. 영국(브리튼)

□ inglés/inglesa 잉글레쓰/잉글레사 영국 사람

= británico/británica 브리따니꼬/브리따니까

tip. '영국'은 잉글랜드, 스코틀랜드, 웨일스, 북아일랜드를 통틀어 일컫는 Reino Unido(영연방)와 잉글랜드만을 가리키는 Inglaterra, 잉글랜드, 스코틀랜드, 웨일스를 통틀어 일컫는 Gran Bretaña로 경우에 따라 명칭을 구분합니다.

□ Rumanía 루마니아 f. 루마니아

□ rumano/rumana 루마노/루마나 루마니아 사람

□ Rusia 루시아 f. 러시아

□ ruso/rusa 루소/루사 러시아 사람

□ Suecia 쑤에씨아 f. 스웨덴

□ sueco/sueca 쑤에꼬/쑤에까 스웨덴 사람

□ Suiza 수이싸 f. 스위스

□ suizo/suiza 수이쏘/수이싸 스위스 사람

□ Turquía 뚜르끼아 f. 튀르키예

tip. 터키는 2022년 6월 국호를 '튀르키예'로 변경했어요.

□ turco/turca 뚜르꼬/뚜르까 튀르키예 사람

■ Norteamérica 노르떼아메리까 f. 북미

□ Estados Unidos 에스따도쓰 우니도쓰 m. 미국

= EE.UU. 에스따도쓰 우니도쓰

□ norteamericano/norteamericana 노르떼아메리까노/노르떼아메리까나 미국 사람

= estadounidense 에스따도우니덴세 m.f.

tip. Estados Unidos는 약어인 EE.UU.로도 표기합니다. 둘 다 '에스따도쓰 우니도쓰'라고 읽고, 복수의 주(州)로 이뤄진 연방 국가이기 때문에 복수의 의미로 각각의 이니셜을 중복해서 표기한 것입니다.

□ Canadá 까나다 m. 캐나다
□ canadiense 까나디엔세 m.f. 캐나다 사람

■ Latinoamérica 라띠노아메리까 f. 중남미, 라틴아메리카

□ Argentina 아르헨띠나 f. 아르헨티나
□ argentino/argentina 아르헨띠노/아르헨띠나 아르헨티나 사람

□ Brasil 브라실 m. 브라질
□ brasileño/brasileña 브라실레뇨/브라실레냐 브라질 사람

□ Chile 칠레 m. 칠레
□ chileno/chilena 칠레노/칠레나 칠레 사람

□ Colombia 꼴롬비아 f. 콜롬비아
□ colombiano/colombiana 꼴롬비아노/꼴롬비아나 콜롬비아 사람

□ Cuba 꾸바 f. 쿠바
□ cubano/cubana 꾸바노/꾸바나 쿠바 사람

□ Ecuador 에꾸아도르 m. 에콰도르
□ ecuatoriano/ecuatoriana 에꾸아또리아노/에꾸아또리아나 에콰도르 사람

□ Guatemala 구아떼말라 m. 과테말라
□ guatemalteco/guatemalteca 구아떼말떼꼬/구아떼말떼까 과테말라 사람

□ Honduras 온두라쓰 f. 온두라스
□ hondureño/hondureña 온두레뇨/온두레냐 온두라스 사람

□ México 메히꼬 m. 멕시코
□ mexicano/mexicana 메히까노/메히까나 멕시코 사람

□ Perú 뻬루 m. 페루
□ peruano/peruana 뻬루아노/뻬루아나 페루 사람

□ República Dominicana 레뿌블리까 도미니까나 m. 도미니카 공화국

□ dominicano/dominicana 도미니까노/도미니까나 도미니카 공화국 사람

□ Uruguay 우루구아이 m. 우루과이

= República Oriental del Uruguay 레뿌블리까 오리엔딸 델 우루구아이 우루과이 동방 공화국

□ uruguayo/uruguaya 우루구아요/우루구아야 우루과이 사람

■ Oceanía 오쎄아니아 f. 오세아니아

□ Australia 아우스뜨랄리아 f. 호주, 오스트레일리아

□ australiano/australiana 아우스뜨랄리아노/아우스뜨랄리아나 호주 사람

□ Nueva Zelanda 누에바 쎌란다 f. 뉴질랜드

□ neozelandés/neozelandesa 네오쎌란데쓰/네오쎌란데사 뉴질랜드 사람

■ África 아프리까 f. 아프리카

□ Egipto 에힙또 m. 이집트

□ egipcio/egipcia 에힙씨오/에힙씨아 이집트 사람

□ Marruecos 마루에꼬쓰 m. 모로코

□ marroquí 마로끼 m.f. 모로코 사람

tip. 스페인에는 국경을 접한 모로코나 북아프리카에서 온 불법 체류자들이 많은데, 이들을 moro라고 낮춰 부르기도 합니다. 다소 비하하는 표현에 가까우니 주의해야 합니다.

□ Nigeria 니헤리아 f. 나이지리아

□ nigeriano/nigeriana 니헤리아노/니헤리아나 나이지리아 사람

□ Sudáfrica 쑤다프리까 f. 남아프리카 공화국

= República Sudafricana 레뿌블리까 쑤다프리까나

□ sudafricano/sudafricana 쑤다프리까노/쑤다프리까 남아프리카 공화국 사람

□ Sudán 쑤단 m. 수단

□ sudanés/sudanesa 쑤다네쓰/쑤다네사 수단 사람

□ Camerún 까메룬 m. 카메룬

□ camerunés/camerunesa 까메루네쓰/까메루네싸 카메룬 사람

□ Argelia 아르헬리아 f. 알제리

□ argelina/argelino 아르헬리나/아르헬리노 알제리 사람

□ Congo 꽁고 m. 콩고 민주 공화국 → tip. 콩고의 옛 명칭은 Zaire 싸이레 입니다.

= Republica Democratica del Congo 레뿌블리까 데모끄라띠까 델 꽁고

□ congoleño/congoleña 꽁골레뇨/꽁골레냐 m.f. 콩고 사람

■ Asia 아시아 f. 아시아

□ China 치나 f. 중국

□ chino/china 치노/치나 중국 사람

□ Corea 꼬레아 f. 한국

□ Corea del Norte 꼬레아 델 노르떼 f. 북한

□ Corea del Sur 꼬레아 델 쑬 f. 남한

□ coreano/coreana 꼬레아노/꼬레아나 한국 사람

tip. 국적을 말할 때는 남한과 북한을 구분하지만, '한국 사람'임을 말할 때는 surcoreano(a)(남한 사람), norcoreano(a)(북한 사람)으로 구분하기 보다 coreano(a)라고 하는 경우가 많습니다.

□ Filipinas 필리삐나쓰 f.pl. 필리핀

□ filipino/filipina 필리삐노/필리삐나 필리핀 사람

tip. 나라 이름을 뜻하는 Filipinas는 복수 명사입니다.

□ Hong Kong 홍꽁 m. 홍콩

□ hongkonés/hongkonesa 홍꼬네쓰/홍꼬네사 홍콩 사람

□ India 인디아 f. 인도

□ hindú 인두 m.f. 인도 사람

□ Indonesia 인도네시아 f. 인도네시아
□ indonesio/indonesia 인도네시오/인도네시아 인도네시아 사람

□ Japón 하뽄 m. 일본
□ japonés/japonesa 하뽀네쓰/하뽀네사 일본 사람

□ Malasia 말라시아 f. 말레이시아
□ malasio/malasia 말라시오/말라시아 말레이시아 사람

□ Singapur 씽가뿌르 m. 싱가포르
□ singapurense 씽가뿌렌세 m.f. 싱가포르 사람

□ Tailandia 따일란디아 f. 태국
□ tailandés/tailandesa 따일란데쓰/따일란데사 태국 사람

□ Taiwan 따이완 m. 대만
□ taiwanés/taiwanesa 따이와네쓰/따이와네사 대만 사람

□ Vietnam 비엣남 m. 베트남
□ vietnamita 비엣나미따 m.f. 베트남 사람

■ Oriente Medio 오리엔떼 메디오 m. 중동

□ Arabia Saudita 아라비아 싸우디따 f. 사우디아라비아
= Arabia Saudí 아라비아 싸우디
□ saudí 싸우디 m.f. 사우디아라비아 사람
= saudita 싸우디따 m.f.

□ Irán 이란 m. 이란
□ iraní 이라니 m.f. 이란 사람

□ Irak 이라크 m. 이라크
□ iraquí 이라끼 m.f. 이라크 사람

□ Siria 씨리아 m. 시리아
□ sirio/siria 씨리오/씨리아 시리아 사람

접속사 & 전치사 & 부사 Conjunciones, preposiciones y adverbios
꽁훈씨오네쓰, 쁘레뽀시씨오네쓰 이 아드베르비오쓰

1. 접속사 Conjunciones 꽁훈씨오네쓰

□ y 이 ~(와)과, 그리고

tip. i- 혹은 hi- 앞에서 y는 e로 변화합니다.
의문문이나 감탄문의 문장 앞과 hie-의 앞에서는 y 그대로입니다.

- Madre e hijo 마드레 에 이호 어머니와 아들

□ pero 뻬로 그러나, ~이지만, 어쨌든

□ o 오 또는, 혹은, ~이거나

tip. o- 혹은 ho- 앞에서 o는 u로 변화합니다.

- España u Holanda 에스빠냐 우 올란다 스페인 또는 네덜란드

□ ni 니 ~도 아니다

- No quiero ni verte. 노 끼에로 니 베르떼 나는 너를 보고 싶지도 않다.

□ porque 뽀르께 ~때문에, 왜냐하면

□ pues 뿌에쓰 왜냐하면, ~이면(문장 앞에서)

□ como 꼬모 ~때문에, ~이라면

□ aunque 아운께 ~일지라도

□ mientras 미엔뜨라쓰 ~하는 동안

□ si 씨 만일 ~이라면

□ cuando 꾸안도 ~할 때

2. 전치사 Preposiciones 쁘레뽀시씨오네쓰

□ a 아 ~에

□ ante 안떼 ~의 앞에

□ bajo 바호 ~의 아래

□ cabe 까베 ~가까이

□ con 꼰 ~과 함께

□ contra 꼰뜨라 ~과 반대하여

□ de 데 ~의

□ desde 데스데 ~에서, ~부터

□ en 엔 ~안에

□ entre 엔뜨레 ~사이에

□ hacia 아씨아 ~쪽으로, ~향하여

□ hasta 아스따 ~까지

□ para 빠라 ~에, ~을 위하여

□ por 뽀르 ~으로, ~에 의해

□ según 쎄군 ~에 의해

□ sin 씬 ~없이

□ so 쏘 ~의 아래

□ sobre 쏘브레 ~위에, ~에 관하여

□ tras 뜨라쓰 ~의 뒤에, 후에

□ mediante 메디안떼 ~을 통해, ~에 의해

□ durante 두란떼 ~동안

3. 부사 Adverbios 아드베르비오쓰

□ ahora 아오라 지금, 현재

□ además 아데마쓰 게다가

□ ahí 아이 거기에

□ allí 아지 저기에

□ alrededor 알레데도르 주위에; 대략

□ anteayer 안떼아예르 그저께

□ antes 안떼쓰 (시간) 조금 전에; (장소) 앞에

□ aquí 아끼 여기

□ así 아씨 그렇게

□ asimismo 아시미스모 마찬가지로

□ ayer 아예르 어제

□ bastante 바스딴떼 상당히

□ bien 비엔 잘

□ casi 까시 거의

□ como 꼬모 ~처럼, ~과 같이

□ demasiado 데마시아도 지나친, 과도한

□ deprisa 데쁘리사 서둘러, 급히

□ después 데스뿌에쓰 (시간) 후에, 나중에; (장소) 뒤에

□ fuera 푸에라 밖에, 밖에서

□ hoy 오이 현재; 오늘

□ incluso 잉끌루소 포함하여

□ jamás 하마쓰 결코 ~이 아니다
  = nunca 눙까

□ luego 루에고 (시간) 곧, 빨리; (순서) 나중에

□ más 마쓰 더

□ menos 메노쓰 덜

□ muy 무이 매우, 무척

□ sí 씨 예; (부정 의문문에 대한 대답) 아니오

□ no 노 아니오; (부정 의문문에 대한 대답) 예

□ tal vez 딸 베쓰 아마도

□ también 땀비엔 ~도, 역시, 게다가

□ tampoco 땀뽀꼬 ~도 (아니다) (también의 부정형)

□ todavía 또다비아 아직, 지금까지

□ ya 야 벌써, 이미

Unidad 34.

주요 동사 Verbos principales 베르보쓰 쁘린씨빨레쓰

1. tener

① ~을 가지고 있다, 소유하다

Tengo un ferrari.
뗑고 운 페라리
나는 페라리를 가지고 있다.

② (가족, 친구 등이) 있다

Marta tiene un hermano mayor.
마르따 띠에네 운 에르마노 마요르
마르따는 오빠가 한 명 있다.

③ (나이가) ~살이다

Mi padre tiene 65 años.
미 빠드레 띠에네 쎄센따 이 씽꼬 아뇨쓰
우리 아버지는 65세이다.

④ ~이다(상태를 말할 때)

Tengo hambre.
뗑고 암브레
나는 배가 고프다.

⑤ ~해야 한다(tener+que+동사원형)

María, tienes que estudiar.
마리아, 띠에네쓰 께 에스뚜디아르
마리아, 너는 공부를 해야만 해.

2. **hacer**

① 하다

Hago yoga todos los días.
아고 요가 또도쓰 로쓰 디아쓰
나는 매일 요가를 한다.

② 만들다

¿Qué cocino hoy?
께 꼬씨노 오이?
오늘 무슨 음식을 만들까?

③ (날씨가) ~하다

Hace buen día.
아쎄 부엔 디아
날씨가 좋다.

④ (수량)을 더하다

2+3=5 (= Dos y tres hacen cinco.)
도쓰 이 뜨레쓰 아쎈 씽꼬
2 더하기 3은 5

⑤ (시간) ~ 전에

Elisa ha salido hace una hora.
엘리사 아 쌀리도 아쎄 우나 오라
엘리사는 1시간 전에 나갔다.

3. llevar

① 가지고 가다, 운반하다

¿Puedo llevar alcohol en el equipaje?
뿌에도 예바르 알꼬올 엔 엘 에끼빠헤?
수하물로 술을 가지고 갈 수 있나요?

② ~에 태우다

Llévame en tu coche, por favor.
예바메 엔 뚜 꼬체, 뽀르 파보르
나 네 차에 좀 태워 줘.

③ (옷, 소품, 헤어스타일)을 입고 있다, 걸치고 있다

Victor lleva un gorro negro.
빅또르 예바 운 고로 네그로
빅토르는 검정색 모자를 쓰고 있다.

④ ~을 계속 하고 있다(llevar+현재 분사)

Llevo dos meses esperando la respuesta.
예보 도쓰 메세쓰 에스뻬란도 라 레스뿌에스따
나는 두 달째 응답을 기다리고 있다.

4. ir

① ~에 가다

¿A dónde vas?
아 돈데 바쓰?
너 어디 가니?

② ~할 예정이다(ir+a+동사원형)

Esta noche va a llover.
에스따 노체 바 아 요베르
오늘 밤 비가 올 예정이다.

③ (건강이나 경영 상태 등이) ~이다

¿Todo va bien?
또도 바 비엔?
(그것이) 잘되어 가니?

No me va bien el negocio.
노 메 바 비엔 엘 네고씨오
사업이 (나에게) 잘 안 돼.

④ (~을) 입고 있다(ir+de)

Voy a ir de rojo.
보이 아 이르 데 로호
나는 빨간색 옷을 입을 거야.

Unidad 35.

동사 변화

1. 규칙 동사

hablar 말하다	hablando (동명사)	hablado (분사)
	직설법	
주어	**현재**	**현재 완료**
yo	hablo	he hablado
tú	hablas	has hablado
él, ella, Ud.	habla	ha hablado
nosotros	hablamos	hemos hablado
vosotros	habláis	habéis hablado
ellos, ellas, Uds.	hablan	han hablado
주어	**미래**	**미래 완료**
yo	hablaré	habré hablado
tú	hablarás	habrás hablado
él, ella, Ud.	hablará	habrá hablado
nosotros	hablaremos	habremos hablado
vosotros	hablaréis	habréis hablado
ellos, ellas, Uds.	hablarán	habrán hablado
주어	**가정**	**가정 완료**
yo	hablaría	habría hablado
tú	hablarías	habrías hablado
él, ella, Ud.	hablaría	habría hablado
nosotros	hablaríamos	habríamos hablado
vosotros	hablaríais	habríais hablado
ellos, ellas, Uds.	hablarían	habrían hablado
	접속법	
주어	**현재**	**현재 완료**
yo	hable	haya hablado
tú	hables	hayas hablado
él, ella, Ud.	hable	haya hablado
nosotros	hablemos	hayamos hablado
vosotros	habléis	hayáis hablado
ellos, ellas, Uds.	hablen	hayan hablado
	명령법	
주어	**긍정 명령**	**부정 명령**
tú	habla	no hables
él, ella, Ud.	hable	no hable
vosotros	hablad	no habléis
ellos, ellas, Uds.	hablen	no hablen

불완료 과거	단순 과거	대과거
hablaba	hablé	había hablado
hablabas	hablaste	habías hablado
hablaba	habló	había hablado
hablábamos	hablamos	habíamos hablado
hablabais	hablasteis	habíais hablado
hablaban	hablaron	habían hablado

불완료 과거		대과거
hablara o hablase		hubiera o hubiese hablado
hablaras o hablases		hubieras o hubieses hablado
hablara o hablase		hubiera o hubiese hablado
habláramos o hablásemos		hubiéramos o hubiésemos hablado
hablarais o hablaseis		hubierais o hubieseis hablado
hablaran o hablasen		hubieran o hubiesen hablado

comer 먹다	comiendo (동명사)	comido (분사)
	직설법	
주어	**현재**	**현재 완료**
yo	como	he comido
tú	comes	has comido
él, ella, Ud.	come	ha comido
nosotros	comemos	hemos comido
vosotros	coméis	habéis comido
ellos, ellas, Uds.	comen	han comido
주어	**미래**	**미래 완료**
yo	comeré	habré comido
tú	comerás	habrás comido
él, ella, Ud.	comerá	habrá comido
nosotros	comeremos	habremos comido
vosotros	comeréis	habréis comido
ellos, ellas, Uds.	comerán	habrán comido
주어	**가정**	**가정 완료**
yo	comería	habría comido
tú	comerías	habrías comido
él, ella, Ud.	comería	habría comido
nosotros	comeríamos	habríamos comido
vosotros	comeríais	habríais comido
ellos, ellas, Uds.	comerían	habrían comido
	접속법	
주어	**현재**	**현재 완료**
yo	coma	haya comido
tú	comas	hayas comido
él, ella, Ud.	coma	haya comido
nosotros	comamos	hayamos comido
vosotros	comáis	hayáis comido
ellos, ellas, Uds.	coman	hayan comido
	명령법	
주어	**긍정 명령**	**부정 명령**
tú	come	no comas
él, ella, Ud.	coma	no coma
vosotros	comed	no comáis
ellos, ellas, Uds.	coman	no coman

불완료 과거	단순 과거	대과거
comía	comí	había comido
comías	comiste	habías comido
comía	comió	había comido
comíamos	comimos	habíamos comido
comíais	comisteis	habíais comido
comían	comieron	habían comido

불완료 과거		대과거
comiera o comiese		hubiera o hubiese comido
comieras o comieses		hubieras o hubieses comido
comiera o comiese		hubiera o hubiese comido
comiéramos o comiésemos		hubiéramos o hubiésemos comido
comierais o comieseis		hubierais o hubieseis comido
comieran o comiesen		hubieran o hubiesen comido

vivir 살다	viviendo (동명사)	vivido (분사)
	직설법	
주어	현재	현재 완료
yo	vivo	he vivido
tú	vives	has vivido
él, ella, Ud.	vive	ha vivido
nosotros	vivimos	hemos vivido
vosotros	vivís	habéis vivido
ellos, ellas, Uds.	viven	han vivido
주어	미래	미래 완료
yo	viviré	habré vivido
tú	vivirás	habrás vivido
él, ella, Ud.	vivirá	habrá vivido
nosotros	viviremos	habremos vivido
vosotros	viviréis	habréis vivido
ellos, ellas, Uds.	vivirán	habrán vivido
주어	가정	가정 완료
yo	viviría	habría vivido
tú	vivirías	habrías vivido
él, ella, Ud.	viviría	habría vivido
nosotros	viviríamos	habríamos vivido
vosotros	viviríais	habríais vivido
ellos, ellas, Uds.	vivirían	habrían vivido
	접속법	
주어	현재	현재 완료
yo	viva	haya vivido
tú	vivas	hayas vivido
él, ella, Ud.	viva	haya vivido
nosotros	vivamos	hayamos vivido
vosotros	viváis	hayáis vivido
ellos, ellas, Uds.	vivan	hayan vivido
	명령법	
주어	긍정 명령	부정 명령
tú	vive	no vivas
él, ella, Ud.	viva	no viva
vosotros	vivid	no viváis
ellos, ellas, Uds.	vivan	no vivan

불완료 과거	단순 과거	대과거
vivía	viví	había vivido
vivías	viviste	habías vivido
vivía	vivió	había vivido
vivíamos	vivimos	habíamos vivido
vivíais	vivisteis	habíais vivido
vivían	vivieron	habían vivido

불완료 과거		대과거
viviera o viviese		hubiera o hubiese vivido
vivieras o vivieses		hubieras o hubieses vivido
viviera o viviese		hubiera o hubiese vivido
viviéramos o viviésemos		hubiéramos o hubiésemos vivido
vivierais o vivieseis		hubierais o hubieseis vivido
vivieran o viviesen		hubieran o hubiesen vivido

2. 불규칙 동사

andar 걷다	andando (동명사)	andado (분사)
	직설법	
주어	현재	현재 완료
yo	ando	he andado
tú	andas	has andado
él, ella, Ud.	anda	ha andado
nosotros	andamos	hemos andado
vosotros	andáis	habéis andado
ellos, ellas, Uds.	andan	han andado
주어	미래	미래 완료
yo	andaré	habré andado
tú	andarás	habrás andado
él, ella, Ud.	andará	habrá andado
nosotros	andaremos	habremos andado
vosotros	andaréis	habréis andado
ellos, ellas, Uds.	andarán	habrán andado
주어	가정	가정 완료
yo	andaría	habría andado
tú	andarías	habrías andado
él, ella, Ud.	andaría	habría andado
nosotros	andaríamos	habríamos andado
vosotros	andaríais	habríais andado
ellos, ellas, Uds.	andarían	habrían andado
	접속법	
주어	현재	현재 완료
yo	ande	haya andado
tú	andes	hayas andado
él, ella, Ud.	ande	haya andado
nosotros	andemos	hayamos andado
vosotros	andéis	hayáis andado
ellos, ellas, Uds.	anden	hayan andado
	명령법	
주어	긍정 명령	부정 명령
tú	anda	no andes
él, ella, Ud.	ande	no ande
vosotros	andad	no andéis
ellos, ellas, Uds.	anden	no anden

불완료 과거	단순 과거	대과거
andaba	anduve	había andado
andabas	anduviste	habías andado
andaba	anduvo	había andado
andábamos	anduvimos	habíamos andado
andabais	anduvisteis	habíais andado
andaban	anduvieron	habían andado

불완료 과거		대과거
anduviera o anduviese		hubiera o hubiese andado
anduvieras o anduvieses		hubieras o hubieses andado
anduviera o anduviese		hubiera o hubiese andado
anduviéramos o anduviésemos		hubiéramos o hubiésemos andado
anduvierais o anduvieseis		hubierais o hubieseis andado
anduvieran o anduviesen		hubieran o hubiesen andado

conducir 운전하다	conduciendo (동명사)	conducido (분사)
	직설법	
주어	**현재**	**현재 완료**
yo	conduzco	he conducido
tú	conduces	has conducido
él, ella, Ud.	conduce	ha conducido
nosotros	conducimos	hemos conducido
vosotros	conducís	habéis conducido
ellos, ellas, Uds.	conducen	han conducido
주어	**미래**	**미래 완료**
yo	conduciré	habré conducido
tú	conducirás	habrás conducido
él, ella, Ud.	conducirá	habrá conducido
nosotros	conduciremos	habremos conducido
vosotros	conduciréis	habréis conducido
ellos, ellas, Uds.	conducirán	habrán conducido
주어	**가정**	**가정 완료**
yo	conduciría	habría conducido
tú	conducirías	habrías conducido
él, ella, Ud.	conduciría	habría conducido
nosotros	conduciríamos	habríamos conducido
vosotros	conduciríais	habríais conducido
ellos, ellas, Uds.	conducirían	habrían conducido
	접속법	
주어	**현재**	**현재 완료**
yo	conduzca	haya conducido
tú	conduzcas	hayas conducido
él, ella, Ud.	conduzca	haya conducido
nosotros	conduzcamos	hayamos conducido
vosotros	conduzcáis	hayáis conducido
ellos, ellas, Uds.	conduzcan	hayan conducido
	명령법	
주어	**긍정 명령**	**부정 명령**
tú	conduce	no conduzcas
él, ella, Ud.	conduzca	no conduzca
vosotros	conducid	no conduzcáis
ellos, ellas, Uds.	conduzcan	no conduzcan

* introducir, producir, reducir, traducir는 conducir와 동일한 규칙으로 변화합니다.

불완료 과거	단순 과거	대과거
conducía	conduje	había conducido
conducías	condujiste	habías conducido
conducía	condujo	había conducido
conducíamos	condujimos	habíamos conducido
conducíais	condujisteis	habíais conducido
conducían	condujeron	habían conducido

불완료 과거		대과거
condujera o condujese		hubiera o hubiese conducido
condujeras o condujeses		hubieras o hubieses conducido
condujera o condujese		hubiera o hubiese conducido
condujéramos o condujésemos		hubiéramos o hubiésemos conducido
condujerais o condujeseis		hubierais o hubieseis conducido
condujeran o condujesen		hubieran o hubiesen conducido

dar 주다	dando (동명사)	dado (분사)
	직설법	
주어	**현재**	**현재 완료**
yo	doy	he dado
tú	das	has dado
él, ella, Ud.	da	ha dado
nosotros	damos	hemos dado
vosotros	dais	habéis dado
ellos, ellas, Uds.	dan	han dado
주어	**미래**	**미래 완료**
yo	daré	habré dado
tú	darás	habrás dado
él, ella, Ud.	dará	habrá dado
nosotros	daremos	habremos dado
vosotros	daréis	habréis dado
ellos, ellas, Uds.	darán	habrán dado
주어	**가정**	**가정 완료**
yo	daría	habría dado
tú	darías	habrías dado
él, ella, Ud.	daría	habría dado
nosotros	daríamos	habríamos dado
vosotros	daríais	habríais dado
ellos, ellas, Uds.	darían	habrían dado
	접속법	
주어	**현재**	**현재 완료**
yo	dé	haya dado
tú	des	hayas dado
él, ella, Ud.	dé	haya dado
nosotros	demos	hayamos dado
vosotros	deis	hayáis dado
ellos, ellas, Uds.	den	hayan dado
	명령법	
주어	**긍정 명령**	**부정 명령**
tú	da	no des
él, ella, Ud.	dé	no dé
vosotros	dad	no deis
ellos, ellas, Uds.	den	no den

불완료 과거	단순 과거	대과거
daba	di	había dado
dabas	diste	habías dado
daba	dio	había dado
dábamos	dimos	habíamos dado
dabais	disteis	habíais dado
daban	dieron	habían dado

불완료 과거		대과거
diera o diese		hubiera o hubiese dado
dieras o dieses		hubieras o hubieses dado
diera o diese		hubiera o hubiese dado
diéramos o diésemos		hubiéramos o hubiésemos dado
dierais o dieseis		hubierais o hubieseis dado
dieran o diesen		hubieran o hubiesen dado

decir 말하다	diciendo (동명사)	dicho (분사)
	직설법	
주어	**현재**	**현재 완료**
yo	digo	he dicho
tú	dices	has dicho
él, ella, Ud.	dice	ha dicho
nosotros	decimos	hemos dicho
vosotros	decís	habéis dicho
ellos, ellas, Uds.	dicen	han dicho
주어	**미래**	**미래 완료**
yo	diré	habré dicho
tú	dirás	habrás dicho
él, ella, Ud.	dirá	habrá dicho
nosotros	diremos	habremos dicho
vosotros	diréis	habréis dicho
ellos, ellas, Uds.	dirán	habrán dicho
주어	**가정**	**가정 완료**
yo	diría	habría dicho
tú	dirías	habrías dicho
él, ella, Ud.	diría	habría dicho
nosotros	diríamos	habríamos dicho
vosotros	diríais	habríais dicho
ellos, ellas, Uds.	dirían	habrían dicho
	접속법	
주어	**현재**	**현재 완료**
yo	diga	haya dicho
tú	digas	hayas dicho
él, ella, Ud.	diga	haya dicho
nosotros	digamos	hayamos dicho
vosotros	digáis	hayáis dicho
ellos, ellas, Uds.	digan	hayan dicho
	명령법	
주어	**긍정 명령**	**부정 명령**
tú	di	no digas
él, ella, Ud.	diga	no diga
vosotros	decid	no digáis
ellos, ellas, Uds.	digan	no digan

* contradecir, predecir는 decir와 동일한 규칙으로 변화합니다.

불완료 과거	단순 과거	대과거
decía	dije	había dicho
decías	dijiste	habías dicho
decía	dijo	había dicho
decíamos	dijimos	habíamos dicho
decíais	dijisteis	habíais dicho
decían	dijeron	habían dicho

불완료 과거		대과거
dijera o dijese		hubiera o hubiese dicho
dijeras o dijeses		hubieras o hubieses dicho
dijera o dijese		hubiera o hubiese dicho
dijéramos o dijésemos		hubiéramos o hubiésemos dicho
dijerais o dijeseis		hubierais o hubieseis dicho
dijeran o dijesen		hubieran o hubiesen dicho

estar ~이다	estando (동명사)	estado (분사)
	직설법	
주어	**현재**	**현재 완료**
yo	estoy	he estado
tú	estás	has estado
él, ella, Ud.	está	ha estado
nosotros	estamos	hemos estado
vosotros	estáis	habéis estado
ellos, ellas, Uds.	están	han estado
주어	**미래**	**미래 완료**
yo	estaré	habré estado
tú	estarás	habrás estado
él, ella, Ud.	estará	habrá estado
nosotros	estaremos	habremos estado
vosotros	estaréis	habréis estado
ellos, ellas, Uds.	estarán	habrán estado
주어	**가정**	**가정 완료**
yo	estaría	habría estado
tú	estarías	habrías estado
él, ella, Ud.	estaría	habría estado
nosotros	estaríamos	habríamos estado
vosotros	estaríais	habríais estado
ellos, ellas, Uds.	estarían	habrían estado
	접속법	
주어	**현재**	**현재 완료**
yo	esté	haya estado
tú	estés	hayas estado
él, ella, Ud.	esté	haya estado
nosotros	estemos	hayamos estado
vosotros	estéis	hayáis estado
ellos, ellas, Uds.	estén	hayan estado
	명령법	
주어	**긍정 명령**	**부정 명령**
tú	está	no estés
él, ella, Ud.	esté	no esté
vosotros	estad	no estéis
ellos, ellas, Uds.	estén	no estén

불완료 과거	단순 과거	대과거
estaba	estuve	había estado
estabas	estuviste	habías estado
estaba	estuvo	había estado
estábamos	estuvimos	habíamos estado
estabais	estuvisteis	habíais estado
estaban	estuvieron	habían estado

불완료 과거		대과거
estuviera o estuviese		hubiera o hubiese estado
estuvieras o estuvieses		hubieras o hubieses estado
estuviera o estuviese		hubiera o hubiese estado
estuviéramos o estuviésemos		hubiéramos o hubiésemos estado
estuvierais o estuvieseis		hubierais o hubieseis estado
estuvieran o estuviesen		hubieran o hubiesen estado

ir 가다	yendo (동명사)	ido (분사)
	직설법	
주어	**현재**	**현재 완료**
yo	voy	he ido
tú	vas	has ido
él, ella, Ud.	va	ha ido
nosotros	vamos	hemos ido
vosotros	vais	habéis ido
ellos, ellas, Uds.	van	han ido
주어	**미래**	**미래 완료**
yo	iré	habré ido
tú	irás	habrás ido
él, ella, Ud.	irá	habrá ido
nosotros	iremos	habremos ido
vosotros	iréis	habréis ido
ellos, ellas, Uds.	irán	habrán ido
주어	**가정**	**가정 완료**
yo	iría	habría ido
tú	irías	habrías ido
él, ella, Ud.	iría	habría ido
nosotros	iríamos	habríamos ido
vosotros	iríais	habríais ido
ellos, ellas, Uds.	irían	habrían ido
	접속법	
주어	**현재**	**현재 완료**
yo	vaya	haya ido
tú	vayas	hayas ido
él, ella, Ud.	vaya	haya ido
nosotros	vayamos	hayamos ido
vosotros	vayáis	hayáis ido
ellos, ellas, Uds.	vayan	hayan ido
	명령법	
주어	**긍정 명령**	**부정 명령**
tú	ve	no vayas
él, ella, Ud.	vaya	no vaya
vosotros	id	no vayáis
ellos, ellas, Uds.	vayan	no vayan

불완료 과거	단순 과거	대과거
iba	fui	había ido
ibas	fuiste	habías ido
iba	fue	había ido
íbamos	fuimos	habíamos ido
ibais	fuisteis	habíais ido
iban	fueron	habían ido

불완료 과거		대과거
fuera o fuese		hubiera o hubiese ido
fueras o fueses		hubieras o hubieses ido
fuera o fuese		hubiera o hubiese ido
fuéramos o fuésemos		hubiéramos o hubiésemos ido
fuerais o fueseis		hubierais o hubieseis ido
fueran o fuesen		hubieran o hubiesen ido

jugar 놀다	jugando (동명사)	jugado (분사)
	직설법	
주어	현재	현재 완료
yo	juego	he jugado
tú	juegas	has jugado
él, ella, Ud.	juega	ha jugado
nosotros	jugamos	hemos jugado
vosotros	jugáis	habéis jugado
ellos, ellas, Uds.	juegan	han jugado
주어	미래	미래 완료
yo	jugaré	habré jugado
tú	jugarás	habrás jugado
él, ella, Ud.	jugará	habrá jugado
nosotros	jugaremos	habremos jugado
vosotros	jugaréis	habréis jugado
ellos, ellas, Uds.	jugarán	habrán jugado
주어	가정	가정 완료
yo	jugaría	habría jugado
tú	jugarías	habrías jugado
él, ella, Ud.	jugaría	habría jugado
nosotros	jugaríamos	habríamos jugado
vosotros	jugaríais	habríais jugado
ellos, ellas, Uds.	jugarían	habrían jugado
	접속법	
주어	현재	현재 완료
yo	juegue	haya jugado
tú	juegues	hayas jugado
él, ella, Ud.	juegue	haya jugado
nosotros	juguemos	hayamos jugado
vosotros	juguéis	hayáis jugado
ellos, ellas, Uds.	jueguen	hayan jugado
	명령법	
주어	긍정 명령	부정 명령
tú	juega	no juegues
él, ella, Ud.	juegue	no juegue
vosotros	jugad	no juguéis
ellos, ellas, Uds.	jueguen	no jueguen

불완료 과거	단순 과거	대과거
jugaba	jugué	había jugado
jugabas	jugaste	habías jugado
jugaba	jugó	había jugado
jugábamos	jugamos	habíamos jugado
jugabais	jugasteis	habíais jugado
jugaban	jugaron	habían jugado

불완료 과거		대과거
jugara o jugase		hubiera o hubiese jugado
jugaras o jugases		hubieras o hubieses jugado
jugara o jugase		hubiera o hubiese jugado
jugáramos o jugásemos		hubiéramos o hubiésemos jugado
jugarais o jugaseis		hubierais o hubieseis jugado
jugaran o jugasen		hubieran o hubiesen jugado

mover 움직이다	moviendo (동명사)	movido (분사)
	직설법	
주어	현재	현재 완료
yo	muevo	he movido
tú	mueves	has movido
él, ella, Ud.	mueve	ha movido
nosotros	movemos	hemos movido
vosotros	movéis	habéis movido
ellos, ellas, Uds.	mueven	han movido
주어	미래	미래 완료
yo	moveré	habré movido
tú	moverás	habrás movido
él, ella, Ud.	moverá	habrá movido
nosotros	moveremos	habremos movido
vosotros	moveréis	habréis movido
ellos, ellas, Uds.	moverán	habrán movido
주어	가정	가정 완료
yo	movería	habría movido
tú	moverías	habrías movido
él, ella, Ud.	movería	habría movido
nosotros	moveríamos	habríamos movido
vosotros	moveríais	habríais movido
ellos, ellas, Uds.	moverían	habrían movido
	접속법	
주어	현재	현재 완료
yo	mueva	haya movido
tú	muevas	hayas movido
él, ella, Ud.	mueva	haya movido
nosotros	movamos	hayamos movido
vosotros	mováis	hayáis movido
ellos, ellas, Uds.	muevan	hayan movido
	명령법	
주어	긍정 명령	부정 명령
tú	mueve	no muevas
él, ella, Ud.	mueva	no mueva
vosotros	moved	no mováis
ellos, ellas, Uds.	muevan	no muevan

* doler, llover, oler(ue로 변형될 때는 묵음 h 더해짐)는 mover와 동일한 규칙으로 변화합니다.

불완료 과거	단순 과거	대과거
movía	moví	había movido
movías	moviste	habías movido
movía	movió	había movido
movíamos	movimos	habíamos movido
movíais	movisteis	habíais movido
movían	movieron	habían movido

불완료 과거		대과거
moviera o moviese		hubiera o hubiese movido
movieras o movieses		hubieras o hubieses movido
moviera o moviese		hubiera o hubiese movido
moviéramos o moviésemos		hubiéramos o hubiésemos movido
movierais o movieseis		hubierais o hubieseis movido
movieran o moviesen		hubieran o hubiesen movido

pedir 부탁하다, 요청하다	pidiendo (동명사)	pedido (분사)
	직설법	
주어	**현재**	**현재 완료**
yo	pido	he pedido
tú	pides	has pedido
él, ella, Ud.	pide	ha pedido
nosotros	pedimos	hemos pedido
vosotros	pedís	habéis pedido
ellos, ellas, Uds.	piden	han pedido
주어	**미래**	**미래 완료**
yo	pediré	habré pedido
tú	pedirás	habrás pedido
él, ella, Ud.	pedirá	habrá pedido
nosotros	pediremos	habremos pedido
vosotros	pediréis	habréis pedido
ellos, ellas, Uds.	pedirán	habrán pedido
주어	**가정**	**가정 완료**
yo	pediría	habría pedido
tú	pedirías	habrías pedido
él, ella, Ud.	pediría	habría pedido
nosotros	pediríamos	habríamos pedido
vosotros	pediríais	habríais pedido
ellos, ellas, Uds.	pedirían	habrían pedido
	접속법	
주어	**현재**	**현재 완료**
yo	pida	haya pedido
tú	pidas	hayas pedido
él, ella, Ud.	pida	haya pedido
nosotros	pidamos	hayamos pedido
vosotros	pidáis	hayáis pedido
ellos, ellas, Uds.	pidan	hayan pedido
	명령법	
주어	**긍정 명령**	**부정 명령**
tú	pide	no pidas
él, ella, Ud.	pida	no pida
vosotros	pedid	no pidáis
ellos, ellas, Uds.	pidan	no pidan

* corregir, elegir, reír, repetir, seguir는 pedir와 동일한 규칙으로 변화합니다.

불완료 과거	단순 과거	대과거
pedía	pedí	había pedido
pedías	pediste	habías pedido
pedía	pidió	había pedido
pedíamos	pedimos	habíamos pedido
pedíais	pedisteis	habíais pedido
pedían	pidieron	habían pedido

불완료 과거		대과거
pidiera o pidiese		hubiera o hubiese pedido
pidieras o pidieses		hubieras o hubieses pedido
pidiera o pidiese		hubiera o hubiese pedido
pidiéramos o pidiésemos		hubiéramos o hubiésemos pedido
pidierais o pidieseis		hubierais o hubieseis pedido
pidieran o pidiesen		hubieran o hubiesen pedido

poder ~할 수 있다	pudiendo (동명사)	podido (분사)
	직설법	
주어	**현재**	**현재 완료**
yo	puedo	he podido
tú	puedes	has podido
él, ella, Ud.	puede	ha podido
nosotros	podemos	hemos podido
vosotros	podéis	habéis podido
ellos, ellas, Uds.	pueden	han podido
주어	**미래**	**미래 완료**
yo	podré	habré podido
tú	podrás	habrás podido
él, ella, Ud.	podrá	habrá podido
nosotros	podremos	habremos podido
vosotros	podréis	habréis podido
ellos, ellas, Uds.	podrán	habrán podido
주어	**가정**	**가정 완료**
yo	podría	habría podido
tú	podrías	habrías podido
él, ella, Ud.	podría	habría podido
nosotros	podríamos	habríamos podido
vosotros	podríais	habríais podido
ellos, ellas, Uds.	podrían	habrían podido
	접속법	
주어	**현재**	**현재 완료**
yo	pueda	haya podido
tú	puedas	hayas podido
él, ella, Ud.	pueda	haya podido
nosotros	podamos	hayamos podido
vosotros	podáis	hayáis podido
ellos, ellas, Uds.	puedan	hayan podido
	명령법	
주어	**긍정 명령**	**부정 명령**
tú	puede	no puedas
él, ella, Ud.	pueda	no pueda
vosotros	poded	no podáis
ellos, ellas, Uds.	puedan	no puedan

불완료 과거	단순 과거	대과거
podía	pude	había podido
podías	pudiste	habías podido
podía	pudo	había podido
podíamos	pudimos	habíamos podido
podíais	pudisteis	habíais podido
podían	pudieron	habían podido

불완료 과거		대과거
pudiera o pudiese		hubiera o hubiese podido
pudieras o pudieses		hubieras o hubieses podido
pudiera o pudiese		hubiera o hubiese podido
pudiéramos o pudiésemos		hubiéramos o hubiésemos podido
pudierais o pudieseis		hubierais o hubieseis podido
pudieran o pudiesen		hubieran o hubiesen podido

querer 원하다	queriendo (동명사)	querido (분사)
	직설법	
주어	**현재**	**현재 완료**
yo	quiero	he querido
tú	quieres	has querido
él, ella, Ud.	quiere	ha querido
nosotros	queremos	hemos querido
vosotros	queréis	habéis querido
ellos, ellas, Uds.	quieren	han querido
주어	**미래**	**미래 완료**
yo	querré	habré querido
tú	querrás	habrás querido
él, ella, Ud.	querrá	habrá querido
nosotros	querremos	habremos querido
vosotros	querréis	habréis querido
ellos, ellas, Uds.	querrán	habrán querido
주어	**가정**	**가정 완료**
yo	querría	habría querido
tú	querrías	habrías querido
él, ella, Ud.	querría	habría querido
nosotros	querríamos	habríamos querido
vosotros	querríais	habríais querido
ellos, ellas, Uds.	querrían	habrían querido
	접속법	
주어	**현재**	**현재 완료**
yo	quiera	haya querido
tú	quieras	hayas querido
él, ella, Ud.	quiera	haya querido
nosotros	queramos	hayamos querido
vosotros	queráis	hayáis querido
ellos, ellas, Uds.	quieran	hayan querido
	명령법	
주어	**긍정 명령**	**부정 명령**
tú	quiere	no quieras
él, ella, Ud.	quiera	no quiera
vosotros	quered	no queráis
ellos, ellas, Uds.	quieran	no quieran

불완료 과거	단순 과거	대과거
quería	quise	había querido
querías	quisiste	habías querido
quería	quiso	había querido
queríamos	quisimos	habíamos querido
queríais	quisisteis	habíais querido
querían	quisieron	habían querido

불완료 과거		대과거
quisiera o quisiese		hubiera o hubiese querido
quisieras o quisieses		hubieras o hubieses querido
quisiera o quisiese		hubiera o hubiese querido
quisiéramos o quisiésemos		hubiéramos o hubiésemos querido
quisierais o quisieseis		hubierais o hubieseis querido
quisieran o quisiesen		hubieran o hubiesen querido

ser ~이다	siendo (동명사)	sido (분사)
	직설법	
주어	**현재**	**현재 완료**
yo	soy	he sido
tú	eres	has sido
él, ella, Ud.	es	ha sido
nosotros	somos	hemos sido
vosotros	sois	habéis sido
ellos, ellas, Uds.	son	han sido
주어	**미래**	**미래 완료**
yo	seré	habré sido
tú	serás	habrás sido
él, ella, Ud.	será	habrá sido
nosotros	seremos	habremos sido
vosotros	seréis	habréis sido
ellos, ellas, Uds.	serán	habrán sido
주어	**가정**	**가정 완료**
yo	sería	habría sido
tú	serías	habrías sido
él, ella, Ud.	sería	habría sido
nosotros	seríamos	habríamos sido
vosotros	seríais	habríais sido
ellos, ellas, Uds.	serían	habrían sido
	접속법	
주어	**현재**	**현재 완료**
yo	sea	haya sido
tú	seas	hayas sido
él, ella, Ud.	sea	haya sido
nosotros	seamos	hayamos sido
vosotros	seáis	hayáis sido
ellos, ellas, Uds.	sean	hayan sido
	명령법	
주어	**긍정 명령**	**부정 명령**
tú	sé	no seas
él, ella, Ud.	sea	no sea
vosotros	sed	no seáis
ellos, ellas, Uds.	sean	no sean

불완료 과거	단순 과거	대과거
era	fui	había sido
eras	fuiste	habías sido
era	fue	había sido
éramos	fuimos	habíamos sido
erais	fuisteis	habíais sido
eran	fueron	habían sido

불완료 과거		대과거
fuera o fuese		hubiera o hubiese sido
fueras o fueses		hubieras o hubieses sido
fuera o fuese		hubiera o hubiese sido
fuéramos o fuésemos		hubiéramos o hubiésemos sido
fuerais o fueseis		hubierais o hubieseis sido
fueran o fuesen		hubieran o hubiesen sido

tener 가지다	teniendo (동명사)	tenido (분사)
	직설법	
주어	**현재**	**현재 완료**
yo	tengo	he tenido
tú	tienes	has tenido
él, ella, Ud.	tiene	ha tenido
nosotros	tenemos	hemos tenido
vosotros	tenéis	habéis tenido
ellos, ellas, Uds.	tienen	han tenido
주어	**미래**	**미래 완료**
yo	tendré	habré tenido
tú	tendrás	habrás tenido
él, ella, Ud.	tendrá	habrá tenido
nosotros	tendremos	habremos tenido
vosotros	tendréis	habréis tenido
ellos, ellas, Uds.	tendrán	habrán tenido
주어	**가정**	**가정 완료**
yo	tendría	habría tenido
tú	tendrías	habrías tenido
él, ella, Ud.	tendría	habría tenido
nosotros	tendríamos	habríamos tenido
vosotros	tendríais	habríais tenido
ellos, ellas, Uds.	tendrían	habrían tenido
	접속법	
주어	**현재**	**현재 완료**
yo	tenga	haya tenido
tú	tengas	hayas tenido
él, ella, Ud.	tenga	haya tenido
nosotros	tengamos	hayamos tenido
vosotros	tengáis	hayáis tenido
ellos, ellas, Uds.	tengan	hayan tenido
	명령법	
주어	**긍정 명령**	**부정 명령**
tú	ten	no tengas
él, ella, Ud.	tenga	no tenga
vosotros	tened	no tengáis
ellos, ellas, Uds.	tengan	no tengan

* contener, mantener, obtener는 tener와 동일한 규칙으로 변화합니다.

불완료 과거	단순 과거	대과거
tenía	tuve	había tenido
tenías	tuviste	habías tenido
tenía	tuvo	había tenido
teníamos	tuvimos	habíamos tenido
teníais	tuvisteis	habíais tenido
tenían	tuvieron	habían tenido

불완료 과거		대과거
tuviera o tuviese		hubiera o hubiese tenido
tuvieras o tuvieses		hubieras o hubieses tenido
tuviera o tuviese		hubiera o hubiese tenido
tuviéramos o tuviésemos		hubiéramos o hubiésemos tenido
tuvierais o tuvieseis		hubierais o hubieseis tenido
tuvieran o tuviesen		hubieran o hubiesen tenido

1. 알파벳순

A

a 37, 309
a finales de año 97
a finales de mes 97
a la derecha de~ 298
a la izquierda de~ 298
a pie 188
a principios de año 97
a principios de mes 97
a bordo 244
abdomen 48
abdomen plano 48
abeja 121
ablandar 156
abogado(a) 202
abrazar 73
abrazo 48, 73
abrigo 141
abrir 130
abuelo(a) 83
abuelo(a) materno 83
abuelo(a) paterno 83
abuelos 83
academia 186
acceder 176
accidente 286
accidente de tráfico 286
aceite 155
aceite de oliva 155
aceite vegetal 155
aceite animal 155
aceituna 152
acelerador 252
acelerar 252
aceptar 38
acera 255
ácido(a) 215
acné 53
acompañamiento 210
acondicionador 266
aconsejar 36
acostarse 96
activo(a) 64
actor/actriz 166
actualizar 175
adelantamiento 286
además 310
adicional 265
admisión 187
admitir 38
adolescente 84
adopción 86
adoptar 86
adorar 61
adquirir la nacionalidad 24
adquisición de nacionalidad 24
adulto(a) 84
adverbio 310
aeropuerto 242
afeitadora 267
afeitar 54
afeitarse 54, 267
afición 162
afligido(a) 62
África 300, 305
agencia de viajes 225
agradable 60

agradecer 34
agricultor/agricultora 204
agua 154
agua con gas 213
aguacate 154
aguacero 106
águila 120
ahí 310
ahogamiento 286
ahogarse 230, 284
ahogarse en el agua 286
ahora 310
aire 107
aire acondicionado 264
ajedrez 168
ajo 151
al final del año 97
al final del mes 97
al lado de~ 298
al principio del año 97
al principio del mes 97
ala 119
alarma 95
albaricoque 154
albergue juvenil 262
alcachofa de la ducha 134
alce 118
alcohol 214
alegría 61
alemán/alemana 302
Alemania 302
aleta 120
alfiler 144
alfombrilla de ratón 177
alga 151
algodón 145
alianza 76
allí 310
almacén 131
almacenaje de vehículos 286
almeja 151, 212
almohada 266
almuerzo 95
alojamiento 262
alojarse 262
alquiler 247
alrededor 310
alto(a) 55
altura 55
alumno(a) 186
amabilidad 35
amable 35, 63
amamantar 85
amar 72
amargo(a) 215
amargón 123
amarillo 296
ambulancia 283
América Central 300
América del Norte 300
América del Sur 300
amigo(a) 28, 70
amistoso(a) 28
amor 72
amor materno 84
amor paterno 83
analgésico 233
anchoa 151
andando 188
andar 188
andén 245, 257
anemia 232

anestesia 233
anguila 121
angula 121
anillo 144
anillo de compromiso 76
anillo de matrimonio 76
animal 116
animar 37
animarse 37
ánimo 37
aniversario 98
aniversario de boda 76
año 23, 97
años 23
ansioso(a) 63
ante 309
anteayer 98, 310
antena 121
antes 310
anual 98
anulación 266
anular 266
apagar 175
aparcamiento 256
aparcamiento gratuito 256
aparcamiento público 256
aparcamiento de pago 256
aparcar 256
apariencia 54
apellido 22
apendicitis 232
aperitivo 210
apio 152
aplicación 175
apodo 22
app 175
aprender 186
aprobar 191
aquí 310
Arabia Saudí 307
Arabia Saudita 307
araña 121
arañar 116
árbol 122
archivo 178
arco iris 107
ardilla 118
Argelia 306
argelina/argelino 306
Argentina 304
argentino/argentina 304
armario 132
arpa 165
arquitecto(a) 203
arreglar 225
arreglo floral 169
arrepentirse 39
arrogante 64
arroz 150
arruga 52
arte 190
asar 156
ascensor 131
aseo 134
asesinato 285
asesino(a) 285
asfixiarse 230, 284
así 310
Asia 300, 306
asiento 243
asiento de pasillo 243
asiento de ventanilla 243

asignatura 189
asimismo 310
asistencia 187
aspiradora 135
asustado(a) 63
ataque cardíaco 284
ataque cerebral 283
ataque al corazón 284
atasco 201, 255
aterrizaje 243
aterrizar 243
ático 131
atractivo(a) 71
atraer 71
atún 151
auditor/auditora 202
aunque 308
Australia 305
australiano/australiana 305
Austria 302
austriaco/austriaca 302
autobús 246
autobús escolar 188
autofoto 277
autopista 246, 255
autosilla 86
avalancha de nieve 287
avalancha de tierra 287
avenida 276
avestruz 120
avión 242
aviso 40
ayer 98, 310
ayuda 35, 283
ayudar 35
azafato(a) 203, 244
azúcar 154
azul 296
azul cielo 296
azul índigo 296

B

bacalao 151
bádminton 163
baguette 212
baja maternal 202
bajar 109
bajarse 243
bajo(a) 55, 309
balcón 265
ballena 119
balón 162
baloncesto 163
bañador 142
banana 153
bañar 134
banca en línea 235
banca online 235
banco 234
bandeja 157
bañera 134
baño 130, 264
barato(a) 221
barbilla 51
barco 247
barra 212
barrer 135
bastante 310
basura 135
batería 175
batidora 133
bebé 84

beca 192
begonia 123
béisbol 163
belga 302
Bélgica 302
berenjena 152
besar 73
besarse 73
beso 73
biberón 85
biblioteca 193
bici 188, 246
bicicleta 188, 246
bien 310
bien hecho 210
bienvenido(a) 27
bigote 54
bikini 142
bilingüe 24
billete 242
billete de avión 242
billete de metro 246
billete de tren 245
billetera 144
biología 189
bisutería 144
bizcocho 213
blanco 296
blanco(a) 296
blog 179
bloquear 178
blusa 141
boca 51, 273
boca de metro 246
boda 76
boda civil 76
boda religiosa 76
boli 190
bolígrafo 190
bolsillo 144
bolso 143
bolso de hombro 143
bolso de mano 143
bolso tipo sobre 143
bombero(a) 202
bonificación 200
bonito(a) 54
bonus 200
bordado(a) 145
bordar 145
borrador 191
borrar 178
bota, botas 143
botella 154
botín, botines 143
botiquín de primeros auxilios 283
boxeo 163
branquia 120
Brasil 304
brasileño/brasileña 304
brazo 48
bricolaje 169
británico/británica 303
broche 144
brócoli 152
buen tiempo 104
buena impresión 71
buena intención 35
buena voluntad 35
Buenas noches. 26
Buenas tardes. 26

bueno(a) 63
Buenos días. 26
bufanda 142
buhardilla 131
búho 120
buscar trabajo 204
bus-VAO 246

C

caballero 23
caballo 117
cabe 309
cabello 53
cabeza 48
cabina 245
cacerola 157
cachorro(a) 116
cadena de hoteles 262
caerse 108
café 213
café capuchino 213
café con leche 213
café cortado 213
café moca 213
café solo 213
café descafeinado 213
cafetería 213
caída de la hoja 108
caja 221
caja de seguridad 264
caja fuerte 264
cajero(a) 221, 235
cajón 132
calamar 150
calcetín, calcetines 143
calculadora 189
calcular 189
calefacción 263
calendario 98
calentamiento global 109
calentar 156
calidad 222
calle 276
calor 104
calva 53
calvo(a) 53
cama 132
cama doble 132
cama individual 132
cama plegable 132
cámara 167
cámara web 178
camarero(a) 204
cambiar 221
cambio 234
cambio de divisa 235
cambio climático 109
camelia 123
Camerún 306
camerunés/camerunesa 306
caminando 188
caminar 188
camino 276
camino helado 286
camión 252
camión de bomberos 287
camioneta 252
camisa 140
camiseta 141
camiseta de manga corta 141
camiseta de manga larga 141
camiseta sin mangas 141

campamento 168
campo 276
Canadá 304
canadiense 304
cancelación 266
cancelar 266
canción 164
canguro 85
cantante 164
cantar 164
cantidad 256
capó 253
caqui 297
cara 50
cara cuadrada 50
cara hinchada 50
cara ovalada 50
cara redonda 50
caracol 212
caramelo 212
cargador 175
cargar 175
caries 232
cariño 70
carne 150
carne de cerdo 150
carne de cordero 150
carne de pollo 150
carne de ternera 150
carnet de conducir 256
carnicería 222
caro(a) 221
carpeta 178
carpooling 201
carretera 246, 255
carricoche 86
carril 246
carril bici 247
carril bus 246
carril reservado para autobús y taxi 246
carrito 86
carta de dimisión 202
carta de motivación 205
carta de presentación 205
cartera 144
carterista 285
cartero(a) 202
casa 130
casado(a) 73
casarse con~ 75
casco 117, 247
casi 310
castillo 272
catarro 231
catedral 272
catorce 290
catre 132
cava 214
cazadora 141
cebolla 151
cebra 117
ceja 50
celos 73
celoso(a) 73
cena 96
cenar 96
centro comercial 220
centro turístico 272
cepillo de dientes 267
cercanías 245
cerdito(a) 117

cerdo(a) 117
cereza 154
cero 290
cerrar 130
cerrar sesión 176
certificado de experiencia laboral 205
certificado médico 233
cerveza 214
chal 142
chaleco 141
chaleco salvavidas 244
champán 214
champiñón 152, 212
champú 266
chancleta, chancletas 143
chándal 142
chaparrón 106
chaqueta 141
chaqueta acolchada 141
chaqueta de cuero 141
charcutería 222
check-in 262
check-out 262
cheque 234
chico(a) ideal 71
Chile 304
chileno/chilena 304
chimenea 131
chimpancé 118
China 306
chino/china 306
chipirón 150
chocar 286
chocolate 212
choque 286
chubasco 106
cicatriz 231
ciclismo 163
ciclón 106
cien 290
cien euros 293
cien mil 291
ciencias 189
ciento 290
ciento uno 291
ciervo(a) 118
cinco 290
cinco euros 293
cincuenta 290
cincuenta euros 293
cine 166
cintura 49
cinturón 142
cinturón de seguridad 244, 253
circulación 255
círculo 294
cita 70
ciudad 276
claro(a) 297
clase 188
clase business 243
clase turista 243
clavel 123
claxon 253
clic, clics 177
clicar 177
cliente(a) 221
clima 109
clínica 230
cliquear 177
coche 252

coche descapotable 252
coche-cama 245
cochecito 86
coche-comedor 245
cochinillo(a) 117
cocina 133
cocina de gas 133
cocina eléctrica 133
cocinar 155
cocinero(a) 204
cocodrilo 121
codicioso(a) 65
codo 48
coleccionar 169
colegio 186
colgante 144
colgar 174
coliflor 152
colisión 286
collar 144
Colombia 304
colombiano/colombiana 304
colores del arco iris 297
comedor 130
comer 95
comercial 275
cómic 167
comida 95, 150
comida del avión 244
comida instantánea 222
comida precocinada 222
comisaría 284
comisión 235
como 308, 311
cómodo(a) 60, 264
compañero(a) 199
compañero(a) de clase 186
compañía aérea 242
compartir coche 201
componer 164
compositor/compositora 164
compra 220
compra en línea 176
compra por internet 176
comprar 220
comprensión 35
comprensivo(a) 35
compromiso 70
con 309
concierto 165
condiscípulo(a) 186
conducción 252
conducir 252
conducir hablando por el móvil 254
conducir ebrio 254
conductor/conductora 252
conectar 176
conejo(a) 117
confesar 73
congelación 107
congelado(a) 107
congelador 133
congelar 107, 156
congestión 255
Congo 306
congoleño/congoleña 306
Conjunciones 308
cono 294
conocer 27, 70
conocido(a) 27
consejo 36
consideración 35

considerado(a) 35
consignar el equipaje 244
consultar 230
contentar 61
contentarse 61
contento(a) 60
contra 309
contraseña 177
control 244
control de aduanas 244
control de inmigración 244
control de seguridad 244
contusión 231
conversión de divisa 235
convivir 86
convulsión 284
coordinador 199
copa 214
copo de nieve 108
corazón 295
corbata 142
cordón umbilical 48
Corea 306
Corea del Norte 306
Corea del Sur 306
coreano/coreana 306
correo basura 178
correo electrónico 176
correr 162
correspondencia 245
cortar 53, 75, 155, 225, 282
cortarse 282
cortina 132
corto 53
cosechar 108
coser 225
crear cuenta 176
crecer 86
crédito 192
crema 211, 234
crema solar 224
cremallera 144
criar 86, 116
crimen 285
criminal 285
crin 117
criticar 39
cruasán 213
crucero 275
cuaderno 190
cuadrado(a) 145, 295
cuando 308
cuarenta 290
cuarto(a) 94, 292
cuatro 290
cuatrocientos 291
Cuba 304
cubano/cubana 304
cubierto 157
cubito de hielo 214
cucaracha 121
cuchara 214
cucharilla 214
cucharón 156
cuchillo 156, 214
cuello 48, 144
cuenta 176, 214, 234
cuenta corriente 234
cuenta de ahorro 234
cuentista 167
cuero 145

cuerpo 48
cuervo 120
cuidador del paciente o enfermo 233
cuidar 86
culo 49
culpa 39
culpable 39
cumpleaños 23
cuna 86, 132
cuñado(a) 84
curación 284
curar 284
curarse 284
Currículum Vitae 204
curso 189
CV 204

D

dado 168
danés/danesa 302
daño 40
dar 253
dar a luz 85
dar de baja 176
dar el pecho 85
dar las gracias 34
dar un consejo 36
datos móviles 176
de 309
de moda 144
debajo de~ 298
deberes 191
decepcionado(a) 62
décimo(a) 292
declaración 284
declarar 284
dedo, dedos 49
dedo del pie 49
dejar 75
delante de~ 298
delfín 119
delgado(a) 52
delincuente 285
delito 285
demasiado 311
dentista 203
dentro de~ 298
denuncia 284
denunciar 284
departamento 198
departamento de atención al cliente 198
departamento de IT 198
departamento de Marketing 198
departamento de recursos humanos 198
departamento de ventas 198
departamento financiero 198
departamento jurídico 198
dependiente(a) 221
deporte 162
deportista 204
deprisa 255, 311
desafortunado(a) 40
desanimado(a) 63
desanimar 63
desanimarse 63
desaparecido(a) 285
desaparición 285
desastre natural 287
desavenencia 74

desavenencia matrimonial 74
desayunar 95
desayuno 95
descansar 192
descargar 175
descargarse 175
descongelar 156
desconsoladamente 62
desconsolado(a) 62
desde 309
desear 61
desesperado(a) 62
deslizarse 286
desmayarse 284
desmayo 284
despacio 255
despedir 202
despegar 243
despegue 243
despejado(a) 104
despertar 95
despertarse 95
después 311
destino 245, 275
desván 131
desventura 62
detrás de~ 298
devolver 221
día 96
día laborable 96
día siguiente 98
día de Reyes Magos 98
diagonal 295
diarrea 232
diecinueve 290
dieciocho 290
dieciséis 290
diecisiete 290
diente, dientes 51, 232
diésel 256
diestro(a) 49
diez 290
diez euros 293
diez mil 291
difícil 40, 192
digestivo 233
diligente 63
dimitir 201
Dinamarca 302
dinero 234
dirección 24
director de operaciones 199
director de operaciones financiero 199
director de operaciones de marketing 199
director de orquesta 165
director ejecutivo 199
director(a) de cine 166
disco 164
disco duro 177
discreto(a) 64
disculpa 38
disculpar 38
disculparse 38
discusión 87
discutir 74, 87
diseñador/diseñadora 204
dispepsia 232
distancia 276
divertido(a) 60
divisa 235
divorciado(a) 74

divorciarse de~ 87
divorcio 87
doble nacionalidad 24
doce 290
documento 198
doler 230, 282
dolor 61, 230
doloroso(a) 61, 230
domicilio 25
domingo 97
dominicano/dominicana 305
don 23
doña 23
dormir 96
dormir tarde 96
dormitorio 263
dos 290
dos mil 291
dos mil uno 291
dos millones 291
doscientos 291
doscientos euros 293
droguería 222
ducha 264
duchar 134
dulce 215
duración 99
durante 310
Duty Free 244

E

echar de menos 73
echar gasolina 256
económico(a) 222
Ecuador 304
ecuatoriano/ecuatoriana 304
edad 23
edificio 272
educación física 190
EE.UU. 303
efectivo 234
efecto secundario 233
egipcio/egipcia 305
Egipto 305
egoísta 65
elefante 118
elegir 211
elipse 294
elogiar 37
elogio 37
e-mail 176
embajada 277
embarazada 85
embarazo 85
embarcarse 243
embrague 252
embutido 211
emergencia 283
empezar el colegio 187
emplazamiento arqueológico 273
empleado(a) 198
empleo 198
empollar 119
empresa 198
en 28, 309
en su punto 210
enamorado(a) 72
enamorarse de~ 72
encantado(a) 60
encanto 71
encender 175, 253

encía 51
encima de~ 298
encontrar 70
enfadado(a) 62
enfermero(a) 203, 230
enfermo(a) 230
enfrente de~ 298
engañar 74, 285
enrojecer 108
ensalada 211
ensayista 167
ensayo 167
enseguida 41
enseñar 186
entender 37
entrada 130, 273
entrante 210
entrar 273
entrar en la escuela 187
entre 298, 309
entrecot 211
entregar el informe 191
entrepierna 49
entrevista 205
enviar 174
envidia 73
envidiar 73
envidioso(a) 73
enyesado 283
enyesar la pierna 283
epilepsia 283
época 98
equipaje 244
equipaje de mano 244
equipamiento 263
equipo 200
equivocar 39
era 98
error 39
escala 243
escalada 168
escalera 131
escama 120
escáner 178
escaparate 132, 221
escarcha 108
escoger 211
escribir 167, 191
escritor/escritora 167
escritorio 178
escuchar 165
escuela 186
escultura 273
esfera 294
España 302
español/española 302
espárrago 152
especia 154
especializarse en 25, 186
espejo 133, 223
esperar 36
espinaca 152
espontáneo 64
esposo(a) 77
esquí 163
esquiar 163
estación 107, 245
Estados Unidos 303
estadounidense 303
estafador/estafadora 285
estambre 122
estancia 266

estantería 133
este 299
estival 107
estómago 232
estos días 99
estrella 295
estreñimiento 232
estreno 166
estudiante 186
estudiar 186
estudio 186
eurail pass 245
Europa 300, 302
evaluar 192
examen 191
examen de conducir 257
examinar 233
exceso de velocidad 254, 286
excursión 168
excusa 38
excusar 38
excusarse 38
éxito 40
experiencia laboral 205
explosión 287
exposición 273
expresar 37
extirpar 122
extrañar 29
extranjero(a) 29
extraño(a) 29
extrovertido(a) 64

F

fácil 192
factura 221
facultad 186
falda 141
falda plisada 141
familia 82
familia materna 84
familia paterna 83
familiar 28, 86
famoso(a) 274
farmacéutico(a) 204
farmacia 225, 233
faro 253
favor 34
favorable 34
fecha 98
fecha de caducidad 222
fecha de nacimiento 24
felicidad 60
felicitar 36
feliz 60
femenino(a) 22
feo(a) 54
festivo 98
fibra sintética 145
fiebre 231
fiel 74
fiesta 98
fiesta de bienvenida 27
fiesta nacional 98
figura 294
filete 210
Filipinas 306
filipino/filipina 306
fin de semana 97
finlandés/finlandesa 302
Finlandia 302
fiscal/fiscala 202

física 189
flaco(a) 52
flauta 165
flecha 295
flechazo 72
flor 122
florar 122
florista 204
floristería 225
foie gras 212
fontanero(a) 203
formación académica 205
fotografía 167
fotógrafo(a) 204
fracasar 40
fracaso 40
fractura 282
frambuesa 153
francés/francesa 302
Francia 302
fraude 285
fregadero 134
fregar 135
freír 156
frenar 252
freno 252
freno de mano 252
frente 51
frente ancha 51
frente estrecha 51
fresa 153
fresco(a) 104
frigorífico 133
frío 104
frío(a) 104
fruta 122, 153
frutería 223
fuera 311
fuera de~ 298
fuerte nevada 108
fuga de un coche 286
furgoneta 252
fútbol 163
futuro 99

G

gafas 143
gafas de sol 143
galleta 213
gallina 119
gallo 119
gamba 150
gambón 150
garra 116
gas natural 256
gasóleo 256
gasolina 256
gasolinera 256
gastronomía 272
gatito(a) 117
gato(a) 116
gaviota 120
gemelo(a), gemelos(as) 83
género 165
generosidad 34
generoso(a) 34
geografía 190
geología 190
gerente 199
germinar 107
gimnasio 162
girar a la derecha 255

girar a la izquierda 255
girasol 123
golf 163
golondrina 120
golpe de calor 108
goma 191
gordito(a) 52
gordo(a) 52
gorra 142
gorrión 119
gorro 142
gota de agua 106
Gracias. 34
grado 192
grado de doctor 192
graduación 187
graduarse 187
Gran Bretaña 303
grande 55
grandes almacenes 220
granizo 106
grano 232
grave 36
Grecia 302
griego/griega 302
grifo 134
gris 105, 296
grúa 286
gruñir 116
grupo 275
guante, guantes 142
guapo(a) 54
guardar 178
guardia de seguridad 286
guarnición 210
Guatemala 304
guatemalteco/ guatemalteca 304
guía 272
guiar 37, 272
guindilla 152
guisante 151
guitarra 165
gustar 72

H

habitación, habitaciones 130, 263
habitación doble 263
habitación individual 263
hace dos días 99
hace 99
hacer 313
hacer clic 177
hacer jogging 162
hacer la compra 220
hacer los deberes 191
hacer punto 169
hacer tilín 71
hacer una foto 167, 276
hacer colección de 169
hacer deporte 162
hacer un examen 191
hacia 298, 309
hámster 119
harina 150
hasta 309
heladería 223
helado 212
hemostasia 283
herida 230
herir 282
herirse 230, 282

hermano(a) 82
hermano(a) mayor 82
hermano(a) menor 82
hervir 156
hexaedro 295
hexágono 295
hielo 107, 214
hierba 122
higo 154
hijo(a) 82
hijo(a) único(a) 82
hinchado(a) 231
hindú 306
hipoteca 234
historia 190
histórico(a) 275
hobby 162
hoja 122
hoja colorada 108
hoja de evaluación 192
Holanda 302
holandés/holandesa 302
hombre 22
hombre ideal 71
hombro 48
Honduras 304
hondureño/hondureña 304
honesto(a) 63
Hong Kong 306
hongkonés/hongkonesa 306
hora 94
hora de apertura 273
hora de cierre 273
hora punta 201, 255
horario 245
horario de verano 107
horizontal 295
hormiga 121
horno 133
horrible 62
hospedaje 262
hospedarse 262
hospital 230
hospitalizarse 233
hotel 262
hotel de lujo 262
hoy 98, 311
hoyuelo 53
huelga 201
hueso 282
huevo 119
húmedo(a) 107
humilde 63
huracán 106

I

ida 243
ida y vuelta 243
idea 40
idioma 24
impermeable 142
imperturbable 283
importante 36
impresionante 274
impresora 178
impuesto 266
incendio 287
incentivo 200
incidente 286
incluso 311
incómodo(a) 63, 265
independizarse 86

India 306
indigestión 232
individuo 275
Indonesia 307
indonesio/indonesia 307
inducción 133
infiel 74
informe 191
infusión 213
ingeniero(a) 203
Inglaterra 303
inglés/inglesa 190, 303
ingrediente 211
ingresar 233, 234
iniciar sesión 176
inmaduro(a) 85
inmobiliaria 225
inquietud 62
inscribir 187
insecto 121
insensible 230
insolación 108
insomnio 96
instalar 177
instituto 186
instrumento musical 165
intención 35
intencionadamente 40
intencionalmente 40
interés 234
interesante 60
intermitente 253
internet 176
interrumpir 40
intersección vial 255
introvertido(a) 64
inundación 106
invernal 108
invierno 108
invitación 28
invitación de boda 76
invitado(a) 28
invitar 28
ir 315
ir a la escuela 187
ir a la oficina 200
ir a trabajar 200
ir a la cama 96
ir al colegio 187
ir de compras 220
ir de luna de miel 76
ir de viaje de novios 76
Irak 307
Irán 307
iraní 307
iraquí 307
Italia 302
italiano/italiana 302

J

jabón 134
jamás 311
jamón 211
Japón 307
japonés/japonesa 307
jardín 131
jardín botánico 274
jardinería 169
jefe(a) 199
jefe(a) de equipo 200
jerarquía 199
jersey 141

jersey de caja 141
jersey de cuello alto 141
jersey de lana 141
jirafa 118
jogging 162
joven 84
joya 144
joyería 223
jubilación 201
jubilación anticipada 201
jubilado(a) 201
jubilarse 201
judía 151
juego 168
juego de mesa 168
juego en línea 176
juego online 176
jueves 97
juez/jueza 202
jugar 162
juguetería 223
junto(a) 73

K

ketchup 155

L

labio, labios 51
laborioso(a) 63
ladrar 116
ladrón 285
lagarto(a) 121
lago 276
lamentable 39
lámpara 133
lana 145
langostino 150
lápiz 190
largo tiempo 27
Latinoamérica 304
lavabo 134
lavado en seco 224
lavadora 134
lavandería 264
lavar 134, 224
lavar el coche 256
lavarse 95
lavarse la cara 95, 134
lavavajillas 134
leche 154
leche en polvo 85
leche materna 85
lechuga 151
lectura 193
leer 166, 193
leggings 143
legumbre 151
lencería 142
lengua 51, 190
lengua materna 24
lengua extranjera 24
lento(a) 255
león/leona 117
leotardos 143
lesión 231
letra 164
letras de canción 164
letrero 254
levantar 95
levantarse 95
levantarse tarde 95

Ley de Tráfico y Seguridad Vial 254
libélula 121
librería 167, 223
libro 166
libro de texto 190
líder 200
lienzo 168
liliácea 122
lima 154
límite de velocidad 255
limón 154
limonada 213
limpiador/limpiadora 264
limpiaparabrisas 254
limpiar 135
limpio(a) 264
lindo(a) 54
línea 246, 294
línea central de carretera 255
línea curva 294
línea oblicua 294
línea recta 294
liquidación 222
lirio 123
literatura 190
litro 256
llamar 22, 174
llamarse 22
llanta 254
llave 130
llavero 277
llegada 242, 262
llegar 242
llegar tarde 188
llevar 140, 211, 314
llover 105
lluvia 105
Lo siento. 37
lobo(a) 118
loción 224
luego 311
luna de miel 76
lunes 97
luz de emergencia, luces de emergencia 253

M

madre 82
madrugada 95
maduro(a) 85
magulladura 231
maíz 153
majestuoso(a) 274
majo(a) 35
mal tiempo 104
mala intención 35
mala suerte 62
mala voluntad 35
Malasia 307
malasio/malasia 307
maleta 144, 244
maletero 253
malo(a) 64
mamá 82
mañana 95, 98
mancha 224
mandarina 153
manga 141
mango 154
manicura 224
maniquí 223

mano, manos 49
mano derecha 49
mano izquierda 49
manta 266
mantequilla 155
manzana 153
mapa 272
mapache 118
máquina de afeitar 267
mar 276
Mar Mediterráneo 301
marchitarse 122
mareado(a) 232
marear 232
maremoto 287
mareo 232
mareo en barco 247
marfil 118
margarita 123
marido 77
mariposa 121
marisco 212
marrón 297
marroquí 305
Marruecos 305
martes 97
más 311
máscara de pestañas 224
mascota 116
masculino(a) 22
matemáticas 189
materno(a) 84
matrícula 254
matricular 187
matrimonio 75
matrimonio concertado 75
matrimonio entre personas del mismo sexo 75
matrimonio gay 75
matrimonio homosexual 75
matrimonio igualitario 75
maullar 117
mayonesa 155
mecánico(a) 203
media melena 53
media naranja 71
media vuelta 255
medianoche 96
mediante 310
medias 143
medicina 233
médico(a) 203, 230
medio(a) 94
mediodía 95
medir 55
mejilla 51
mejillón 212
mellizo(a), mellizos(as) 83
melocotón 153
melodía 164
melón 153
menos 311
mensaje 174
mensaje de texto 174
mensajería instantánea 174
mentir 74
mentira 74
menú 210
menú del día 210
mercadillo 220
mercado 220
mercado de segunda mano 220
merendar 96

merienda 96
mermelada 155
mes 97
mesa 132
metro 246
mexicano/mexicana 304
México 304
mezclar 155
mi chico(a) 70
microondas 133
miedoso(a) 62
miel 155
mientras 308
miércoles 97
mil 291
mil cien 291
minibar 264
minifalda 141
minuto 94
miserable 40, 62
mochila 144
mochila portabebés 86
moda 144
molestar 40
molestarse por 40
moneda 234
monitor 177
mono(a) 118
monocromo(a) 297
montaña 276
montañismo 168
monumento 272
monzón 107
mora 153
morado 296
morado(a) 296
morder 116
moretón 231
mosca 121
mosquito 121
mostaza 155
mostrador de facturación 242
moto 247
móvil 174
muchísimo(a), muchísimos(as) 34
mucho(a), muchos(as) 34
mucho tiempo 27
mueble 132
muela 232
mujer 22, 77
mujer ideal 71
muleta 231
multa 254
multicolor 297
muñeca 49
muñeco de nieve 108
murciélago 119
museo 273
museo del Prado 273
música 164, 190
musical 166
muy 311

N

nacer 25, 85
nacido(a) 24
nacimiento 85
nacionalidad 24
nadar 162
naranja 153, 296
nariz 50

nariz aguileña 50
nariz hinchada 51
nariz puntiaguda 51
nariz respingona 51
natación 162
náusea 232
nauseabundo(a) 232
Navidad 98
negativo(a) 64
negro 296
negro(a) 296
nene(a) 84
neozelandés/neozelandesa 305
nervioso(a) 62
neumático, neumáticos 254
neumático de invierno 254
nevar 108
nevera 133
ni 308
nido 119
niebla 105
nieta 84
nieto 84
nieve 108
Nigeria 305
nigeriano/nigeriana 305
niñero(a) 85
niño(a) desaparecido(a) 285
niño(a) 84
niño(a) adoptado(a) 86
no 311
noche 96, 266
nombre 22
nordeste 299
noroeste 299
norte 299
Norteamérica 303
norteamericano/norteamericana 303
Noruega 302
noruego/noruega 303
nota 192
novecientos 291
novela 167
novelista 167
noveno(a) 292
noventa 290
novio(a) 70
nube 105
nublado(a) 105
nuera 77
Nueva Zelanda 305
nueve 290
número 189
número cardinal 290
número de habitación 263
número de teléfono 24
número ordinal 292
número pin 235
nunca 311

O

o 308
obeso(a) 52
objeto perdido 286
obra 273
Oceanía 300, 305
Océano Antártico 301
Océano Ártico 301
Océano Atlántico 301
Océano Índico 301
Océano Pacífico 301

ochenta 290
ocho 290
ochocientos 291
octavo(a) 292
odiar 63
oeste 299
oferta de empleo 204
oficina 198
oficina de objetos perdidos 286
oficina de turismo 272
ofrecer información 272
ojo, ojos 50
ola de frío 104
olor a pescado 215
olvidar 75
ombligo 48
ombligo de botón 48
once 290
ópera 165
operación 233
opinión 40
oportunidad 37
optimista 64
orar 36
ordenador 177
oreja 51
Oriente Medio 300, 307
oro 297
orquesta 165
ortodoncia 233
oscuro(a) 297
oso(a) 118
ostra 151, 212
otoñal 108
otoño 108
oveja 117

P

paciente 230
pádel 163
padre 82
padres 82
pagar 220, 265
pagar con tarjeta de crédito 221
país 24
paisaje 273
Países Bajos 302
pájaro(a) 119
pajita 214
palacio 274
Palacio Real de Madrid 274
palillos 214
paloma 119
pan 212
pan de ajo 212
pan de molde 212
panadería 223
panadero(a) 204
pañal 85
panel de señalización 254
pantalla 177, 245
pantalón, pantalones 140
pantalón corto 140
pañuelo 142, 267
pañuelo facial 267
papá 82
papel higiénico 267
papelería 223
para 309
parachoques 254
parada final 246
parada de autobús 246

paraguas 106
parar 252
parecerse a~ 86
pared 132
pareja 77
pariente 84
parking 256
párpado 50
párpado marcado, párpados marcados 50
parque 274
parque de atracciones 274
parque de bomberos 287
parque zoológico 274
participar 275
partido 162
parto 85
pasado 99
pasado de moda 144
pasado mañana 98
pasaporte 242
pasear 168
paseo 168
paso a nivel 255
paso de peatones 255
pasta 150
pasta de dientes 267
pastelería 223
pata 116
patata 152
patata frita 211
paterno(a) 83
patín, patines 164
patín en paralelo, patines en paralelo 164
patín de hielo, patines de hielo 164
patín en línea, patines en línea 164
patinar 164
patio 131
pato(a) 119
patria 24
pausa 192
pavo(a) 120
pavo real 120
peatón 252
pecera 120
pecho 48
pedida de mano 75
pedir 36, 211
pedir perdón 38
pedir prestado 234
pedir salir 71
peine 267
pelaje 116
pelar 155
película 166
película de acción 166
película de animación 166
película de ciencia ficción 166
película de comedia 166
película de terror 166
película documental 166
película romántica 166
pelo 53
pelo corto 53
pelo largo 53
pelo liso 53
pelo ondulado 53
pelo rizado 53
peluquería 224
peluquero(a) 204

pelvis 49
pendiente 144
pensar 36
pensión 201
pensionista 201
pentagonal 295
pentágono 295
peonía 123
pepino 152
pequeño(a) 55
pera 153
percha 133
perchero 223
perder 285
perder la nacionalidad 24
pérdida 285
pérdida de nacionalidad 24
perdón 38
perdonar 38
perezoso(a) 65
perfil 205
perfume 224
perfumería 224
periodista 203
período 98
permiso de maternidad 202
permiso de paternidad 202
pero 308
perro(a) 116
Perú 304
peruano/peruana 304
pesca 169
pescadería 223
pescado 151
pescar 169
pesimista 65
peso 52
pestaña 50
pétalo 122
pez tropical 120
pez 120
pezón 48
piano 165
picante 215
picar 155
pico 119
pie, pies 50
piel atópica 52
piel grasa 52
piel seca 52
piel sensible 52
piel 52
pierna, piernas 49
pijama 142
pijo(a) 65
piloto 203, 244
pimienta 152
pimiento 152
piña 154
pincel 168
pincharse 254
ping-pong 163
pingüino(a) 120
pintalabios 224
pintar 168
pintor/pintora 168
pintura 168, 273
pintura al oleo 168
pisar 252
pisar el acelerador 252
pisar el embrague 252
pisar el freno 252

piscina 162, 265
piscina al aire libre 265
piscina cubierta 265
pista de hielo 164
pistilo 122
pizarra 190
pizarra blanca 190
pizarra de tiza 190
pizarra verde 190
placer 60
planchar 224
planear 275
plano 294
plano del metro 246
planta 122, 131
plantar 122
plata 297
plátano 153
plato 157, 210
plato principal 210
playa 276
plaza 245, 274
Plaza de España 274
Plaza Mayor 274
pluma 119, 190
pluma estilográfica 190
pobre 40
poco hecho 210
podrido(a) 215
poema 167
poeta 167
polaco/polaca 303
policía 202, 284
político(a) 203
pollito(a) 119
Polo Norte 300
Polo Sur 300
Polonia 303
polvos compactos 224
pomada 234
poner 140
poner la luz de emergencia 253
poner una funda dental 233
ponerse 140
popular 274
por 309
por favor 34
poro de la piel 53
porque 308
portaminas 190
portátil 177
portero(a) 264
positivo(a) 64
postal 277
postre 210
potro(a) 117
práctico(a) 179
precalentar 156
precio 221
precio de la entrada 273
precipitación, precipitaciones 106
pregunta 189
preocupado(a) 62
preocupar 62
preparación de la lección 189
preparar la lección 189
preparar la mesa 157
preposicion 309
prescripción médica 233
presentación 25, 199
presentador/presentadora 203

presentar 25
presentarse 25
presente 99
préstamo 234
presupuesto 275
primavera 107
primaveral 107
primer 292
primer amor 72
primer apellido 22
primera clase 243
primera impresión 27
primero(a) 292
primeros auxilios 283
primo(a) 84
princesa 274
príncipe 274
probador 223
producto 220
producto agrícola 220
producto congelado 220
producto lácteo 222
producto local 277
producto promocional 220
profesión 24, 198
profesor/profesora 186, 202
programa 178, 189
programa de turismo 275
programador/ programadora 203
prohibido aparcar 256
promedio 192
promoción 200, 222
pronosticar 109
pronóstico del tiempo 109
pronto 94
propina 215
propuesta de matrimonio 75
psiquiatra 203
pueblo 276
puente 98
puerta 130
puerta de embarque 242
puerto 247
pues 308
pulpo 120, 150
pulsera 144
punto 294
puré 211

Q

quedar con~ 70
quedarse 266
quejarse 263
quemadura 230, 282
quemar 156
quemarse 282
querer 61, 72
queso 212
química 189
quince 290
quinientos 291
quinientos euros 293
quinto(a) 292
quiosco 222
quitar la mancha 224
quitarse la ropa 140

R

rabo 116
raíl, rail 245
raíz 122

RAM	178
rama	122
ramo	76
rana	121
rápido(a)	255
raqueta	162
rasguñar	116
ratón	177
ratón inalámbrico	177
ratón(a)	118
raya	120, 145
rayo	106
rayos ultravioleta	109
rayos UVA	116
RCP	284
realizar un examen	191
reanimación cardiopulmonar	284
rebaja	222
rebajado(a)	222
rebeca	141
recepción	262
recepcionista	264
receta	155
recibir	175
recibo	221
recientemente	99
reclamar	263
recomendable	210
reconocer	39
reconsiderar	41
rectangular	295
rectángulo	295
recuerdo	277
red social	179
redondo(a)	294
reembolsar	221
reembolso	221
reestructuración	202
reflexionar	39
refresco	154, 213
regalo	277
regar	122
región	275
registrarse	176
registro	262
reina	274
Reino Unido	303
relación	74
relación a distancia	74
relámpago	106
religión	25
reloj	94
reloj de pulsera	94
renacuajo	121
reno	118
renunciar	201
repasar	189
repaso	189
repetición	41
repetir	41
repollo	151
reporte	191
reposar	192
reprochar	39
reprocharse	39
reproche	39
Republica Democratica del Congo	306
República Dominicana	305
República Oriental del Uruguay	305
República Sudafricana	305

reserva 210, 266
reservar 210, 266
resfriado 231
respirar 51
respuesta 189
restaurante 210, 264
resultado 192
retirado(a) 201
retirar 234
retirarse 201
retrasarse 188
retraso 40, 188
retrovisor exterior, retrovisores exteriores 253
retrovisor interior 253
reunión 199
reunión mensual 199
reunión semanal 199
revista 167
rey 274
rezar 36
rinoceronte 118
río 276
robar 285
robo 285
rodilla, rodillas 49
rojo 296
rojo(a) 296
rojo violeta 297
rombo 295
romper 75
romperse 282
ropa 140
ropa deportiva 142
ropa interior 142
rosa 122, 297
rotulador 190
rudo(a) 64
rueda, ruedas 254
rueda de repuesto 254
Rumanía 303
rumano/rumana 303
Rusia 303
ruso/rusa 303
ruta 275

S

sábado 97
sábana 266
sabañón 282
sabor 215
sacacorchos 156
sacar una foto 167, 276
sacudir 135
Sagrada Familia 272
sal 154
sala 130, 199
salado(a) 215
salario 200
salario medio 200
salario mínimo 200
salario mínimo interprofesional 200
salchicha 211
salida 242, 262, 273
salida de emergencia 244
salir 242, 273
salir con~ 71
salir de la escuela 187
salir de la oficina 201
salir del colegio 187
salir del hospital 233

salir del trabajo 201
salir del túnel 257
salir sangre 283
salir temprano de la escuela 188
salir temprano del colegio 188
salmón 151
salón 130
salsa de soja 155
saludar 25
saludo 26
sandalia, sandalias 143
sandía 153
sangre 282
sartén 156
satisfecho(a) 60
saudí 307
saudita 307
secador de pelo 267
secar 135
seco(a) 107
secretario(a) 202
seda 145
seducir 71
según 309
segunda lengua 24
segundo 94
segundo(a) 292
segundo apellido 22
segundo matrimonio 87
seguridad 178
seguridad social 233
seguro privado 233
seis 290
seiscientos 291
selfi 277
semáforo 254
semana 97
Semana Santa 98
semestre 188
semicírculo 294
semilla 107
señor 23
señora 23
señorita 23
sentir 37
separación 74
separado(a) 74
separarse 74
séptimo(a) 292
sequía 107
ser mordido 232
ser picado 232
serpiente 121
servicio 134
servicio adicional 265
servicio de habitaciones 263
servilleta 214, 267
servirse 263
sesenta 290
seta 152, 212
setecientos 291
setenta 290
sexo 22
sexto(a) 292
si 308
sí 311
sidra 214
siesta 96
siete 290
siglo 98
silencioso(a) 65

silla 132
silla de coche 86
sillón 132
simpático(a) 35
sin 309
síncope 284
Singapur 307
singapurense 307
síntoma 230
Siria 307
sirio/siria 307
smartphone 174
SMI 200
SMS 174
so 309
sobre 34, 298, 309
sobrino(a) 84
sociable 64
socio(a) 199
socorro 283
sofá 132
sofocarse 230, 284
sol 105
solicitar 187
sólido 294
solomillo 211
soltero(a) 73
sombrero 142
sombrilla 265
somnífero 233
sopa 211
sótano 131
souvenir 277
subdirector 199
subir 109
subir a la montaña 168
sucio(a) 264
Sudáfrica 305
sudafricano/sudafricana 305
Sudán 306
sudanés/sudanesa 306
sudeste 299
sudoeste 299
Suecia 303
sueco/sueca 303
suegro(a) 77
suegros 77
sueldo 200
sueldo bruto 200
sueldo neto 200
suelo 131
sueño 96
suerte 36
suficiente 60
suficientemente 60
sufrir 282
suite 263
Suiza 303
suizo/suiza 303
supermercado 220
supervisor 199
suplemento 265
sur 299
suspender 191

T

tabla de cortar 156
tableta 179
tacón, tacones 143
tailandés/tailandesa 307
Tailandia 307
Taiwan 307

taiwanés/taiwanesa 307
tal vez 311
talla 223
taller de lavado del automóvil 256
talón 50
también 311
tambor 165
tampoco 311
tardanza 40
tarde 94
tarea 198
tarifa 220, 265
tarifa completa 265
tarifa reducida 265
tarjeta de crédito 235
tarjeta de débito 235
tarjeta de embarque 242
tarjeta de visita 25
tarta 213
tasa 235
taxi 246
taxista 204
taza 214
tazón 157
té 213
té rojo 213
té verde 213
techo 131
teclado 177
tejado 131
teléfono 174
televisión 132
temperatura 108
templo 273
temporada alta 266
temporada baja 266
temprano 94
tendencia 144
tenedor 214
tener 312
tener dolor 282
tener éxito 40
tener miedo 62
tenis 163
tenis de mesa 163
tensión 231
tercer 292
tercero(a) 292
terminal 242
terminar el curso 187
ternera 117
ternimar la relación 75
terraza 265
terremoto 287
testigo 285
tiburón 120
ticket 221
tiempo 94, 104
tienda 220
tienda de cosmética 224
tienda de deportes 223
tienda de ropa 223
tienda libre de impuestos 244
tifón 106
tigre/tigresa 117
timbre 131
tímido(a) 64
tinta 168
tintorería 224
tío(a) 84
tipo de cambio 235

tipo de interés 234
tippex 191
tirantes 142
tirita 234
tiza 190
toalla 266
tobillo, tobillos 50
tocar 164
tocar el claxon 253
todavía 311
tomar apuntes 191
tomar una foto 167, 276
tomate 152
tónico 224
tono de llamada 175
tono de piel 52
tono de piel cálido 52
tono de piel frío 52
topo 118
torcerse 231
tormenta 106
torno de acceso 245
toro 117
tortuga 121
tos 231
toser 231
tostadora 134
trabajo 198
traje 140
traje de novio 76
tranquilizar 61
tranquilizarse 61
tranquilo(a) 61
transferencia bancaria 234
transporte 242
transporte público 242
tranvía 246
trapecio 295
tras 310
trece 290
treinta 290
treinta y uno 290
tren 245
tres 290
trescientos 291
triángulo 295
trillizo(a), trillizos(as) 83
trimestre 188
triste 61
tromba 107
trufa 212
tulipán 123
tumbarse 96
túnel 257
turco/turca 303
turismo 272
turista 272
Turquía 303

U

últimamente 27, 99
última parada 246
un millón 291
uña, uñas 49
universidad 186
uno 290
urgencia 283
urgente 283
urticaria 232
Uruguay 305
uruguayo/uruguaya 305
usuario 177

útil 179
uva 153

V

vaca 117
vacaciones 192, 202
vacaciones de Navidad 192
vacaciones de Semana Santa 192
vacaciones pagadas 202
vacaciones de verano 192
vago(a) 65
vagón 245
valla 131
valle 276
vaquero, vaqueros 140
vaso 214
váter 134
vecino(a) 28
veinte 290
veinte euros 293
veintinueve 290
veintiuno 290
velocidad 255
venado 118
vendaje 283
vendedor/vendedora 202, 220
vender 220
ventana 130
ventanilla 245
ventilación 264
ver una película 166
veraniego 107
verano 107
verde 296
verde claro 296
verdura 151
vergonzoso(a) 64
verter 155
vertical 295
vestido 141
vestido de fiesta 141
vestido de novia 76, 141
vestimenta 140
vestir 140
vestirse 140
veterinario(a) 203
vía 245
viaje 272
viaje de novios 76
videollamada 175
viejo(a) 84
viento 105
viernes 97
Vietnam 307
vietnamita 307
vinagre 155
vino 154, 214
violación 254
violeta 296
violín 165
violonchelo 165
virus informático 178
visita 273
visitante 28, 273
visitar 28
vista 265
vistas al mar 265
vistas del centro 265
vitrocerámica 133
viudo(a) 74
vivir 25

vivir junto(a) 86
volante 253
voleibol 163
voluntad 35
volver 41
volver a casarse 87
vomitar 232
vómito 232
votos matrimoniales 76
vuelo 243
vuelo con escala 243
vuelo directo 243

W

whisky 214
wifi 176

Y

y 308
ya 311
yerno 77
yoga 163
yogur 212

Z

zanahoria 153
zapatería 223
zapatilla, zapatillas 143
zapatilla de estar por casa, zapatillas de casa 143
zapato, zapatos 143
zapato deportivo, zapatos deportivos 143
zapato plano, zapatos planos 143
zoo 274
zorro(a) 118
zumo 213
zumo de naranja 213
zurdo(a) 49

etc.

~ menos cuarto 94
~ y cuarto 94
~ y media 94
¡Adiós! 26
¡Chao! 26
¡Encantado(a)! 26
¡Hasta luego! 27
¡Hasta mañana! 27
¡Hasta pronto! 26
¡Hola! 26
¡Mucho gusto! 26
¿Cómo estás? 26
¿Qué tal? 26
0 290
1 290
1º(1ª) 292
2 290
2º(2ª) 292
3 290
3º(3ª) 292
4 290
4º(4ª) 292
5 290
5º(5ª) 292
5 euros 293
6 290
6º(6ª) 292
7 290
7º(7ª) 292
8 290

8º(8ª) 292
9 290
9º(9ª) 292
10 290
10º(10ª) 292
10 euros 293
11 290
12 290
13 290
14 290
15 290
16 290
17 290
18 290
19 290
20 290
20 euros 293
21 290
29 290
30 290
31 290
40 290
50 290
50 euros 293
60 290
70 290
80 290
90 290
100 290
100 euros 293
101 291
200 291
200 euros 293
300 291
400 291
500 291
500 euros 293
600 291
700 291
800 291
900 291
1 000 291
1 100 291
2 000 291
2 001 291
10 000 291
100 000 291
1 000 000 291
2 000 000 291

2. 가나다순

ㄱ

가게 220
가격 220, 265
가구 132
가까운 사람 28
가난한 40
가난한 사람 40
가니쉬 210
가로채다 40
가르치다 186
가뭄 107
가방 143
가사 164
가솔린 256
가수 164
가스 레인지 133
가슴 48
가오리 120
가을 108
가을의 108
가이드 272
가입하다 187
가정 불화 74
가정의 86
가족 82
가족의 28, 86
가죽 145
가죽 재킷 141
가지 152
가지고 가다 211, 314
간격 276
간병인 233
간식 95, 96
간식을 먹다 96
간이 침대 132
간장 155
간질 283
간호사 203, 230
갈기 117
갈매기 120
갈색 297
갈색의 297
감기 231
감독관 199
감사하다 34
감사합니다. 34
감자 152
감자튀김 211
갑 티슈 267
갓길 257
강 276
강낭콩 151
강도 285
강수량 106
강아지 116
강의 189
같은 반 친구 186
개 116
개구리 121

개미 121
개봉 166
개인 275
개인 병원 230
개장 시간 273
객실 245, 263
거기에 310
거리 276
거만한 64
거미 121
거북 121
거스름돈 234
거실 130
거울 133, 223
거의 310
거주지 25
거주하다 25
거짓말 74
거짓말하다 74
걱정시키다 62
걱정하는 62
건널목 255
건물 272
건물의 맨 꼭대기 층 131
건성 피부 52
건조한 107
건축가 203
걷다 188
걸어서 188
검사 202, 244
검정색 296
검정색의 296
검진하다 233
겁을 먹은 64
겉모습 54
게다가 310, 311
게으른 65
게으른 사람 65
게이트 242
게임 168
겨울 108
겨울의 108
겨자 155
격려하다 37
격자무늬의 145
견인차 286
견학하다 28
견해 40
결과 192
결코 ~이 아니다 311
결혼 75
결혼기념일 76
결혼반지 76
결혼식 76
결혼한 73
겸손한 63
경기 162
경력 205
경력 증명서 205
경련 284
경로 275
경배하다 61
경보 95
경영 책임자 199

경유편 243
경적 253
경적을 울리다 253
경제적인 222
경찰 202, 284
경찰관 202, 284
경찰서 284
경치 273
경향 144
계곡 276
계급 199
계단 131
계란형 얼굴 50
계산 221
계산기 189
계산대 221
계산서 214, 221
계산원 221
계산하다 189
계절 107
계정 176
계좌 234
계좌 이체 234
계획을 세우다 275
고객센터부 198
고고학 유적지 273
고급 호텔 262
고기 150
고라니 118
고래 119
고맙다 34
고맙습니다. 34
고모 84
고무 191
고백하다 73
고속도로 246, 255
고양이 116
고의로 40
고통 61, 230
고통스러운 61
곡선 294
곤충 121
곧 41, 94, 311
골반 49
골절 282
골프 163
곰 118
곱슬머리 53
공 162
공공 보험 233
공기 107
공동 대표 199
공부 186
공부하는 사람 186
공부하다 186
공상 과학 영화 166
공영 주차장 256
공원 274
공작 120, 169
공주 274
공중 화장실 134
공책 190
공포 영화 166
공항 242

공휴일 98
과거 99
과도한 311
과목 189
과묵한 65
과부 74
과속 286
과일 122, 153
과일 가게 223
과테말라 304
과테말라 사람 304
과학 189
관계 74
관계를 끊다 75
관광 272
관광 안내소 272
관광객 272
관광지 272
관대한 34
관대함 34
관람 273
관리 244
관리자 199
광장 274
괴로워하는 62
괴로워하다 282
교과 189
교과 과정 189
교과서 190
교사 186, 202
교수 186, 202
교실 188
교양이 없는 64
교외선 열차 245
교육 기관 186
교차로 255
교통 체증 201, 255
교통 표지판 254
교통 혼잡 255
교통사고 286
교통수단 242
교향악단 165
구 294
구급 상자 283
구급차 283
구두 143
구름 105
구름이 낀 105
구매 220
구멍가게 222
구명조끼 244
구슬프게 62
구역질 232
구역질을 느끼는 232
구인 광고 204
구입 220
구입하다 220
구조 283
구조 조정 202
구직하다 204
구토 232
구토하다 232
국 211
국가 24

국가 의료 혜택 233
국경일 98
국어 24, 190
국자 156
국적 24
국적 상실 24
국적 취득 24
국적을 상실하다 24
국적을 취득하다 24
굴 151, 212
굴뚝 131
굽다 156
궁 274
궁핍한 사람 40
권투 163
귀 51
귀걸이 144
귀금속 144
귀여운 54
귀족 23
귀찮게 하다 40
규정 속도 255
귤 153
그러나 308
그렇게 310
그룹 200
그리고 308
그리스 302
그리스 사람 302
그림 168, 273
그림 그리다 168
그립다 73
그저께 98, 310
근면한 63
글 쓰는 사람 167
금고 264
금리 234
금방 94
금색의 297
금요일 97
급료 200
급우 186
급히 255, 311
긍정적인 64
기간 98, 99
기내식 244
기내에 244
기내용 가방 244
기념비 272
기념일 98
기념탑 272
기념품 277
기다리다 36
기대하다 36
기도하다 36
기록 영화 166
기르다 86, 116
기름 155
기린 118
기묘한 29
기분 좋은 60
기뻐하는 60
기쁘게 하다 61
기쁜 60

기쁨 60, 61
기수 290
기업 198
기자 203
기저귀 85
기절 284
기절하다 284
기차 245
기차역 245
기차표 245
기침 231
기침하다 231
기타 165
기항 243
기항지 243
기혼의 73
기혼자 73
기회 37
기후 109
기후 변화 109
긴 머리 53
긴 빵 212
긴급 283
긴급한 283
긴팔 티셔츠 141
길 276
김 151
깁스 283
깃털 119
까마귀 120
깨끗한 264
깨닫다 39
깨어나다 95
깨우다 95
껍질을 벗기다 155
꼬리 116
꼴뚜기 150
꽃 122
꽃꽂이 169
꽃이 피다 122
꽃잎 122
꽃장수 204
꽃집 225
꿀 155
꿀벌 121
꿈 96
끄다 175
끌어당기다 71
끔찍한 62
끝이 뾰족한 코 51

ㄴ

나가다 273
나라 24
나무 122
나무라다 39
나뭇가지 122
나뭇잎 122
나비 121
나쁜 64
나쁜 날씨 104
나쁜 사람 64
나쁜 의도 35
나이 23

나이 든	84
나이지리아	305
나이지리아 사람	305
나중에	311
나중에 만나!	27
나태한	65
낙담시키다	63
낙담하다	63
낙담한	63
낙엽	108
낙천적인	64
낙천주의자	64
낚시	169
낚시하다	169
난방	263
날	96
날개	119
날씨	104
날씬한	52
날짜	98
남겨 두다	75
남극	300
남극해	301
남동생	82
남동쪽	299
남매	82
남미	300
남색	296
남서쪽	299
남성	22
남성 예복	76
남아메리카	300
남아프리카 공화국	305
남아프리카 공화국 사람	305
남자	22
남자 친구	70
남자의	22
남쪽	299
남편	77
남한	306
납작한 배	48
낫다	284
낮	96
낮 12시	95
낮잠	96
낯선 사람	29
내려가다	109
내리다	243
내성적인	64
내일	95, 98
내일 만나!	27
냄비	157
냅킨	214, 267
냉동 제품	220
냉동고	133
냉동시키다	107, 156
냉동의	107
냉방 장치	264
냉장고	133
냉정한	283
너구리	118
너그러운	34
넓은 이마	51
네 번째의	94

네덜란드 302
네덜란드 사람 302
넥타이 142
년 23
노란색 296
노란색의 296
노래 164
노래 가사 164
노래하다 164
노르웨이 302
노르웨이 사람 303
노선 246
노인 84
노정 275
노천 시장 220
노트북 컴퓨터 177
녹색 296
녹색 칠판 190
녹색의 296
녹차 213
놀다 162
놀라는 63
놀랍다 29
놀이 168
놀이공원 274
농구 163
농부 204
농산물 220
농촌 276
뇌졸중 283
누나 82
눈 50, 108
눈꺼풀 50
눈사람 108
눈사태 287
눈송이 108
눈썹 50
눈이 오다 108
눕다 96
뉴질랜드 305
뉴질랜드 사람 305
느끼다 37
느린 255
늑대 118
늙은 84
늙은이 84
늦게 94
늦게 일어나다 95
늦게 잠자리에 들다 96
늦음 40
님 23

ㄷ

다락방 131
다람쥐 118
다리 49, 116
다리에 깁스를 하다 283
다림질하다 224
다색의 297
다시 생각하다 41
다운로드하다 175
다음날 98
다치다 230, 282
다큐멘터리 166

다투다 74, 87
다툼 87
단 215
단과 대학 186
단발머리 53
단색의 297
단체 275
단편 소설가 167
단풍 108
단화 143
닫다 130
달 97
달걀 119
달랠 길 없는 62
달력 98
달리다 162
달콤한 215
달팽이 212
닭 119
닭고기 150
담요 266
당근 153
당좌 예금 234
대각선 295
대각선의 295
대구 151
대기 107
대단히 34
대답 189
대략 310
대로 276
대만 307
대만 사람 307
대머리의 53
대사관 277
대서양 301
대성당 272
대여 247
대접 157
대중교통 242
대출 234
대출받다 234
대표 199
대학교 186
더 311
더듬이 121
더러운 264
더블 침대 132
더블룸 263
더위 104
더위 먹음 108
덜 311
덜 익은 210
데다 282
데우다 156
데이지 123
데이트 신청을 하다 71
데치다 156
덴마크 302
덴마크 사람 302
도둑 285
도둑질 285
도둑질하다 285
도로 246, 255

도로 교통법 254
도마 156
도마뱀 121
도미니카 공화국 305
도미니카 공화국 사람 305
도보로 188
도서관 193
도시 276
도어맨 264
도움 35, 283
도착 242, 262
도착하다 242
독립하다 86
독서 193
독수리 120
독신의 73
독신자 73
독일 302
독일 사람 302
돈 234
돈을 빌리다 234
돈을 찾다 234
돌고래 119
돌려주다 221
돌보다 86
돌아오다 41
돕다 35
동거하다 86
동급생 186
동료 199
동문 186
동물 116
동물성 기름 155
동물원 274
동백꽃 123
동상 107, 282
동성 결혼 75
동전 234
동쪽 299
동창생 186
돼지 117
돼지고기 150
되풀이 41
되풀이하다 41
두 번째 성 22
두 언어를 구사하는 24
두더지 118
두드러기 232
두려워하는 62
두려워하다 62
둥근 294
둥근 얼굴 50
둥지 119
뒤에 311
드라이클리닝 224
드럼 165
듣다 165
들어가다 273
들창코 51
등교하다 187
등록 262
등록하다 187
등산 168
등산하다 168

등심 211
디스크 164
디자이너 204
디저트 210
디저트 가게 223
디젤 256
따뜻함 104
딸 82
딸기 153
때 94
떠나다 242
떨어지다 108
또 만나자! 26
또는 308
뚱뚱한 52
뜨개질하다 169
뜨겁게 하다 156

ㄹ

라운드넥 스웨터 141
라임 154
라켓 162
라틴아메리카 304
란제리 142
램 178
램프 133
러시아 303
러시아 사람 303
러시아워 201, 255
레깅스 143
레몬 154
레몬에이드 213
레스토랑 264
레시피 155
로그아웃하다 176
로그인하다 176
로맨틱 영화 166
로션 224
롤러스케이트 164
루마니아 303
루마니아 사람 303
룸미러 253
룸서비스 263
리더 200
리셉션 262
리터 256
리포트 191
린스 266
립스틱 224

ㅁ

마네킹 223
마늘 151
마늘빵 212
마당 131
마드리드 왕궁 274
마른 52
마름모꼴 295
마스카라 224
마요네즈 155
마요르 광장 274
마우스 177
마우스패드 177
마을 276

마음에 들게 하다 71
마찬가지로 310
마취 233
마케팅부 198
마케팅부 최고 책임자 199
마트 220
만나다 70
만년필 190
만들다 313
만일 ~이라면 308
만족시키다 61
만족하다 61
만족한 60
만화 167
만화 영화 166
만화책 167
많은 34
많이 34
말 117
말레이시아 307
말레이시아 사람 307
말리다 135
맑은 104
맛 215
망고 154
망아지 117
매년의 98
매니저 199
매니큐어 224
매력 71
매력적인 71
매부 84
매부리코 50
매스꺼운 232
매우 34, 311
매우 많은 34
매우 좋은 60
매운 215
매운 고추 152
매장 점원 221
매표소 245
맥주 214
맹장염 232
머리 48
머리카락 53
머물다 266
머스터드 155
멀미 232
멀미가 느껴지는 232
멀미하다 232
멈추게 하다 252
멈추다 252
멍 231
메뉴 210
메시지 174
메신저 174
메이드 264
메인 요리 210
멕시코 304
멕시코 사람 304
멜로디 164
멜론 153
멜빵 142
며느리 77

면 145, 294
면도기 267
면도하다 54, 267
면도해 주다 54
면세점 244
면접 205
멸치류 151
명명하다 22
명절 98
명함 25
모공 53
모국어 24
모기 121
모기지론 234
모니터 177
모레 98
모로코 305
모로코 사람 305
모바일 데이터 176
모성애 84
모양 294
모유 85
모자 142
모직 145
목 48, 144
목걸이 144
목격자 285
목공 169
목도리 142
목발 231
목요일 97
목욕하다 134
목적지 245, 275
몬순 107
몸 48
몹시 가난한 62
몹시 좋아하다 61
못생긴 54
무감각한 230
무료 주차장 256
무릎 49
무서운 62
무선 마우스 177
무선 인터넷 176
무지개 107
무지개 색깔 297
무척 311
무화과 154
묵다 262
문 130
문구점 223
문서 198
문어 120, 150
문자 메시지 174
문학 190
물 154
물감 168
물고기 120
물기둥 107
물다 116
물리다 232
물리학 189
물방울 106
물을 주다 122

뮤지컬 166
미국 303
미국 사람 303
미끄러지다 286
미남 54
미녀 54
미니바 264
미니스커트 141
미래 99
미성숙한 85
미술 190
미술관 273
미아 285
미안합니다. 37
미용 티슈 267
미용사 204
미용실 224
미워하다 63
미혼의 73
믹서 133
민감성 피부 52
민들레 123
민소매 티셔츠 141
밀가루 150

ㅂ

바게트 212
바겐세일 222
바꾸다 221
바나나 153
바느질하다 225
바다 276
바다 전망 265
바닥 131
바라다 36, 61
바람 105
바람을 피우다 74
바로 41
바이올린 165
바지 140
바퀴 254
바퀴벌레 121
바탕화면 178
박물관 273
박사 학위 192
박쥐 119
밖에 311
밖에서 311
반(半) 94
반(半)의 94
반가운 27
반갑습니다! 26
반려동물 116
반려자 71
반바지 140
반복 41
반복하다 41
반원 294
반지 144
반창고 234
반팔 티셔츠 141
반품하다 221
반한 72
받다 175

받아들이다 38
발 50, 116
발가락 49
발굽 117
발꿈치 50
발목 50
발작 284
발코니 265
발톱 49, 116
발표 199
밟다 252
밤 96, 266
밤 12시 96
방 130, 263
방 번호 263
방문 273
방문객 28, 273
방문하는 28
방문하다 28
방수의 142
방전되다 175
방전하다 175
방학 192
방해하다 40
배 48, 153, 247
배관공 203
배구 163
배꼽 48
배낭 144
배드민턴 163
배려 35
배우 166
배우는 사람 186
배우다 186
배우자 77
배터리 175
백색 칠판 190
백팩 144
백합 122
백화점 220
밴 252
뱀 121
뱀장어 121
뱃멀미 247
버섯 152, 212
버스 246
버스 전용 차선 246
버스 정류장 246
버스와 택시 전용 차선 246
버터 155
번개 106
번호판 254
벌금 254
벌써 311
범인 285
범죄 285
범죄자 285
범퍼 254
법무부 198
벗다 140
베개 266
베고니아 123
베다 282
베이다 282

베이비 시터 85
베트남 307
베트남 사람 307
벨기에 302
벨기에 사람 302
벨소리 175
벨트 142
벼룩시장 220
벽 132
변기 134
변명 38
변명하다 38
변비 232
변함없는 74
변호사 202
별 모양 295
별거 중인 남편 74
별거 중인 아내 74
별명 22
병 154
병아리 119
병원 230
병자 230
보고 싶다 73
보고서 191
보고서를 제출하다 191
보내다 174
보너스 200
보닛 253
보도 255
보드게임 168
보라색 296
보라색의 296
보모 85
보살피다 86
보석 144
보석 가게 223
보안 검색대 244
보조개 53
보행자 252
복수 국적 24
복숭아 153
복습 189
복습하다 189
복싱 163
볼 51
볼펜 190
봄 107
봄의 107
봉급 200
부가 서비스 265
부가의 265
부끄러움을 잘 타는 64
부대표 199
부동산 225
부드럽게 하다 156
부디 34
부딪치다 286
부띠 143
부러움 73
부러워하는 73
부러워하다 73
부러지다 282
부르다 22

부리 119
부모 82
부사 310
부상 231
부상당하다 282
부상을 입다 230
부상을 입히다 282
부서 198
부성애 83
부엉이 120
부엌 133
부은 231
부은 얼굴 50
부인 23
부작용 233
부정적인 64
부정한 74
부책임자 199
부츠 143
부케 76
부탁 34
부탁하다 36
부패한 215
부활절 98
부활절 주간 방학 192
북 165
북극 300
북극해 301
북동쪽 299
북미 300, 303
북서쪽 299
북아메리카 300
북쪽 299
북한 306
분 94
분만 85
분실 285
분실물 286
분실물 보관소 286
분실하다 285
분유 85
분필 190
분홍색 297
분홍색의 297
불면증 96
불안 62
불안한 62
불운 62
불운한 40
불편한 63, 265
불평하다 263
불합격하다 191
불행 62
불화 74
붉게 물들이다 108
붓 168
붓꽃 123
붓다 155
붕대 283
붙임성 있는 64
브라질 304
브라질 사람 304
브레이크 252
브레이크를 밟다 252

브로치 144
브로콜리 152
블라우스 141
블랙베리 153
블로그 179
비 105
비가 오다 105
비관적인 65
비관주의자 65
비난 39
비난하다 39
비누 134
비늘 120
비니 142
비단 145
비둘기 119
비만의 52
비밀번호 177, 235
비상구 244
비상등 253
비서 202
비수기 266
비싼 221
비즈니스 클래스 243
비참한 40, 62
비치 파라솔 265
비키니 수영복 142
비트로 세라믹 133
비판하다 39
비행 243
비행기 242
빈곤한 40
빈혈 232
빌딩 272
빗 267
빗질하다 135
빙판 286
빠른 255
빨간색 296
빨간색의 296
빨대 214
빨리 94, 311
빵 212
빵집 223
빵소니 286
뼈 282
뾰루지 232
뿌리 122
뿌리째 뽑다 122
삐다 231

ㅅ

사각 얼음 조각 214
사각형 295
사각형 얼굴 50
사각형의 295
사건 286
사고 286
사과 153
사과주 214
사교적인 64
사그라다 파밀리아 272
사기 285
사기 치다 285

사기꾼 285
사다 220
사다리꼴 295
사랑 72
사랑에 빠진 72
사랑하다 72
사려 깊은 35
사무실 198
사발 157
사별한 74
사보험 233
사선 294
사슴 118
사용하다 263
사우디아라비아 307
사우디아라비아 사람 307
사원 273
사위 77
사육하다 116
사이드 메뉴 210
사이드 미러 253
사이에 298
사이즈 223
사이클론 106
사이클링 163
사인펜 190
사임하다 201
사자 117
사장 199
사직서 202
사직하다 201
사진 167
사진 촬영 167
사진을 찍다 167, 276
사진작가 204
사촌 84
사탕 212
삭제하다 178
산 276
산딸기 153
산보 168
산사태 287
산책 168
산책하다 168
살구 154
살다 25
살인 285
살인범 285
삶다 156
삼각형 295
삼각형의 295
삼촌 84
상담하다 230
상당히 310
상사 199
상아 118
상어 120
상업적인 275
상인 202, 220
상점 220
상처 40, 230
상처를 입히다 282
상추 151
상품 220

상하 운동복 142
상환 221
새 119
새끼 고양이 117
새끼 돼지 117
새끼 뱀장어 121
새벽 95
새우 150
샌들 143
샐러드 211
생각 40
생각나게 하다 95
생각을 표현하다 37
생각하다 36
생머리 53
생물 189
생선 151
생선 가게 223
생선 비린내 215
생일 23
샤워기 134
샤워꼭지 134
샤워실 264
샤워하다 134
샤프펜슬 190
샴페인 214
샴푸 266
서늘한 104
서늘함 104
서둘러 255, 311
서랍 132
서로 알다 27
서로 입맞추다 73
서류 198
서리 108
서비스 134
서수 292
서약 70
서점 167, 223
서쪽 299
석고 붕대 283
섞다 155
선 145, 294
선글라스 143
선물 277
선박 247
선반 133
선생 186, 202
선율 164
선크림 224
선택하다 211
설거지하다 135
설사 232
설치하다 177
설탕 154
성 22, 272
성공 40
성공하다 40
성난 62
성명 22
성별 22
성수기 266
성숙한 85
성실한 63

성인 84
성장한 84
성적표 192
성탄절 98
성혼 선언문 76
세 쌍둥이 83
세관 검사대 244
세금 266
세기(世紀) 98
세면대 134
세수하다 95, 134
세차장 256
세차하다 256
세탁기 134
세탁소 224, 264
세탁실 264
세탁하다 95, 134, 224
셀러리 152
셀프 카메라 277
셔츠 140
소 117
소개 25
소개하다 25
소금 154
소나기 106
소도시 276
소매 141
소매치기 285
소방관 202
소방서 287
소방차 287
소설 167
소설가 167
소셜 네트워크 179
소시지 211
소심한 64
소유하다 312
소재지 25
소파 132
소풍 168
소형 트럭 252
소형 화물차 252
소화 불량 232
소화제 233
속눈썹 50
속도 255
속도 위반 254
속력을 내다 252
속옷 142
속이다 74, 285
손 49
손가락 49
손녀 84
손님 28, 221
손목 49
손목시계 94
손수건 267
손자 84
손톱 49
손해 40
송로 버섯 212
송아지 117
송장 221
쇠고기 150

쇼케이스 221
쇼핑몰 220
쇼핑하다 220
숄 142
숄더백 143
수 189
수건 266
수고스러운 63
수단 306
수단 사람 306
수당 200
수도꼭지 134
수락하다 38
수를 놓다 145
수면제 233
수박 153
수선하다 225
수수료 235
수술 122, 233
수업 188
수업 계획 189
수영 162
수영복 142
수영장 162, 265
수영하다 162
수요일 97
수유하다 85
수의사 203
수정액 191
수직선 295
수직의 295
수집하다 169
수탉 119
수퍼바이저 199
수평선 295
수평선의 295
수표 234
수필 167
수필가 167
수하물 244
수학 189
수학여행 168
수확하다 108
숙고하다 39
숙박 시설 262
숙박하다 262
숙소 262
숙제 191
숙제하다 191
순록 118
순환 255
숟가락 214
술 214
숨막히다 230, 284
숨쉬다 51
숫자 189
쉬다 192
쉬운 192
슈퍼마켓 220
스노타이어 254
스마트폰 174
스웨덴 303
스웨덴 사람 303
스웨터 141

스위스 303
스위스 사람 303
스위트룸 263
스카프 142
스캐너 178
스케이트 164
스케이트를 타다 164
스콜 106
스쿨버스 188
스키 163
스키를 타다 163
스킨 224
스타킹 143
스테이크 210
스팸메일 178
스페어 타이어 254
스페인 302
스페인 광장 274
스페인 사람 302
스페인 식 염장 햄 211
스페인 식 염장 햄이나 치즈를 파는 가게 222
스포츠 162
스포츠 용품 가게 223
스프 211
슬리퍼 143
슬픈 61
습한 107
승강장 245
승무원 203, 244
승진 200
시 94, 167
시각 94
시간 94, 104
시계 94
시골 276
시금치 152
시내 전망 265
시누이 84
시대 23, 98
시들다 122
시리아 307
시리아 사람 307
시부모 77
시설 263
시아버지 77
시어머니 77
시원한 104
시원함 104
시인 167
시장 220
시절 98
시청 결혼식 76
시합 162
시합하다 162
시험 191
시험을 치다 191
식기 157
식기세척기 134
식단 210
식당 130, 210, 264
식당칸 245
식도락 272
식료품점 222

식물 122
식물성 기름 155
식물원 274
식빵 212
식사 150
식사 준비를 하다 157
식사하는 곳 130
식욕 증진용 가벼운 요리 210
식욕 증진용 술 210
식용유 155
식초 155
식탁 132
식탁을 차리다 157
신 215
신고 284
신고하다 284
신다 140
신발 143
신발 가게 223
신사 23
신용 카드 235
신용 카드로 지불하다 221
신전 273
신중한 35
신청하다 187
신체 48
신호등 254
신혼여행 76
신혼여행을 가다 76
실내 수영장 265
실내화 143
실망시키다 63
실망하다 63
실망한 62
실수령 급여 200
실수하다 39
실신 284
실신하다 284
실용적인 179
실종 285
실종자 285
실크 145
실패 40
실패하다 40
싫어하다 63
심각한 36
심다 122
심사 244
심야 96
심장 마비 284
심폐소생술 284
십대 84
싱가포르 307
싱가포르 사람 307
싱글 침대 132
싱글룸 263
싱크대 134
싹트다 107
싼 221
쌀 150
쌍꺼풀 50
쌍둥이 83
썩은 215
썸머 타임 107

쓰다 167, 191
쓴 215
쓸다 135
쓸모있는 179
씨 107
씨앗 107
씨에스타 96
씻다 95, 134, 224

ㅇ

아가미 120
아기 84
아기 침대 132
아기띠 86
아나운서 203
아내 77
아는 27
아는 사람 27
아니오 311
아들 82
아르헨티나 304
아르헨티나 사람 304
아마도 311
아버지 82
아버지의 83
아보카도 154
아빠 82
아스파라거스 152
아시아 300, 306
아이디 177
아이디어 40
아이스링크 164
아이스스케이트 164
아이스크림 212
아이스크림 가게 223
아직 311
아침 95
아침 식사 95
아침 식사를 하다 95
아토피 피부 52
아페리티프 210
아프다 230, 282
아프리카 300, 305
아픈 61, 230
아픔 61, 230
악기 165
악어 121
악의 35
안개 105
안경 143
안내 272
안내데스크 262
안내원 264
안내하다 37, 272
안녕! 26
안녕하세요. 26
안달이 난 63
안뜰 131
안락의자 132
안락한 264
안심 211
안전 178
안전 요원 286
안전벨트 244, 253

안절부절못하는	62
안테나	121
알	119
알고있는	27
알다	70
알람	95
알리다	284
알림	40, 284
알아듣다	37
알아차리다	39
알을 품다	119
알제리	306
알제리 사람	306
암벽 등반	168
암소	117
암술	122
암탉	119
앞에	310
애석하게 생각하다	37
애석한	39
애플리케이션	175
액세서리	144
액셀러레이터	252
액셀러레이터를 밟다	252
액션 영화	166
앱	175
야구	163
야구 모자	142
야영	168
야옹거리다	117
야외 수영장	265
약	233
약국	225, 233
약사	204
약속	70
약혼반지	76
양	23, 117, 256
양고기	150
양념	154
양말	143
양모	145
양모 스웨터	141
양배추	151
양복	140
양송이	152, 212
양파	151
어금니	232
어깨	48
어떻게 지내세요?	26
어려운	40, 192
어른	84
어린	84
어린아이	84
어린이	84
어머니	82
어머니의	84
어제	98, 310
어지러운	232
어쨌든	308
어항	120
언니	82
언어	24, 190
언쟁	87
언쟁하다	87

얼굴 50
얼굴을 씻다 134
얼다 107
얼룩 224
얼룩말 117
얼룩을 제거하다 224
얼리다 156
얼린 107
얼음 107, 214
엄마 82
업데이트하다 175
업무 198
업무를 그만두다 201
엉덩이 49
에세이 167
에스프레소 213
에스프레소에 아주 적은 양의 우유를 탄 커피 213
에어컨 264
에콰도르 304
에콰도르 사람 304
엔지니어 203
엘리베이터 131
여가 활동 162
여권 242
여기 310
여동생 82
여드름 53, 232
여러 색의 297
여름 107
여름 방학 192
여름의 107
여보! 70
여성 22
여성 속옷 142
여왕 274
여우 118
여자 22
여자 친구 70
여자의 22
여행 272
여행 가방 244
여행사 225
역사 190
역사적인 275
역시 311
연(年) 97
연결하다 176
연고 234
연금 201
연금 생활자 201
연두색 296
연말 97
연보라색 296
연보라색의 296
연어 151
연주하다 164
연초 97
연필 190
연하게 하다 156
연한 297
열 104, 231
열다 130
열대어 120

열매 122
열사병 108
열쇠 130
열쇠고리 277
영국 사람 303
영국 303
영상통화 175
영수증 221
영어 190
영업부 198
영화 166
영화감독 166
영화관 166
영화를 보다 166
예 311
예금하다 234
예보하다 109
예쁜 54
예산 275
예상하다 109
예습 189
예습하다 189
예약 210, 266
예약하다 210, 266
예열하다 156
오각형 295
오각형의 295
오늘 98, 311
오늘의 메뉴 210
오래 27
오랫동안 27
오렌지 153
오렌지 주스 213
오류 39
오른손 49
오른손잡이의 49
오리 119
오븐 133
오빠 82
오세아니아 300, 305
오스트레일리아 305
오스트리아 302
오스트리아 사람 302
오이 152
오전 95
오징어 150
오케스트라 165
오토바이 247
오페라 165
오픈카 252
오후 94
옥수수 153
온도 108
온두라스 304
온두라스 사람 304
온라인 게임 176
올라가다 109
올리브 152
올리브유 155
올챙이 121
올케 84
옷 140
옷가게 223
옷걸이 133, 223

옷깃 144
옷을 입다 140
옷을 입혀주다 140
옷장 132
와이셔츠 140
와이파이 176
와이퍼 254
와인 154, 214
완두콩 151
왕 274
왕궁 274
왕복 243
왕새우 150
왕자 274
왜냐하면 308
외가 84
외가의 84
외국어 24
외국의 29
외국인 29
외동딸 82
외모 54
외아들 82
외할머니 83
외할아버지 83
외향적인 64
왼손 49
왼손잡이의 49
요가 163
요거트(요구르트) 212
요금 220, 235, 265
요람 86
요리 210
요리법 155
요리사 204
요리하다 155
요즈음 99
욕실 130, 264
욕심이 많은 63
욕조 134
용기 37
용서 38
용서를 구하다 38
용서하다 38
우레 106
우루과이 305
우루과이 동방 공화국 305
우루과이 사람 305
우박 106
우비 142
우산 106
우유 154
우편엽서 277
우회전하다 255
운 36
운동 162
운동복 142
운동선수 204
운동하다 162
운동화 143
운반하다 314
운송 242
운이 없는 40
운전 252

운전 중 통화 254
운전기사 252
운전대 253
운전면허 시험 257
운전면허증 256
운전자 252
운전하다 252
운행 시간표 245
울타리 131
움트다 107
원 294
원뿔 294
원숭이 118
원피스 141
원하다 61, 72
원형의 294
월(月) 97
월간 회의 199
월말 97
월요일 97
월초 97
웜톤 52
웨딩드레스 76, 141
웨이터 204
웹캠 178
위 232
위로할 길 없는 62
위로할 길 없이 62
위반 254
위스키 214
위엄 있는 274
유(U)턴 255
유감스러운 39
유급 휴가 202
유럽 300, 302
유레일 패스 245
유료 주차장 256
유명인 274
유명한 274
유모 85
유모차 86
유스 호스텔 262
유제품 222
유통 기한 222
유행 144
유행의 144
유행이 지난 144
유혹하다 71
유화 물감 168
육각형 295
육각형의 295
육면체 295
육아 휴직 202
으르렁거리다 116
은색의 297
은행 234
음료 154, 213
음반 164
음식 95, 150
음식을 가볍게 먹다 155
음식점 210
음악 164, 190
음악회 165
음주 운전 254

응급 283
응급 처치 283
응급실 283
응급한 283
응답 189
응원하다 37
응접실 130
의견 40
의도 35
의류 140
의복 140
의사 203, 230
의원 230
의자 132
의좋은 28
의향 35
이 51, 232
이기적인 65
이기주의자 65
이라크 307
이라크 사람 307
이란 307
이란 사람 307
이란성 쌍둥이 83
이력서 204
이륙 243
이륙하다 243
이른 시간에 94
이를 때우다 233
이름 22
이름난 274
이리 118
이마 51
이메일 176
이모 84
이미 311
이발사 204
이별 74
이불 266
이상하다 29
이상한 29
이상형 71
이용하다 263
이웃 28
이웃의 28
이자 234
이집트 305
이집트 사람 305
이코노미 클래스 243
이탈리아 302
이탈리아 사람 302
이틀 전에 99
이해력 35
이해력이 있는 35
이해하다 37
이혼 87
이혼남 74
이혼녀 74
이혼한 74
익사 286
익사하다 286
인기 있는 274
인내심이 있는 35
인덕션 133

인도 255, 306
인도 사람 306
인도네시아 307
인도네시아 사람 307
인도양 301
인도하다 37, 272
인라인스케이트 164
인사 26
인사부 198
인사하다 25
인상적인 274
인생의 반쪽 71
인센티브 200
인스턴트식품 222
인지료 235
인터넷 176
인터넷 뱅킹 235
인터넷 쇼핑 176
인터뷰 205
일 198
일(日) 96
일기 예보 109
일본 307
일본 사람 307
일부러 40
일시 정지 192
일어나다 95
일요일 97
일으켜 세우다 95
일자리 198
일찍 94
읽다 166, 193
잃다 285
임금 200
임산부 85
임신 85
임신한 85
입 51
입고 있다 315
입구 273
입금하다 234
입덧 232
입맞추다 73
입맞춤 73
입술 51
입양 86
입양아 86
입양하다 86
입원하다 233
입이 무거운 64
입장권 273
입장료 273
입체 294
입학 허가 187
잇몸 51
있다 312
잊다 75
잎 122

ㅈ

자기소개서 205
자기야! 70
자다 96
자동차 252

자라다 86
자르다 53, 155, 225, 282
자리 245
자매 82
자발적인 64
자수 145
자수를 놓은 145
자외선 109, 116
자외선 차단제 224
자전거 188, 246
자전거 경기 163
자전거 전용 도로 247
자정 96
자주색 297
자책하다 39
작가 167
작곡가 164
작곡하다 164
작약 123
작은 55
작은 숟가락 214
작품 273
잔 214
잔돈 234
잘 310
잘 가! 26
잘 익은 85, 210
잘 지내세요? 26
잘게 썰다 155
잘난 척하는 65
잘못 39
잘못하다 39
잘생긴 54
잠 96
잠깐 멈춤 192
잠옷 142
잠자리 121
잠자리에 들다 96
잡다 169
잡지 167
장갑 142
장거리 연애 74
장기 주택 담보 대출 234
장난감 가게 223
장롱 132
장르 165
장모 77
장미 122
장식장 132
장신구 144
장엄한 274
장을 보다 220
장인 77
장인·장모 77
장학금 192
재고하다 41
재다 55
재료 211
재무부 198
재무부 최고 책임자 199
재미있는 60
재킷 141
재혼 87

재혼하다 87
잼 155
잿빛의 105
쟁반 157
저기에 310
저녁 식사 96
저녁 식사를 하다 96
저장하다 178
저축 예금 234
전공하다 25, 186
전기 레인지 133
전등 133
전망 265
전문으로 하다 25, 186
전시회 273
전자 레인지 133
전조등 253
전차 246
전채 210
전철 246
전치사 309
전화 174
전화를 걸다 174
전화를 끊다 174
전화번호 24
절 273
절망한 62
절반의 94
젊은 84
젊은이 84
점 294
점멸등 253
점수 192
점심 식사 95
점심 식사를 하다 95
점퍼 141
점포 정리 222
접근하다 176
접속사 308
접속하다 176
접시 157, 210
접이식 침대 132
접질리다 231
젓가락 214
정가 265
정각형의 295
정년퇴직 201
정년퇴직자 201
정년퇴직하다 201
정략결혼 75
정말로 34
정보를 제공하다 272
정비공 203
정사각형 295
정신과 의사 203
정오 95
정원 131
정원 가꾸기 169
정육점 222
정지하다 252
정직한 63
정치인 203
젖꼭지 48
젖병 85

제2외국어 24
제과업자 204
제동을 걸다 252
제발 34
제비 120
제빵사 204
제자 186
제품 220
제한 속도 255
조각 273
조각품 273
조개 151, 212
조국 24
조금 전에 310
조기 퇴직 201
조깅 162
조깅하다 162
조끼 141
조부모 83
조용하게 하다 61
조용한 61
조용해지다 61
조종사 203, 244
조카 84
조퇴하다 188
졸업 187
졸업하다 187
졸음 96
좁은 이마 51
종교 25
종교 결혼식 76
종업원 204
종점 246
좋아하다 72
좋은 63
좋은 날씨 104
좋은 의도 35
좋은 인상 71
좌석 243, 245
좌절 40
좌회전하다 255
죄가 있는 39
죄송합니다. 37
주(週) 97
주간 회의 199
주름 52
주름치마 141
주말 97
주문하다 36, 211
주사위 168
주소 24
주스 213
주위에 310
주유소 256
주유하다 256
주차 금지 256
주차장 256
주차하다 256
주현절 98
주황색 296
주황색의 296
줄 145
중·고등학교 186
중간으로 익은 210

중고 시장 220
중국 306
중국 사람 306
중남미 304
중대한 36
중동 300
중동 307
중미 300
중앙선 255
중앙아메리카 300
중요한 36
쥐 118, 177
즉석식품 222
즐거운 60
즐거움 60
증상 230
증세 230
증언 284
증인 285
지각 40, 188
지각하다 188
지갑 144
지구 온난화 109
지금 99, 310
지금까지 311
지나친 311
지느러미 120
지도 272
지도자 200
지리학 190
지방 275
지불하다 220, 265
지붕 131
지성 피부 52
지속 99
지역 275
지역 특산물 277
지우개 191
지우다 178
지원 35
지원동기서 205
지저분한 264
지중해 301
지진 287
지질학 190
지퍼 144
지하실 131
지하철 246
지하철 노선도 246
지하철 입구 246
지하철 표 246
지혈 283
지휘자 165
직각의 295
직급 199
직사각형 295
직선 294
직업 24, 198
직원 198
직장 198
직항편 243
진급 200
진단서 233
진술 284

진술하다 284
진열장 132, 221
진정되다 61
진정시키다 61
진찰을 받다 230
진찰하다 233
진통제 233
진한 297
질문 189
질투 73
질투심이 강한 73
질투하는 73
짐 244
짐을 맡기다 244
집 130
집배원 202
집중 호우 106
징검다리 휴일 98
짖다 116
짠 215
짧은 53
짧은 머리 53

ㅊ

차 213
차단하다 178
차량 보관소 286
차림표 210
차선 246
착각하다 39
착륙 243
착륙하다 243
착용하다 140
착한 63
착한 사람 63
찬사 37
찬성하는 34
찰과상 231
참가 187
참가하다 275
참새 119
참외 배꼽 48
참치 151
찻숟가락 214
찻잔 214
창가석 243
창고 131
창문 130
채소 151
책 166
책가방 144
책상 132
책임자 39, 199
처남 84
처녀 73
처방전 233
천둥 106
천연가스 256
천장 131
천재지변 287
천천히 255
철도 245
첫 번째 성 22
첫눈에 반함 72

첫사랑	72
첫인상	27
청	34
청결한	264
청구서	221
청바지	140
청소기	135
청소년	84
청소년기의	84
청소부	264
청소하다	135
청첩장	76
청혼	75
체념하다	201
체류	266
체리	154
체모	53
체스	168
체육	190
체육관	162
체인 호텔	262
체중	52
체크 카드	235
체크무늬의	145
체크아웃	262
체크인	262
체크인 카운터	242
첼로	165
초	94
초대	28
초대받은 사람	28
초대하다	28
초등학교	186
초인종	131
초조	62
초콜릿	212
총 급여	200
총각	73
최고 책임자	199
최근에	27, 99
최저 임금	200
추가 요금	265
추가의	265
추세	144
추운	104
추월	286
추위	104
추천할 만한	210
축구	163
축제일	98
축축한	107
축하하다	36
출구	242, 273
출근하다	200
출금하다	234
출발	242
출발하다	242
출산	85
출산 휴가	202
출산하다	85
출생일	24
출생지	24
출석	187
출입구	130

출입국 심사대 244
충고 36
충고하다 36
충돌 286
충돌하다 286
충분한 60
충분히 60
충실하지 못한 74
충실한 74
충전기 175
충전하다 175
충치 232
취미 162
취소 266
취소하다 266
측량하다 55
층 131
치과 의사 203
치료 284
치료되다 284
치료하다 284
치마 141
치아 232
치아 교정 233
치약 267
치유 284
치즈 212
친가 83
친가의 83
친구 28
친근한 28
친선의 28
친절 35
친절한 35, 63
친척 28, 84
친한 28
친할머니 83
친할아버지 83
칠레 304
칠레 사람 304
칠면조 120
칠판 190
침대 132
침대 시트 266
침대로 가다 96
침대칸 245
침묵의 65
침실 263
침착한 61, 283
침팬지 118
칫솔 267
칭찬 37
칭찬하다 37

ㅋ

카네이션 123
카디건 141
카메라 167
카메룬 306
카메룬 사람 306
카스텔라 213
카시트 86
카키색 297
카키색의 297

카페 213
카페라떼 213
카페모카 213
카페인 없는 커피 213
카푸치노 213
카풀 201
칼 156, 214
캐나다 304
캐나다 사람 304
캐리어 144
캔버스 168
캠핑 168
캥거루 85
커리큘럼 189
커튼 132
커플 77
커피 213
커피숍 213
컴퓨터 177
컴퓨터 바이러스 178
컵 214
케이크 213
케첩 155
켜다 175, 253
코 50
코끼리 118
코르크 병따개 156
코미디 영화 166
코뿔소 118
코트 141
콘서트 165
콜롬비아 304
콜롬비아 사람 304
콜리플라워 152
콤팩트 파우더 224
콧수염 54
콩고 민주 공화국 306
콩고 사람 306
콩류 151
쾌청한 104
쿠바 304
쿠바 사람 304
쿠키 213
쿨톤 52
크루아상 213
크루즈 여행 275
크리스마스 방학 192
크림 211
큰 55
큰길 276
클러치 252
클러치를 밟다 252
클러치백 143
클릭 177
클릭하다 177
키 55
키 홀더 277
키가 작은 55
키가 큰 55
키보드 177
키스 73
키스하다 73

ㅌ

타다 243
타박상 231
타원 294
타이어 254
타이어 휠 254
타이즈 143
타조 120
탁구 163
탁자 132
탄산수 213
탄생 85
탈의실 223
탐욕스러운 65
탑승구 242
탑승권 242
탑승하다 243
탓 39
태국 307
태국 사람 307
태블릿 PC 179
태양 105
태어나다 25, 85
태어난 24
태우다 156
태평양 301
태풍 106
택시 246
택시 기사 204
탯줄 48
터널 257
터널을 빠져나오다 257
터미널 242
터틀넥 스웨터 141
턱 51
털 53, 116
털다 135
털이 빠진 부분 53
테니스 163
테라스 265
텔레비전 132
토끼 117
토마토 152
토스터 134
토요일 97
토트백 143
통로석 243
통지 40
통통한 52
통풍 264
통행 255
통화 235
통화 변환 235
퇴근 262
퇴근하다 201
퇴실 262
퇴원하다 233
퇴직자 201
퇴직하다 201
투덜대다 263
투어 프로그램 275
튀기다 156
튀르키예 303
튀르키예 사람 303

튤립 123
트램 246
트럭 252
트렁크 144, 244, 253
트레이닝복 142
티셔츠 141
티슈 267
팀 200
팀장 200
팁 215

ㅍ

파란색 296
파란색의 296
파리 121
파스타 150
파업 201
파인애플 154
파일 178
파일럿 203, 244
파자마 142
파티 드레스 141
판매 촉진 222
판매원 202, 220
판사 202
판촉물 220
팔 48
팔걸이 의자 132
팔꿈치 48
팔다 220
팔찌 144
패들테니스 163
패딩 141
패션 144
퍼센트 235
퍼스트 클래스 243
펑크가 나다 254
펑퍼짐한 코 51
페루 304
페루 사람 304
펜 190
펭귄 120
편도 243
편리한 60
편안한 60, 264
평가하다 192
평균 192
평균 임금 200
평일 96
폐장 시간 273
포도 153
포도주 214
포옹 48, 73
포옹하다 73
포크 214
포함하여 311
폭발 287
폭설 108
폭풍 106
폴더 178
폴란드 303
폴란드 사람 303
표 221, 242, 273
표지판 254

푸아그라 212
풀 122
풀이 죽은 63
품질 222
풍경 273
퓨레 211
프라도 미술관 273
프라이팬 156
프라이하다 156
프랑스 302
프랑스 사람 302
프러포즈 75
프레젠테이션 199
프로그래머 203
프로그램 178
프로필 205
프론트 담당자 264
프린터 178
플랫폼 245
플로리스트 204
플루트 165
피 282
피 흘리다 283
피가 나다 283
피고용인 198
피망 152
피부 52
피부톤 52
피아노 165
피팅룸 223
피혁 145
핀 144
핀 번호 235
핀란드 302
핀란드 사람 302
필기하다 191
필리핀 306
필리핀 사람 306
핑계 38

ㅎ

하교하다 187
하늘색 296
하다 313
하드 디스크 177
하루 96
하몬 211
하이힐 143
하트 모양 295
하프 165
학교 186
학교에 입학하다 187
학급 188
학기 188
학년 189
학력 205
학생 186
학습 186
학원 186
학위 192
학점 192
한 쌍 77
한 잔의 술 214
한 학기 188

한 해의 98
한국 306
한국 사람 306
한파 104
할머니 83
할아버지 83
할인 요금 265
할인된 222
할퀴다 116
함께 73
함께 생활하다 86
합격하다 191
합성 섬유 145
항공권 242
항공사 242
항구 247
항의하다 263
해 105
해고하다 202
해당 년의 12월 31일 97
해당 년의 1월 1일 97
해당 월 말일 97
해당 월의 1일 97
해동시키다 156
해바라기 123
해변 276
해산물 212
해일 287
해초 151
핸드 브레이크 252
핸드 캐리어 244
핸들 253
햄 211
햄스터 119
행복 60
행복한 60
행선지 245, 275
행운 36
향수 224
향수 가게 224
향하여 298
허락하다 38
허리 49
허리띠 142
허리케인 106
허벅지 49
허브차 213
헤드라이트 253
헤어 드라이어 267
헤어지다 74
헤어진 74
헬멧 247
혀 51
현관 130
현금 234
현금 인출기 235
현기증 232
현재 99, 310, 311
혈압 231
형 82
형제 82
혜택 200
호랑이 117
호수 276

호의 35
호의적인 34
호주 305
호주 사람 305
호주머니 144
호텔 262
혹은 308
혼잡 시간 201, 255
홀아비 74
홍수 106
홍차 213
홍콩 306
홍콩 사람 306
홍합 212
화가 168
화난 62
화면 177, 245
화물칸 245
화살표 295
화상 230, 282
화요일 97
화이트보드 190
화장실 130, 134, 264
화장지 267
화장품 가게 224
화재 287
화학 189
환기 264
환불 221
환불하다 221
환승 245
환영 27
환영 파티 27
환영받는 27
환율 235
환자 230
환전 235
환희 61
활발한 64
회계사 202
회사 198
회색 296
회색의 105, 296
회원 가입하다 176
회원 탈퇴하다 176
회의 199
회의실 199
회전식 출입구 245
회화 273
횡단보도 255
후식 210
후에 310, 311
후추 152
후회하다 39
훔치다 285
휘발유 256
휴가 202
휴대 전화 174
휴대용 화장지 267
휴식을 취하다 192
휴지 267
휴지통 135
흉터 231
흥미로운 60

흰색 296
흰색의 296
힘 37
힘을 내다 37

기타

~(와)과 308
~가까이 309
~과 같이 311
~과 반대하여 309
~과 함께 309
~까지 309
~도 311
~도 (아니다) 311
~도 아니다 308
~동안 310
~때문에 308
~라 불리다 22
~부터 309
~사이에 309
~살 23
~살이다 312
~씨 23
~안에 28, 309
~없이 309
~에 28, 309
~에 가다 315
~에 관하여 309
~에 대해서 34
~에 마음이 쓰이다 40
~에 반하다 72
~에 사랑에 빠지다 72
~에 의해 309, 310
~에 태우다 314
~에 화가 나다 40
~에게 37
~에서 309
~여사 23
~영감님 23
~와 결혼하다 75
~와 닮다 86
~와 데이트하다 71
~와 만나다 70
~와 이혼하다 87
~위에 309
~으로 309
~을 37
~을 가지고 있다 312
~을 계속 하고 있다 314
~을 더하다 313
~을 위하여 309
~을 입고 있다 314
~을 통해 310
~의 309
~의 뒤에 298, 310
~의 맞은편에 298
~의 밖에 298
~의 아래에 309, 298
~의 안에 298
~의 앞에 298, 309
~의 옆에 298
~의 오른쪽에 298
~의 왼쪽에 298

~의 위에 34, 298
~이거나 308
~이다 312, 315
~이라면 308
~이면 308
~이지만 308
~일지라도 308
~전에 99, 313
~쪽으로 298, 309
~처럼 311
~하는 동안 308
~할 때 308
~할 예정이다 315
~해야 한다 312
~향하여 309
¼ 94
½ 94
½의 94
1개월 97
1년 23
1년 동안의 98
1년간 97
1번째의 292
1주일간 97
2번째의 292
3번째의 292
4번째의 292
5번째의 292
5유로 293
6번째의 292
7번째의 292
8번째의 292
9번째의 292
10번째의 292
10유로 293
15분 94
15분 전 94
20유로 293
30분 94
50유로 293
500유로 293
100년 98
100유로 293
200유로 293
IT부 198
SNS 179